Georg Fischer
Jeremia

Biblische Gestalten

Herausgegeben von
Christfried Böttrich und Rüdiger Lux

Band 29

EVANGELISCHE VERLAGSANSTALT
Leipzig

Georg Fischer

Jeremia

Prophet über Völker und Königreiche

EVANGELISCHE VERLAGSANSTALT
Leipzig

Georg Fischer SJ, Dr. theol., Jahrgang 1954, trat 1972 in den Jesuitenorden ein und studierte in München, Innsbruck und Rom Philosophie und Theologie. 1981 wurde er zum Priester geweiht, ab 1985 gab er Bibelunterricht in vielen Ländern auf verschiedenen Kontinenten, seit 1995 ist er Ordinarius für Alttestamentliche Bibelwissenschaften und Orientalische Sprachen in Innsbruck. Fischer ist Autor zahlreicher Bücher und Artikel.

Nicht in allen Fällen war es uns möglich, den Rechteinhaber der verwendeten Abbildungen ausfindig zu machen. Für entsprechende Hinweise ist der Verlag dankbar.

Bibliographische Information der Deutschen Nationalbibliothek Die Deutsche Nationalbibliothek verzeichnet diese Publikation in der Deutschen Nationalbibliographie; detaillierte bibliographische Daten sind im Internet über http://dnb.dnb.de abrufbar.

© 2015 by Evangelische Verlagsanstalt GmbH · Leipzig Printed in Germany · H 7881

Das Buch wurde auf alterungsbeständigem Papier gedruckt.

Umschlaggestaltung: behnelux gestaltung, Halle/Saale Satz: Steffi Glauche, Leipzig Druck und Binden: CPI books GmbH, Leck

ISBN 978-3-374-04026-1 www.eva-leipzig.de

INHALT

VORWORT

In ein anderes Land zu reisen kommt oft dem Betreten
einer neuen Welt gleich. Für jemanden, der nördlich
der Alpen wohnt, sind die südlichen Länder des Mit-
telmeerraumes voller Faszination und Ungewohntem.
Ähnlich geht es vielfach schon bei kleineren Veränderungen: Wer im bayrischen Voralpenland zuhause ist,
kommt zum Staunen angesichts der gewaltigen Dimensionen der Zillertaler Gletscher- und Bergwelt,
oder gar der Westalpen mit ihren Viertausendern.

Eine solche Erfahrung wiederholt sich, wenn wir uns
der Bibel nähern. Sie schildert und ist eine eigene Welt,
in der unsere gewohnten Maßstäbe nur begrenzt gelten
und überholt werden. Der Bereich des Göttlichen, der
sich in ihr erschließt und von dem sie zeugt, stellt unser
übliches Denken und Urteilen in Frage. Das fordert
heraus, sich auf Veränderung einzulassen und neu zu
werden.

Dies gilt grundsätzlich bei allen biblischen Büchern,
in besonderem Maße aber bei den Propheten, und hier
nochmals bei jenen drei Gestalten, die als »große Propheten« bezeichnet werden: Jesaja, Jeremia und Ezechiel. Der enorme Umfang der nach ihnen benannten
Werke entspringt einer außergewöhnlichen Fülle und
Reichhaltigkeit geistlicher Erfahrung und theologischen Denkens, die übliche Normen sprengt und von
daher auch auf Seiten der Lesenden entsprechende
Offenheit und Einstellungen erfordert. Der Begriff »Inspiration« scheint als einziger geeignet, diesem Phäno-
men gerecht zu werden: Jer ist so voll von »göttlichem
Geist«, dass menschliches Begreifen dabei an Grenzen
stößt und zum Staunen kommt.

Das vorliegende Buch verdankt sich mehreren Anfragen. Im März des vergangenen Jahres bat mich mein Kollege Rüdiger Lux, den Jeremia-Band für diese von ihm herausgegebene Reihe »Biblische Gestalten« zu schreiben, und ich danke ihm für sein Vertrauen. Schon Jahre davor legte mir mein früherer Heimatpfarrer Klaus Bissinger nahe, eine kürzere, stärker auf die »geistlichen Früchte« ausgerichtete und leichtverständliche Version meines umfangreichen Herder-Kommentars (2 Bände, Freiburg 2005) zu erstellen; ähnliche Bitten erreichten mich öfter. Klaus Bissinger ist vor kurzem verstorben (27. Sept. 2014). Mit diesem Büchlein möchte ich sein Andenken ehren und es all jenen widmen, die wie er in der Seelsorge Anderen dienen und damit auch Jeremia nachfolgen, der sich »nicht entzogen hat, hinter dir [gemeint ist Gott] her Hirte zu sein« (Jer 17,16).

Mein Dank gilt auch der Verlagsleiterin Dr. Annette Weidhas und Ihren MitarbeiterInnen, vor allem Jan-Christian Buchwitz, für die gute Betreuung, und besonders Dr. Klaudia Engljähringer, die, wie schon so oft, sehr aufmerksam, mitdenkend und manche Fehler verbessernd das Manuskript Korrektur gelesen hat.

Mehr als ein Vierteljahrhundert beschäftige ich mich hauptsächlich mit dem Jeremiabuch, das mir auch persönlich am Herzen liegt – u. a. war die Berufung Jeremias (Jer 1) der Lesungstext bei meiner Priesterweihe. Und noch immer birgt es viele Rätsel und Überraschungen für mich. Was mir in den Jahren des Forschens an diesem Buch und des Betens damit an Einsicht geschenkt wurde, davon möchte ich im Folgenden Wesentliches mitteilen.

Länge und Komplexität des Buches verlangten eine ausführlichere Einleitung (Teil A) sowie eine Darlegung seiner Eigenart (Teil B). Dem Anliegen der Reihe entsprechend, konzentriert sich Teil C auf die Gestalt des Propheten und Teil D auf die Botschaft und Theologie des nach ihm benannten Buches. Wie in der Reihe üblich richtet sich der Blick auch auf die Wirkung (Teil E).

Im Blick auf die heutige Weltlage erweist sich das Jeremiabuch als äußerst »aktuell«: Es spricht vielfach von Kriegen, Hunger, Seuchen (s. die Trias »Schwert, Hunger, Pest«, oft ab Jer 14,12), Verschleppungen und Flüchtlingen – die Kämpfe in vielen Krisengebieten der Erde, die unzureichende Ernährung des Großteils der Menschheit, der neuerliche Ausbruch von Ebola, die Vertreibung und Versklavung der Bevölkerung eroberter Ortschaften durch den »Islamischen Staat«, die Flüchtlingsdramen im Mittelmeer und viele andere Erfahrungen des Schreckens und der Not in der Gegenwart zeigen, wie real und immer noch bedrängend das ist, was das Jeremiabuch für seine Zeit beschreibt. Doch gibt es in ihm auch Hoffnung, beginnend schon im ersten Kapitel mit der Vision vom Mandelzweig (Jer 1,11; s. die Darstellung auf der Titelseite), und immer wieder bis hin zu seinem Zielpunkt im letzten Wort: »Leben«.

Innsbruck,
Christkönig/Ewigkeitssonntag 2014   Georg Fischer SJ

A EINFÜHRUNG

> »… auszureißen und einzureißen,
> … aufzubauen und zu pflanzen«
> (Jer 1,10)

Dieser erste Teil will eine Hilfe sein für die Begegnung mit dem Propheten Jeremia und mit dem Buch, das seinen Namen trägt.[1] Jer ist nämlich sehr komplex. Deswegen bedarf es vorab einiger Informationen, die – wie von einem erhöhten Aussichtspunkt aus – einen *guten Überblick* darüber gewähren. Dazu wähle ich 1.) drei Schlüsselkapitel und -positionen des Buches selbst aus sowie 2.) einen Vergleich mit den beiden anderen großen Schriftpropheten.

1. Schlüssel zum Jeremiabuch

Jer ist das älteste Zeugnis für die Gestalt des Propheten Jeremia. Alle anderen Erwähnungen seiner Person scheinen entweder davon abhängig (z. B. 2 Chr 36,12) oder aber deutlich jünger zu sein, so im Fall von 2 Makk 2,1–8. Damit ergibt sich Jer als wichtigster und vermutlich einzig verlässlicher Zugang für die Person Jeremias.

Der *Name* »Jeremia« bedeutet »Jhwh möge/wird aufrichten, erhöhen« und ist, wie viele Namen in der Hebräischen Bibel, programmatisch zu verstehen. Er begegnet in zwei Namensformen, als *jirmᵉjahu*, so zumeist, ab Jer 1,1, sowie seltener als *jirmᵉjah*, z. B. in Jer 27,1. Der Unterschied liegt alleine darin, ob die Kurz-

---

1   In Zukunft verwende ich für das Jeremiabuch die Abkürzung Jer.

form des Jhwh-Namens mit drei (-*jahu*) oder zwei (-*jah*, wie auch in Hallelu-Ja[h]) Konsonanten wiedergegeben wird.

Schriftsteller überlegen in der Regel sehr genau, wie sie ihre Werke beginnen und beenden. Dies gilt auch im Fall von Jer, wo Anfang und Schluss prägnante Merkmale und Charakteristika für das gesamte Buch enthalten. Von daher bietet sich methodisch an, dem Beginn und dem Ende von Jer zuerst Aufmerksamkeit zu widmen.

1.1 Jer 1 – eine Vielfalt an Aufgaben und Rollen für Jeremia

1.1.1 Priesterliche Abstammung

Im Blick auf die Person Jeremias überrascht die Fülle an Rollen, die bereits im ersten Kapitel des Buches ihm übertragen oder angedeutet werden. Es beginnt mit seiner *priesterlichen Herkunft* »... von den Priestern, die in Anatot[2] im Land Benjamin sind« gleich im ersten Vers (Jer 1,1). Eine mögliche Erklärung ist, seine Abstammung auf den Priester Abjatar zurückzuführen, der sich unter David Verdienste erworben hatte (1 Sam 22,20–23; 23,6). Salomo aber hatte diesen wegen der Unterstützung seines Gegenspielers Adonija nach Anatot verbannt (1 Kön 2,26–27). Damit hatte Abjatar jeglichen größeren Einfluss verloren.

Von Jeremia wird nie berichtet, dass er am Tempel eine offizielle Funktion als Priester ausgeübt hätte. Das mag auch mit der Randposition zu tun haben, die seiner Familie aufgrund ihrer Geschichte zukam. Doch

---

2   Anatot war ein kleines Dorf ca. 5 km Luftlinie nordöstlich außerhalb von Jerusalem.

gibt es bei ihm sehr wohl *Tätigkeiten, die mit der priester-lichen Rolle verbunden sind*: Er wird mehrfach gebeten, Gott zu befragen für sein Volk. Das erste Mal geschieht dies durch König Zidkija in Jer 21,2, und das letzte Mal in Jer 42 durch die Gruppe, die nach Ägypten auswandern will. Unabhängig davon hat sich Jeremia auch sonst vor Gott für Menschen eingesetzt: »Gedenke meines Stehens vor dir, über sie Gutes zu reden, um deinen Grimm von ihnen abzuwenden!« (Jer 18,20). Was Priester kennzeichnet, nämlich Gott zu bezeugen vor den Menschen und sie mit ihm zu verbinden, hat Jeremia vielfach in seinem Auftreten gelebt. Wiederholt hat er von Gott gesprochen und versucht, seine Zuhörer für Jhwh zu gewinnen.

1.1.2 Der Prophet für die Nationen
»Bevor ich dich bildete im Mutterleib, habe ich dich erkannt, und bevor du herausgingst aus dem Mutterschoß, habe ich dich geheiligt, zum Propheten für die Nationen habe ich dich bestellt« lautet der erste Vers, den Gott in Jer spricht (Jer 1,5). Eine solche *universale Sendung* als »Prophet für die Nationen« ist einmalig innerhalb der Berufungen der Hebräischen Bibel[3] und geht auch weit über den Auftrag an Jona hinaus, in Ninive Gottes Botschaft zu verkünden.

»Prophet« zu sein, d. h. ein Sprecher für Gott, teilt Jeremia mit vielen Kollegen. Er steht damit in der Nachfolge berühmter Persönlichkeiten wie Mose (z. B. Dtn 34,10), Samuel (1 Sam 3,20), Elija und Elischa (1 Kön 19,16), und in der Nähe anderer großer Gestalten, de-

---

3   Die nächsten Parallelen bestehen zum Gottesknecht bei Jesaja, den Gott von »Mutterleib an berufen« und »zum Licht für Nationen« bestellt hat (Jes 49,1.6); s. dazu G. Fischer, Gefährten (2012), 10–11.

17

nen wie ihm eigene Werke zugeschrieben werden (Amos, Hosea, Micha …).

Der *internationale Horizont aber ist besonders prägend* für Jeremia und sein Buch. Schon in 1,10 erhält Jeremia Vollmacht über »Nationen und Königreiche«, und in 1,15 ist von den »Königreichen des Nordens« die Rede. Ab Jer 2,6 wird Ägypten genannt, das bis Jer 46 immer wieder eine wichtige Rolle spielen wird. In Jer 2,18 geraten mit »Assur« und den »Wassern des Stroms« (= der Euphrat) mesopotamische Großmächte in den Blick, wobei Babel und das neubabylonische Reich erst ab 20,4 explizit benannt werden, dann aber bis zum Schluss des Buches (Jer 50–52) entscheidend das Geschick des Volkes in Jerusalem und Juda mitbestimmen.

Auch *andere Völker* kommen in Jer zur Sprache, mehr als in sonstigen prophetischen Büchern. Bei Gottes universalem Gericht in der Mitte des Buches (Jer 25, s. u. S. 32) wird eine größere Zahl an Nationen genannt als es anderswo bei solchen Texten der Fall ist. Und in den »Fremdvölkersprüchen« (Jer 46–51) ist Jer »kompletter« als seine schriftprophetischen Kollegen, etwa darin, dass es auch Elam bedenkt (Jer 49,34–39). Zudem verheißt Jer mehreren dieser Nationen Gottes neuerliche Zuwendung (z. B. Jer 12,14–16; 46,26; 48,47; 49,39). Eine solch positive Einstellung gegenüber fremden Völkern ist charakteristisch für Jer.

1.1.3 Der verheißene Nachfolger des Mose

Mose zitiert in Dtn 18,18 Gottes Versprechen: »Einen Propheten will ich ihnen aufrichten mitten aus ihren Brüdern wie dich, und ich lege meine Worte in seinen Mund, und er wird zu ihnen alles reden, was ich ihm befehle«. Es ist so wichtig, dass Mose bereits in v15 zuvor Israel darüber informiert, mit »Einen Propheten mitten aus deinen Brüdern wie mich wird dir Jhwh, dein Gott aufrichten«. Diese *offene Ansage aus Dtn wartet auf eine Erfüllung*. Sie wird im Dtn selbst und in den nachfolgenden geschichtlichen Büchern nie eingelöst.

Was diesen verheißenen, Mose gleichen Propheten auszeichnet, *realisiert sich in Jeremia*: Zunächst verlangt Gott von ihm »… alles, was ich dir befehle, sollst du reden« (Jer 1,7), und wenig später berührt Gott seinen Mund und deutet diese sonst nie begegnende Handlung als »ich lege meine Worte in deinen Mund« (1,9). Von keiner anderen Person innerhalb des Alten Testaments wird solches berichtet.[4] Jer 1 präsentiert Jeremia so als den von Gott versprochenen Propheten in der Nachfolge des Mose und als ihm ebenbürtig. Jer wagt, als einziges Buch innerhalb der Hebräischen Bibel, diesen hohen Anspruch aufzunehmen und als auf Jeremia zutreffend auszugeben.

Mehrere weitere Texte innerhalb von Jer spielen auf dieses »Prophetengesetz« in Dtn 18,15–22 an.[5] Darin spiegeln sich die Diskussionen um Prophetie und die Rolle Jeremias, die offensichtlich zur Abfassungszeit von Jer virulent waren.[6] Der gleich in Jer 1 erhobene Anspruch, Jeremia sei der von Gott zugesagte Prophet wie Mose, bedeutete eine *Zumutung*, wenn nicht gar

---

4   Die Erwartung eines Mose gleichen Propheten hielt sich allerdings bis in neutestamentliche Zeit, was Stellen wie Apg 3,22; 7,37; Joh 1,21.45 bezeugen.

5   Die Forderung, alles Aufgetragene zu reden, findet sich gleich wieder in Jer 1,17. Das in Dtn 18,19 erwähnte »nicht hören« auf den Propheten wird zu einem Grundthema in Jer. Die Wendung »in meinem Namen reden«, dort im selben Vers, kehrt negativ verkehrt und mit »Lüge« gesteigert wieder in Jer 29,23 (vgl. auch Jer 14,14–15; 23,25; 27,15; 29,9.21).

6   Erhellend dazu H. Knobloch, *Prophetentheorie* (2009).

eine Provokation, insofern er Jeremia über alle anderen Propheten und an die Seite des unvergleichlichen Mose (Dtn 34,10) stellte.

Tatsächlich aber *reichen die Parallelen und Beziehungen zwischen Mose und Jeremia weiter* als diese Aufnahme von Dtn 18 in Jer 1. Wiederholt klingt in Jer an, was Mose getan, gesagt oder erlebt hat:[7] Jer 3,1 zitiert einen Fall, der im Gesetz in Dtn 24,1–4 behandelt wird. Jer 7,9 enthält innerhalb des AT die längste Aufzählung von Bestimmungen des Dekalogs (aus Ex 20 bzw. Dtn 5, Gottes Offenbarung am Sinai). Mehrfach setzt sich Mose fürbittend für das Volk ein, als es sich gegen Gott verfehlt (Ex 32,11–13.31–32; Num 14,13–19; …). Dasselbe zeichnet auch Jeremia aus (s. Jer 18,20 und 42,4), obwohl er ebenso erfahren muss, dass Gott es ihm eine Zeitlang untersagt (Jer 7,16; 11,14; 14,11). Der Wunsch des Volkes, nach Ägypten zurückzukehren, hatte bereits Mose in Bedrängnis gebracht (am stärksten Num 14,3–4); Jeremia dagegen muss erleben, wie das Volk gegen Gottes Anweisung und seinen Rat tatsächlich dorthin zieht und ihn sogar mit verschleppt (Jer 42–44). Dort in der Fremde verlieren sich Jeremias Spuren, sodass von ihm wie von Mose gilt: »… niemand sein Grab kennt bis zu diesem Tag« (Dtn 34,6).

1.1.4 Höchste Vollmacht zum Zerstören und Aufbauen
Gott beschließt seine Beauftragung Jeremias in 1,10 mit: »Siehe, ich setze dich an diesem Tag ein über Nationen und Königreiche, auszureißen und einzureißen, zu zer-

---

7   In diese Richtung haben L. Alonso Schökel, *Jeremías* (1981), und C. R. Seitz, *Mose* (1990), schon viel beobachtet. Ein markanter Unterschied zwischen beiden besteht aber darin, dass Mose fast durchweg eine leitende Position voller Autorität einnimmt, während Jeremia nahezu dauernd Ohnmacht erlebt.

stören und zu vernichten, aufzubauen und zu pflanzen.« Die nächste Parallele zum »Einsetzen« liegt in der Bestellung Gedaljas, eines Enkels Schafans, zum Statthalter über die Städte Judas vor (Jer 40,5); Jeremia wird also zu einer *hohen Aufgabe berufen*, die aber mit »Nationen und Königreiche« den Bereich Gedaljas bei Weitem übertrifft und erneut den internationalen Horizont von Jer bestätigt.

Auch die folgenden, im Infinitiv stehenden Verben unterstreichen dies. Diese Liste, hier mit sechs Gliedern, ist für Jer charakteristisch.[8] Meist hat diese Aufzählung konträrer Handlungen Gott als Subjekt, wie u. a. in Jer 18,7.9; 24,6 und in 31,28, der längsten Form mit sieben Gliedern. Das bedeutet, dass Gott hier seine universale Macht zu vernichtendem und aufbauendem Handeln an seinen Propheten überträgt. Jeremia ist damit weit mehr als ein Statthalter, er *vertritt Gottes Stelle*, der in Jer 10,7, einmalig, als »König der Nationen« betitelt wird. Nach »Priester« und »Prophet« kommen Jeremia damit auch königliche Züge zu.[9]

Wie vollzieht Jeremia diesen Auftrag? Zu beachten sind Abfolge und Zahl der Verben. Am Anfang stehen vier Tätigkeiten des Zerstörens. Ihnen entspricht, dass Jeremia *zuerst vielfach Gericht* ansagen muss angesichts der Vergehen und der fehlenden Einsicht der Gemeinschaft, aber auch anderer Völker. Dieses angekündigte Unheil tritt auch ein, für Jerusalem besonders in der Belagerung und Einnahme durch die Truppen Nebukadnezars 587 v. Chr., mit anschließender Zerstörung (Jer 39 und 52). Ebenso erfahren fremde Nationen den

---

8   Möglicherweise findet sich in Ez 36,36 eine Vorform dazu, mit zwei konträren Verbpaaren.

9   Eine solche Auslegung vertritt A. Stiglmair, *Prophet* (2002), mit gewichtigen Argumenten.

von Jeremia verkündeten Untergang, z. B. Ägypten in der Niederlage zu Karkemisch (Jer 46,2) und in der späteren babylonischen Invasion (Jer 43,8–13).

Auch das ›Aufbauen und Pflanzen‹ gehört zu Jeremias Aufgaben. Nach dem Niederreißen und Wegräumen des Alten, Falschen ist der Boden bereitet, dass neue Fundamente gelegt und stabilere Bauten errichtet werden können und dass Besseres nachwachsen kann. Jeremia zeigt mit seiner Verkündigung Wege, wie Israel, aber auch andere Nationen eine stimmige Beziehung mit Gott leben und so wieder, sogar vermehrt, Heil erlangen können, z. B. im Ruf zur Umkehr in Jer 3,12–14, oder im rechten Schwören in Jer 12,14–16, für die »bösen Nachbarländer«. Die Dynamik der Abfolge der Verben zeigt dabei Gottes Absicht: Ihm ist das Aufrichten ein Anliegen; dieses aber lässt sich unter den gegebenen Umständen nur dadurch erreichen, dass zuerst das Verkehrte beseitigt wird. Diese unangenehme und schwere Aufgabe fällt Jeremia zu.

1.1.5 Der Visionär

Einige Propheten *bekommen von Gott ›zu sehen‹*, was er tut und was sie verkündigen sollen. Der Schlussteil des Amosbuches ist geprägt von fünf Visionen, die allesamt über das Volk hereinbrechendes Unheil enthalten (Am 7,1–8; 8,1–3; 9,1–5). Das Ezechielbuch beginnt mit einer großartigen Schau, in der dem Propheten am Fluss Kebar die faszinierende Erscheinung der Herrlichkeit Jhwhs zuteil wird (Ez 1).

In ähnlicher Weise zeigt Gott Jeremia im Anschluss an die Beauftragung in *zwei Visionen*, was er vorhat. In der ersten sieht Jeremia einen Mandelzweig, wird für diese Schau gelobt und erhält ihre Deutung als Gottes Wachen[10] über der Ausführung seines Wortes (1,11–12).

22

Von allem Anfang an stellt Gott klar, dass er es nicht beim Reden belässt, sondern dass mit entsprechenden Taten zu rechnen ist. Die zweite Vision (1,13–16) deutet einen wesentlichen Inhalt davon an: Der überkochende Topf steht für das über Jerusalem hereinbrechende Unheil, wegen des »Verlassens« Jhwhs.

Auch später erhält Jeremia nochmals eine Vision. In Jer 24,1–3 lässt Gott ihn *zwei Feigenkörbe* mit extrem unterschiedlichen Früchten sehen. Sie symbolisieren die »Qualität« einerseits jener Gruppe, die nach der Kapitulation 597 v. Chr. mit dem jungen König Jojachin ins Exil ziehen musste und der eine neue, enge Beziehung zu Gott zugesagt wird (v4–7); ihr gegenüber stehen jene, die mit König Zidkija in Jerusalem verblieben sind, sowie die nach Ägypten Ausgewanderten. Sie alle haben Unheil und Untergang zu erwarten (24,8–10).

1.1.6 »Befestigte Stadt, eiserne Säule und bronzene Mauern«

Nach Beauftragung (v4–10) und den zwei Visionen (v11–16) schließt Gott die Berufung Jeremias mit der Aufforderung ab, seine Sendung nun anzugehen (v17–19). Darin spricht er ihm *erneut Aufgaben* zu, die aufs Erste seltsam klingen: »Und ich, siehe, ich mache dich heute zu einer befestigten Stadt, zu einer eisernen Säule und zu bronzenen Mauern gegen/für das ganze Land ...«[11] (Jer 1,18).

---

10 Im Hebräischen sind »Mandel(baum)« (*schaqed*) und »wachend« (*schoqed*) durch ein Wortspiel verbunden. Das von Jeremia Geschaute öffnet so für Gottes Handeln. Dieses erste Bild von Jer schmückt auch die Titelseite des vorliegenden Buches.

11 Statt »Land« kann auch »Erde« übersetzt werden; in diesem Fall klänge auch hier die universale Dimension der Sendung Jeremias durch. Die hebräische Präposition *al* ist doppeldeutig und deswegen hier mit »für/gegen« wiedergegeben. Je nach

Der Sinn dieser Aussage Gottes erschließt sich aus dem Zusammenhang mit dem gesamten Jeremiabuch und seiner Dynamik: Jer schildert ausführlich, wie die *Stadt*, Jerusalem, bedroht, angegriffen, belagert, schließlich eingenommen und weitestgehend zerstört wird (Jer 39; 52). Anstelle dieser eroberten Stadt soll offensichtlich der Prophet Jeremia der Gemeinschaft eine Heimat werden, noch dazu eine sichere, wie das Eigenschaftswort »befestigt« andeutet.

Auch die *Säule* wird aus dem Kontext von Jer verständlich. In Jer 27,19(–22) kündet Jeremia an, dass die bisher, bei der Kapitulation 597 v. Chr., am Tempel verbliebenen Geräte und kostbaren Gegenstände, darunter auch die (bronzenen) Säulen, ebenfalls nach Babel verschleppt werden. Dies bewahrheitet sich dann in Jer 52,17.21–23, wo gerade den Säulen besondere Aufmerksamkeit zuteilwird. Die prachtvollen, im Hohlguss verfertigten, Namen tragenden,[12] über acht Meter hohen, die Vorderfront des Tempels zierenden Säulen werden zerschlagen und als Beutegut in die fremde Hauptstadt gebracht.

Demgegenüber bleibt Jeremia als »Säule« für das Volk, der nun *statt des Tempels den Zugang zu Gott vermittelt* und, wie die Säulen zuvor, als Schmuck- und Zierstück[13] dessen Herrlichkeit aufleuchten lässt. Dabei bringt »eisern« eine Steigerung gegenüber den »bronzenen« Säulen, insofern dieses Metall fester, beständiger und noch wertvoller ist. Der Prophet Jeremia

---

Stellung zum Propheten bzw. zur Botschaft Gottes wird er verschieden wahrgenommen.

12 1 Kön 7,21 erwähnt »Jachin« und »Boas« als ihre Namen.

13 Die Säulen könnten auch »Stützen« gewesen sein, doch rechnen manche damit, dass sie frei vor dem Tempel standen, ohne ein Dach zu tragen.

übertrifft so als »eiserne Säule«, vom Anfang des Buches an, was den Tempel in Jerusalem auszeichnete, der im Lauf der Geschichte mehrfach zerstört wurde.[14]

Die *Mauern* schließlich stehen für die Befestigung Jerusalems. Sie sollen der Bevölkerung Schutz geben und eine Verteidigung gegen Angriffe ermöglichen. Doch gegen die babylonische Belagerung halten sie nicht stand; nach eineinhalb Jahren, Ende Juli 587 v. Chr., gelingt es den Angreifenden, eine Bresche in die Mauern aus Stein zu legen (Jer 39,2; 52,7) und die Stadt zu erobern.

Wiederum bildet *der Prophet Jeremia den besseren Ersatz*. Was als Befestigung und Schutz nicht wirklich half und dann auch von den Feinden eingerissen wurde (Jer 52,14), übertrifft Jeremia nach Gottes Plan schon von Beginn an. Die zugefügte Qualität »bronzen« bedeutet gegenüber der üblichen Errichtung von Mauern aus Steinen eine Steigerung. Mehr als reale Befestigungswerke vermag Gottes Prophet der Gemeinschaft Schutz und Sicherheit zu geben.

Mit der dreifachen Bestimmung Jeremias als »Stadt, Säule, Mauern« *vertieft Gott die Sendung seines Propheten*. Er zeigt damit den bleibenden Wert Jeremias für das Volk auf, das damals den Verlust vieler vermeintlicher Sicherungen erleben musste. Wenn Stadt, Tempel und schützende Mauern untergehen, tritt umso mehr heraus, was unzerstörbar ist: Gott und sein durch Jeremia vermitteltes Wort.

---

14 Die Zerstörung des salomonischen Tempels 587 v. Chr. steht im Hintergrund von Jer. Doch ein gutes halbes Jahrtausend später wird unter den Römern 70 n. Chr. der weit größere, am selben Platz errichtete *zweite Tempel* erneut ein Raub der Flammen. Dies zeigt, dass der biblische Glaube nicht an einen Tempel gebunden ist. In diese Richtung antwortet auch Jesus einem seiner Jünger in Mk 13,2.

Später, im Kontext der Anfeindung des Propheten, greift Gott dieses Motiv erneut auf: »Und ich mache dich für/gegen dieses Volk zu einer bronzenen, befestigten Mauer« (Jer 15,20). Darin bestätigt Gott die Rolle Jeremias und *verstärkt noch die Funktion des Schutzes* mit der Zufügung »befestigt« dort.

1.1.7 Zusammenschau

Schon das erste Kapitel des Jeremiabuches bietet ein *reichhaltiges Panorama an Rollen* für Jeremia. Er ist Priester, universaler Prophet mit Anklängen an den Gottesknecht, der verheißene Nachfolger des Mose, Visionär, wird bestellt zu königlichen oder sogar göttlichen Aufgaben, ersetzt in besserer Weise, was bisher die Funktion von Stadt, Schmuck- und vielleicht auch Stützelementen des Tempels und Mauern war. Jeremia erscheint wie ein »Multitalent«.

Diese *Ansammlung verschiedener Aufgaben* ist nicht entstanden aus dem Zusammenfügen mehrerer literarischer Schichten. Jer 1 kann und muss in seiner Abfolge von Bestellung (v4–10), erste Inhalte vermittelnden Visionen (v11–16) und Befehl zur Übernahme der Sendung (v17–19) als Einheit gesehen werden, sogar einschließlich des *Incipit*[15] in v1–3, das die nötigen Informationen zur Einordnung der Berufung Jeremias gibt. Dies bedeutet, dass die Fülle an Aspekten der Tätigkeit des Propheten Jeremia bewusst angezielt ist. Er vereint in sich viele Funktionen und Züge anderer Propheten.[16]

---

15 So die Gattungsbestimmung durch R. Liwak, *Prophet* (1987), in Anlehnung an die Eröffnungen alter Literaturwerke. Der lateinische Ausdruck bedeutet: »Es beginnt«.

16 Zwar weisen auch andere Propheten mehrere Rollen auf, z. B. Amos die des Viehzüchters, Sykomorenpflegers, Propheten

Darin zeigt sich ein *charakteristisches Merkmal von Jer*, das oft solche »Zusammenschauen« bietet. Offensichtlich ist es ein Anliegen des Buches, mehrere Elemente zu einem Thema zu bündeln und so eine über das Übliche hinausgehende umfassende Sicht zu vermitteln. Mit hoher Wahrscheinlichkeit steht ein solches Denken nicht am Anfang, sondern greift auf zuvor bereits einzeln verwendete Motive zu und kombiniert sie zu einer neuen, reichhaltigeren Gesamtperspektive. Das legt auch nahe, für Jer 1 und das damit einsetzende Buch einen späten Entstehungszeitpunkt anzunehmen.

1.1.8 Weitere Rollen

Als ob die vielen in Jer 1 erwähnten Aufgaben Jeremias noch nicht genug wären, folgen innerhalb des Buches weitere. Gegen Ende von Jer 6 spricht Gott zum Propheten: »Zum *Prüfer* mache ich dich für / in mein(em) Volk, eine Festung« (Jer 6,27). Der in v28–29 anschließende Vergleich mit der Läuterung von (Edel-) Metallen verdeutlicht, worum es geht: Jeremia soll überprüfen und feststellen, was an Wertvollem in der Gemeinschaft vorhanden ist. Das ergänzende »eine Festung« nimmt die ihm in 1,18 zugesprochenen Rollen variiert auf, erneut sicheren Schutz betonend, wie ähnlich auch in der anderen Wiederaufnahme von 15,20 (s. oben).

Dort hatte Gott im Vers zuvor Jeremia ein einzigartiges Angebot gemacht. »Wenn du Wertvolles hervorbringst statt Unedlem, darfst du *wie mein Mund* sein.«

---

und Visionärs (Am 1,1; 7,1.14–15), Ezechiel die des Priesters, Propheten und Spähers / Wächters (Ez 1,3; 2,5; 3,17; s. dazu auch Jer 6,17), doch übertrifft Jeremia sie sowohl in der Anzahl als auch in deren Bedeutsamkeit.

(Jer 15,19). Diese Offerte ist einmalig. Kein anderer Mensch erhält im Alten Testament diese Auszeichnung, dass in ihm gleichsam Gott selbst zur Sprache kommt. Darin wird das Motiv aus der Berufung Jeremias, wo Gott selbst dessen Mund berührte und die Geste als Hineinlegen seiner Worte deutete, nochmals bis zum Äußersten gesteigert. In dem, was Jeremia redet, wird Gott selbst vernehmbar.

Zwei Kapitel später spricht Jeremia, sich verteidigend, die eigene Auffassung von seiner Sendung an: »Ich aber habe mich nicht weggedrängt/entzogen davon, *Hirte* zu sein hinter dir.« (Jer 17,16). Im Kontext des Jeremiabuches klingen dabei zwei Dimensionen an. Einerseits sind mit »Hirten« die politischen Führer angesprochen, die in ihrer Verantwortung versagt haben (z. B. Jer 2,8; 23,1–2). Anderseits übernimmt Gott selbst diese Aufgabe, sammelt seine Schafe und führt sie auf die Weide (Jer 23,3) – in Bezug dazu und gleichsam als »Beihirt« sieht Jeremia seine Tätigkeit.

*

Der Rückblick auf die Aufgaben Jeremias lässt eine nahezu unglaubliche *Fülle an Rollen* erkennen, die ihm zugesprochen werden, die meisten von ihnen gleich im ersten Kapitel des Buches, einige andere im späteren Verlauf. Wie bei den »Hirten« ein Gegensatz zwischen anderen und ihm sichtbar wurde, trifft es in gleicher Weise auf »Priester« und »Propheten« zu, die ebenfalls kritisiert werden (Jer 2,8 und öfter). Es scheint also, dass Jeremia, anders als jene, diese Funktionen und Verantwortung tatsächlich und korrekt zu übernehmen hat und ausüben soll. Das nach ihm benannte Buch zeigt auf vielfältige Weise auf, dass er Gottes Sendung und Aufträge bis zur Hingabe seines Lebens erfüllt hat.

1.2 Jer 52 – der Untergang Jerusalems und des Tempels

1.2.1 Fremd und doch zugehörig

Nach dem Anfang von Jer gilt es, nun auch dessen *Ende* zu betrachten. Jer 51,64 schließt mit »... bis hierher die Worte Jeremias«. Doch dann folgt noch ein ganzes Kapitel, Jer 52, in dem Jeremia überhaupt nicht vorkommt. Viele neigen von daher dazu, Jer 52 als »Anhang«, nicht ursprünglich zu Jer dazugehörig, zu betrachten. Ihre Ansicht erhält Gewicht auch dadurch, dass Jer 52 sich weitgehend und oft wortwörtlich mit 2 Kön 24,18–25,30 deckt, von dem es – so die allgemeine Überzeugung – genommen ist.

Ein solches Verständnis, Jer 52 nur als spätere, fremde Zufügung anzusehen, birgt jedoch Probleme. Vor allem blieben dadurch einige wichtige Ansagen im früheren Verlauf des Buches ungelöst. Schon Jer 1,3 eröffnet mit »... bis zur Exilierung Jerusalems im fünften Monat« einen Zeitbogen und eine Erwartung, die erstmalig in Jer 52,12–15 eingelöst wird. Die Ankündigungen bezüglich der Zerstörung des Tempels finden ebenfalls erst in Jer 52,13 ihre Erfüllung, jene der Entleerung auch von den 597 v. Chr. noch verbliebenen Geräten mit Jer 52,17–23. Jer kann nicht ohne Kapitel 52 abschließen, es *gehört notwendig dazu* und war offenbar von Beginn an bei der Komposition des Buches mitbedacht.

1.2.2 Modellfall für Intertextualität in Jer

Trotzdem ist die so weitreichende Übernahme aus 2 Kön ernst zu nehmen. Sie ist das deutlichste Beispiel für einen weiteren typischen Zug von Jer, nämlich die vielen *intertextuellen Verbindungen* (s. u. S. 95–119). Bereits eingangs, in Jer 1, griff Jer auf Dtn 18 und wohl auch auf die Visionen des Amos zurück; hier am Ende ist nahezu ein ganzes Kapitel abgeschrieben.

Doch Jer übernimmt nicht nur, es *verändert und ergänzt* auch seine Vorlagen. Über 2 Kön 25 hinaus benennt es klarer das feige Verhalten des Königs und des Militärs, heimlich nachts aus der nicht mehr haltbaren Stadt zu fliehen (Jer 52,7). Es berichtet zudem, dass König Zidkija bis ans Lebensende gefangen gehalten wurde (Jer 52,11), und setzt dieselbe Notiz »bis zum Tag seines Todes« auch bei König Jojachin dazu (Jer 52,34). In Jer 52,17–23 sind die Aufzählung der verschleppten Tempelgeräte und die Beschreibung der Pracht der Säulen gegenüber der Vorlage ausführlicher. Jer 52,28–30 erwähnt drei Exilierungen und ordnet damit jene von 587 v. Chr. im Anschluss an die Zerstörung Jerusalems in eine Reihe mit der früheren von 597 und einer späteren im Jahre 582 ein, die wohl als Reaktion der Babylonier auf den Aufstand Ischmaels und die Ermordung des von ihnen eingesetzten Statthalters Gedalja zu verstehen ist (s. Jer 41). Selbst in kleinen Details variiert Jer den ihm vorliegenden Text; so steht bei der Wendung »das Urteil sprechen« im Hebräischen das Nomen in 2 Kön 25,6 im Singular, in der Parallelstelle Jer 52,9 dagegen im Plural, als »Urteile«, entsprechend der für Jer typischen Ausdrucksweise (seit Jer 1,16).

Der Blick auf diese Verschiebungen gegenüber der Vorlage enthüllt *mehrere Eigenheiten* von Jer. Es hat keine Scheu, klar Schuld und Verantwortung zu be-

Abb. 1: Gefesselter. »Er fesselte ihn
mit bronzenen Doppelfesseln.« (Jer 52,11)

nennen und dabei noch deutlicher als die Vorlage Un-
angenehmes, Unwillkommenes anzusprechen – völlig
konform mit der Art und Weise, wie Jeremia auch während des ganzen Buches ohne falsche Rücksichtnahme
Vergehen und Missstände anklagt. Jer neigt außerdem
zu vollständiger Darstellung; deswegen werden die
Listen der Tempelgeräte ergänzt und alle Deportationen berichtet. Insgesamt wird das Bild des damals Ge-
schehenen dadurch realistischer, und man kann die
Größe des Verlustes besser wahrnehmen.

Die in Jer 52 beobachtbaren Veränderungen stehen in
vollem Einklang mit dem, was sonst an Tendenzen und
Eigentümlichkeiten in Jer zu sehen ist. Das deutet darauf hin, dass der Rückgriff auf 2 Kön 24–25 und die
Übernahme hier ans Ende des Buches *bewusst erfolgt*

sind. Jer 52 entstammt nicht einer nachträglichen Redaktion, sondern ist der von Anfang an absichtlich angepeilte Zielpunkt für Jer.

1.2.3 Die Funktion von Jer 52

Das Schlusskapitel hat eine außergewöhnlich wichtige Aufgabe innerhalb von Jer. Nach der Bemerkung »bis hierher die Worte Jeremias« am Ende von 51,64 ist klar, dass nicht mehr der Prophet selbst redet. Zudem weisen die Art der Darstellung und die sprachliche Ausgestaltung von Jer 52 klar auf einen *anderen Sprecher* hin. Dieser vermittelt, über Jer 39 und sogar 2 Kön 25 hinaus, den Untergang Jerusalems 587 v. Chr. in einer Vielzahl von Aspekten.

Damit wird das »fremde« Schlusskapitel zu einer *Bestätigung für Jeremia* und seine Ansagen. Seine Botschaft ist eingetroffen, und er kann nach dem Kriterium von Dtn 18,22 als »wahrer Prophet« erkannt werden. Die Zuschreibung an eine andere Hand als Jeremia selbst ist entscheidend als »Bezeugung von außen«. Jeremia legitimiert sich nicht selbst; das Ende seines Buches gibt ihm recht.

1.3 Jer 25 – Gottes universales Gericht

1.3.1 Der Zeitpunkt für den Rückblick

Nach Anfang und Ende ist auch die Mitte des Buches aufschlussreich. Jer 25 ist wie ein *Zentralpfeiler*, der sich mehrfach abhebt und Jer in zwei Hälften teilt. Zum ersten Mal begegnet dabei »das vierte Jahr Jojakims«, noch dazu in Parallele mit dem »ersten Jahr Nebukadnezars« (Jer 25,1). Es ist gleichzusetzen mit dem Jahr 605 v. Chr., dem Datum der Schlacht bei Karkemisch (Jer 46,2), mit der der Aufstieg des neubabylonischen Reiches zur Weltmacht begann.

Dieses für den Alten Orient sehr bedeutsame Datum ist für Jeremia auch der Zeitpunkt, *Bilanz zu ziehen* über seine bisherige Wirksamkeit. Dabei ruft er in 25,3 mit dem dreizehnten Jahr König Joschijas den Beginn seiner Berufung in Erinnerung (sonst nur Jer 1,2). Seither sind 23 Jahre vergangen,[17] und der Rückblick auf diese Zeitspanne fällt ernüchternd aus: Das dreimalige »aber ihr habt nicht gehört« (Jer 25,3.4.7) beschreibt die kontinuierliche Ablehnung, der er mit seiner Verkündigung beim Volk begegnet ist.

1.3.2 Ein programmatischer Vorblick auf das Kommende
Nach diesem Schuldaufweis reagiert Gott in 25,8–11 mit einem *Gerichtswort*, wobei er anfangs in v8 die Hörverweigerung der Gemeinschaft als Begründung für sein Vorgehen aufgreift. Er kündigt an, dass der babylonische König als sein Vasall, mit der ehrenden Benennung als »mein Diener« (v9), »dieses Land« (gemeint ist Juda) zerstören wird.

Doch im Folgenden (v12–14) erfährt dieses hereinbrechende Unheil eine *zeitliche Beschränkung und eine Umkehrung*. Die Abhängigkeit wird »70 Jahre« dauern (v11–12), und am Ende dieser Zeit wird Babel selbst anderen Nationen dienen müssen (v14) – in verhüllter Weise spielt dies auf das Ende des babylonischen Reiches 539 v. Chr. und die dann beginnende Perserherrschaft an.

---

17 Jer 1,2–3 veranschlagen das Auftreten Jeremias auf ziemlich genau 40 Jahre, von 627 v. Chr. (= 13. Jahr Joschijas) bis 587 v. Chr., der Einnahme Jerusalems im elften Jahr Zidkijas. 23 Jahre stellen davon deutlich mehr als die Hälfte dar, Anlass genug, kritisch das eigene Auftreten anzusehen und darüber Rechenschaft abzulegen.

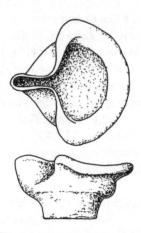

Abb. 2: Öllampe. »Und ich lasse untergehen Stimme
von Entzücken und Stimme von Freude,
Stimme von Bräutigam und Stimme von Braut,
Stimme von Mühlsteinen und das Licht der Lampe.« (Jer 25,10)

Im Anschluss an diese relativ kurz gehaltene Ansage
unterstreicht Gott diesen seinen Plan und führt ihn
weiter aus (Jer 25,15–29). Dabei beauftragt er Jeremia,
vielen Völkern einen den *göttlichen Zorn symbolisierenden
Becher* voll Wein zu trinken zu geben (v15–16), was dieser gleich ausführt (25,17) – wie, bleibt offen.[18] Jeremia
wird zum Vermittler von Gottes Weltgericht, eine Steigerung seiner Bedeutung zu seinen ohnehin schon vielen Rollen und eine konkrete Umsetzung seiner universalen Sendung als »Prophet für die Nationen«.

Die Aufzählung umfasst Nationen und Könige in
einer sonst in diesem Zusammenhang nicht begegnen-
den *Vollzähligkeit*, neuerliches Zeichen für den univer-

---

18 Es ist beliebt, aufgrund der Schwierigkeit der konkreten Durch-
führung diese Szene als Vision zu deuten, doch bietet der Text
keinen Anhaltspunkt dafür.

salen Horizont von Jer. Sie beginnt mit Jerusalem und Juda, fährt fort mit Ägypten und endet in v26 mit dem »König von Scheschach«, einer verschlüsselten Bezeichnung für den babylonischen Herrscher.[19] Die ungewöhnliche Benennung deutet sprachlich die völlige Umkehrung und das Ende an, die über Babel kommen werden.

Was Gott hier vorstellt und Jeremia ausführen lässt, ist das *Programm für die zweite Buchhälfte* (Jer 26–51). Zunächst, ab Jer 26, geht es immer mehr mit Jerusalem bergab, bis in Jer 39 erstmals die Einnahme berichtet wird. Danach kommen in den Fremdvölkersprüchen (Jer 46–51) die anderen Nationen in den Blick; auch diese halten sich weitgehend an die hier in Jer 25 vorgestellte Reihenfolge, insbesondere mit den Eckpositionen für Ägypten am Beginn (Jer 46) und für Babel am Ende (Jer 50–51).

Jer 25 ist der *tragende Pfeiler* in der Mitte des Buches. Zeitlich knapp nach der Hälfte des Auftretens Jeremias situiert, blickt er sowohl in die Vergangenheit zurück als auch nach vorne auf das Kommende.[20] Dabei leistet er elegant den Übergang von der ersten Buchhälfte, in

---

19 Im hebräischen Alphabet, in umgekehrter Reihenfolge genommen, entsprechen einander die Buchstaben »sch« (als zweitletzter) und »b« (als zweiter), sowie »k« (hier der Aussprache wegen als »ch« wiedergegeben, als elfter Buchstabe) und »l« (als elftletzter). Die so »verkehrte« Schreibweise rechnet mit Lesern, die ihren tieferen Sinn als Verdrehung des Wortes »Babel« verstehen können.

20 Die Ausdrücke »zurück« (für Vergangenes) und »vorne« (für die Zukunft) entsprechen unseren heutigen Denkschemata, nicht dem Hebräischen, wo das »Vordere« für die Vergangenheit steht und »hinten« die Zukunft bezeichnet. »Hinteres und Hoffnung« (so wörtlich Jer 29,11, bzw. in umgekehrter Reihenfolge in Jer 31,17) besagen von daher eine heilvolle kommende Zeit.

der Schuldaufweise und Gerichtsandrohungen domi-
nierten, doch ohne dass schon stark die Folgen sichtbar
würden, zum zweiten Teil, wo das Eintreffen der Ansagen konkret berichtet wird.

*

Jer 1, 25 und 52 sind wie ein tragendes *Gerüst für das
ganze Buch.* Sie strukturieren es und geben entscheidende Hinweise für das gesamte Verständnis. Jer 1 ist
wesentlich zum Begreifen der Person Jeremias. Jer 52
gibt mit dem Untergang Jerusalems und des Tempels
einen Zielpunkt und Hauptinhalt von Jer an. Und Jer
25 verbindet beide Aspekte und ordnet sie ein in größere Zusammenhänge der Weltgeschichte. Hier wird
eine planvolle Komposition sichtbar, die weiter unten
noch genauer vorzustellen ist (s. S. 58–64).

2. Vergleich Jeremias mit den anderen »grossen« Schriftpropheten

»Perspektivisches« Sehen erlaubt eine *angemessenere
Wahrnehmung.* Ein Werk alleine in sich zu beurteilen
birgt das Risiko verzerrter Kriterien oder Maßstäbe. Jer
nur für sich zu betrachten, liefe so Gefahr, nicht entsprechend bewerten zu können, was sozusagen »Stan-
dard« ist und wo dieses Buch sich vom Üblichen abhebt. Aus diesem Grund legt sich nahe, Jer mit ihm
nahekommenden Büchern zu vergleichen.

Dabei bieten sich vorzugsweise die anderen »großen« Propheten, *Jesaja und Ezechiel,* an.[21] Beide sind

---

21 Auf die nach ihnen benannten Bücher beziehe ich mich mit
»Jes« bzw. »Ez«.

ebenfalls von Gott berufen, sein Wort zu verkünden. Auch ihnen werden umfangreiche, komplexe Werke zugeschrieben. Viele Themen, wie das Schicksal Jerusalems, die Rolle anderer Nationen, Gottes Reagieren auf das Handeln seiner Gemeinschaft, usw., sind ihnen gemeinsam.

Doch sind ihre Positionen in manchem *deutlich verschieden*. Von daher besteht die Hoffnung, dass im Vergleich mit Jes und Ez das besondere Profil von Jer klarer hervortritt. Trotz der Übereinstimmung in vielen Punkten zwischen diesen drei großen Schriftpropheten zeigen sich je eigene Akzente bei ihnen. Sie möchte ich im Folgenden an einigen Themen in ausgewählten Details aufzeigen.

2.1 Die Nähe des Wortes Gottes in den Berufungen

Interessanterweise behandeln alle Berufungserzählungen dieser drei großen Propheten das Motiv, wie Gottes Wort zu dem kommt, der es verkünden soll. Die entsprechenden Ausdrücke sind »Mund, reden, Wort«, u. a. Dabei setzt Jes 6,5 damit ein, dass *Jesaja* sich als »Mensch mit unreinen Lippen« bekennt. Die Lösung besteht darin, dass einer der Seraphen mit einer vom Altar genommenen Glühkohle seine Lippen berührt und daraufhin erklärt, dass seine Schuld nun entfernt ist (Jes 6,6–7). Von da an kann der Prophet, gereinigt von seinen Sünden, sich freiwillig bereit zeigen, Gottes Sendung zu übernehmen (Jes 6,8).

Bei der Berufung *Ezechiels* steht nach der großartigen Erscheinung am Beginn (in Ez 1) im folgenden Geschehen die Überreichung einer Buchrolle im Zentrum (Ez 2,8–3,3). Gott fordert den Propheten auf, seinen Mund zu öffnen und sie zu essen (2,8; wiederholt in 3,1), was dieser auch ausführt (Ez 3,2). Damit nimmt

Ezechiel Gottes Wort, vermittelt durch die Rolle, innerlich ganz in sich auf.

Auch bei *Jeremia* geht es entscheidend um die Aufnahme von Gottes Wort. Nach dem anfänglichen Auftrag, er solle alles reden, was Gott ihm befehle (Jer 1,7), erfolgt mit der einmaligen Geste der Berührung seines Mundes durch Gottes Hand die Übergabe der göttlichen Worte an Jeremia (Jer 1,9; s. oben S. 19).

Vergleicht man diese drei Berufungen, kann man eine *Steigerung* feststellen. Bei Jes handelt ein Seraph, bei Ez und Jer Gott selbst. Bei Jes werden die Lippen mit einer glühenden Kohle gereinigt und er so zum Sprechen der göttlichen Botschaft befähigt. Bei Ez erfolgt die Aufnahme des Wortes Gottes mittels einer Buchrolle, bei Jer dagegen in der direkten Berührung durch Gott selbst[22] und der Deutung als Übergabe seiner Worte an den Propheten.

In Jer wird dieses Motiv noch dazu intensiv weitergeführt. Jer 15,19, wo Jeremia die Rolle zugesprochen wird, wie Gottes »Mund« zu sein, wurde bereits angesprochen (s. S. 27–28); auf dem Weg dahin steht Jer 5,14. Dort greift Gott Jer 1,9 auf und ergänzt jene Stelle: »Siehe, ich lege meine Worte in deinen Mund *als Feuer*«, damit die gewaltige Kraft und verzehrende Macht seines Sprechens andeutend. Von Gottes Beteiligung her, der Unmittelbarkeit seines Wortes und der Ausgestaltung des Motivs übertrifft Jer die Bücher seiner beiden großen prophetischen Kollegen. Keine Schrift der Hebräischen Bibel kennt eine größere Direktheit bezüglich der Weise, wie das göttliche Wort zum Propheten kommt, als Jer.

---

22 Er spricht allerdings in Jer 15,16 auch vom »essen« der göttlichen Worte.

2.2 Die Lebensform der Propheten

Von *Jesaja* wird berichtet, er habe Frau (z. B. Jes 8,3) und Kinder gehabt: Jes 7,3 nennt einen Sohn mit Namen »Schear-Jaschub«, Jes 8,3 einen weiteren mit symbolischem Namen. Die »Familie« Jesajas trägt so wesentlich zur Verkündigung bei.

Auch *Ezechiel* ist verheiratet. Gott kündigt ihm in Ez 24,15–17 den Tod seiner Frau an, was kurz darauf eintrifft (v18). Kinder werden allerdings keine erwähnt.

Bei *Jeremia* untersagt Gott Heirat und Zeugen von Kindern (Jer 16,2). Dieses Verbot ist einmalig und läuft sogar dem Auftrag am Beginn der Schöpfung, »Seid fruchtbar und mehret euch!« (Gen 1,28), zuwider. Die ungewöhnliche göttliche Anordnung findet eine Erklärung im kommenden Schicksal der Gemeinschaft, in der jegliche menschliche Solidarität aufhören wird (Jer 16,3–9).

Bei allen drei großen Schriftpropheten dient die Lebensform dazu, eine wichtige Botschaft zu vermitteln. Wiederum, wie in den Berufungen, lässt sich eine *Steigerung* erkennen, die von Jes über Ez zu Jer führt. Bei Jer erscheint dieser Aspekt extrem zugespitzt, insofern sogar eine göttliche Weisung ganz am Beginn der Tora aufgehoben wird.

2.3 Der Umgang mit Jerusalems Untergang 587 v. Chr.

Die Weise, wie man wichtige Ereignisse betrachtet, macht *Einstellungen offenbar*. Dies zeigt sich besonders deutlich daran, wie die Bücher der drei großen Schriftpropheten die Eroberung Jerusalems durch die neubabylonischen Truppen darstellen.

2.3.1 Das Jesajabuch

Der historische Jesaja, als Prophet des 8. Jahrhunderts, konnte natürlich nicht zum Fall Jerusalems mehr als 100 Jahre später Stellung nehmen, doch das gleichnamige Buch, deutlich danach entstanden, hatte *genug Gelegenheit* dazu. Jes spricht auch mehrfach, meist in verhüllter Weise, das Kommen eines Feindes und die Zerstörung des Landes an (z. B. Jes 5,26–30; 8,5–8; 9,7–20, ...), aber jenes Ereignis, das eine Schlüsselstellung in der Geschichte des Gottesvolkes einnimmt, wird dort, wo es zu erwarten wäre und eigentlich stehen sollte, übergangen.

Dies zeigt sich am Einsatzpunkt des sogenannten »Deuterojesaja«.[23] Unmittelbar davor stehen

Jes 36–39. Sie entstammen, ähnlich wie Jer 52, dem zweiten Buch der Könige. Sie geben, wiederum Jer 52 vergleichbar, 2 Kön 18,13.17–20,21 mit leichten Veränderungen und Ergänzungen[24] wieder. Diese Erzählung handelt von der Zeit, als der assyrische König Sanherib 701 v. Chr. Jerusalem belagerte, und berichtet, entgegen den historischen Tatsachen, die wunderbare Errettung der Stadt. Sie schließt ab mit der Schilderung einer Gesandtschaft des babylonischen Königs (Jes 39 // 2 Kön 20,12–21). Diese kleine Episode fügt sich einerseits nahtlos an die Genesung Hiskijas an; andererseits aber bereitet sie durch die Ansage, dass alles, was diese Fremden gesehen haben, und auch königliche Nach-

---

23 Bis vor wenigen Jahren war üblich, Jes 40–55 so zu benennen und als eigene Größe innerhalb von Jes anzusehen. Heute dagegen nimmt man die internen Zusammenhänge innerhalb von Jes ernster und betrachtet das Buch als gewachsene Einheit, s. S. Paganini, *Weg* (2002), 33 und 199.

24 Die größte Erweiterung liegt vor im Gebet von König Hiskija (Jes 38,9–20).

fahren in der Zukunft nach Babel gebracht werden (Jes 39,5–6), indirekt auf die Epoche des Exils vor.

Vom Ende von Jes 39, das die Zeit König Hiskijas, spätestens die letzten Jahre des achten Jahrhunderts v. Chr. im Blick hat, zum nächsten Vers Jes 40,1 hin gibt es einen *gewaltigen zeitlichen Sprung*. Die doppelte göttliche Aufforderung, Jerusalem zu trösten, und ihm mitzuteilen, dass seine Schuld beglichen ist (Jes 40,2), wird allgemein und zu Recht mit dem Ende des Exils in Verbindung gebracht, d. h. mit einer Zeit ab 539 v. Chr., als die Perser an die Macht kamen. Dazwischen liegen also mindestens etwa 160 Jahre.

Von den Ereignissen zu Anfang des 6. Jahrhunderts v. Chr., mit der Kapitulation König Jojachins 597 v. Chr., der Einnahme der Stadt und dem Verbrennen wichtiger Gebäude 587 v. Chr. sowie den damit verbundenen Deportationen ist somit in der Mitte von Jes, wo der »logische Platz« dafür wäre, nicht die Rede.[25] Und auch sonst im Buch werden diese schrecklichen Geschehnisse nirgends konkret berichtet. Jes schildert damit die eigene Geschichte in einer Weise, die *äußerst wichtige, entscheidende Veränderungen einfach ausblendet*. Es ist, als ob man die Geschichte des zwanzigsten Jahrhunderts in Europa beschreiben und dabei die Jahre 1910 bis 1950 völlig übergehen würde.

---

25 C. Hardmeier, *Prophetie* (1990), bes. Kap. V (ab S. 287), setzt 2 Kön 18–19, und auch Jes 36–39, weitgehend auf die Zeit der Belagerungspause 588 v. Chr. an. Jes lässt also entscheidende Ereignisse aus und zieht vor, die Rettung Jerusalems zu betonen.

2.3.2 Das Ezechielbuch

Anders als Jes verfährt Ez. Der Prophet Ezechiel steht *zeitlich in der Nähe des Geschehens*[26] und beschreibt die Tötung der Bevölkerung Jerusalems in anderen Formen als es bei einer historischen Darstellung üblich wäre. In Ez 9 ergeht ein göttlicher Auftrag dazu, alle jene zu erschlagen, die nicht über die Gräuel und den Götzendienst in der Stadt klagen; er wird nicht von Soldaten oder einem identifizierbaren feindlichen Heer ausgeführt, sondern von sechs nicht näher bestimmbaren Männern.

Ähnlich *distanziert* werden die Einnahme Jerusalems 587 v. Chr. und der Untergang des Tempels dabei behandelt. Sie werden zeichenhaft angedeutet und verbunden mit dem Tod der Frau des Propheten (Ez 24,15–24). Daran schließt sich die Ankündigung einer zukünftigen Benachrichtigung durch einen Entronnenen an (Ez 24,25–27); Ez 33,21–22 berichten dann sein Kommen und die Verständigung, dass Jerusalem geschlagen wurde, worauf Ezechiels Mund wieder zur Verkündigung geöffnet wird.

Ez weiß um die *letzten Könige Judas*, und es spricht von ihrem Geschick in Ez 17 und 19. Ez 17,12 deutet, ohne Namen zu nennen, die Verschleppung Jojachins und der Oberschicht 597 v. Chr. an. Ez 17,13–21 schildert, im Anschluss und in Fortsetzung des Gleichnisses vom Adler und der Zeder, die Einsetzung Zidkijas durch den babylonischen König, seine treubrüchige

---

26 Ez 1,2 datiert den Beginn seines Auftretens auf das fünfte Jahr der Exilierung Jojachins, das ist 593 v. Chr. Die Paralleldatierung in Ez 1,1 schreibt ihm dabei ein Lebensalter von 30 Jahren und den Aufenthalt unter den Weggeführten zu. Dies bedeutet, dass er die Kapitulation Jojachins 597 v. Chr. selbst erlebt und ihre Folgen persönlich erlitten hat.

und vergebliche Hinwendung zum ägyptischen Pharao sowie sein Ende als Gefangener in Babel. In ähnlicher Weise redet Ez 19 vom Ende der judäischen Monarchie im Bild einer ihre Jungen aufziehenden Löwin. Ez 19,3–4 lässt dabei das Schicksal des nur kurz regierenden Joschija-Sohnes Joahas erkennen; v5–9 danach können erneut auf das Schicksal Zidkijas[27] gedeutet werden. – Im Unterschied zu Jes beschäftigt sich Ez also mit dem Untergang Jerusalems und Judas intensiver und erkennbarer, wenn auch weitgehend bildhaft.

2.3.3 Das Jeremiabuch

Jer hebt sich wesentlich von den Darstellungen seiner beiden Kollegen als Schriftpropheten ab. Es nennt die Könige beim Namen, schildert die Vorgänge sehr ausführlich und zeigt dabei die Verantwortung und das Versagen der Entscheidungsträger klar auf. *Ungeschönt, genau und mehrfach* berichtet er, was zum Untergang geführt hat.

Die Kritik richtet sich zunächst vor allem gegen *König Jojakim* (ca. 608–598 v. Chr.). Jer 22,13–19 werfen ihm u. a. Prunksucht und Unrecht vor und sagen ihm fehlende echte Trauer bei seinem Tod an. Jer 26,21–23 schildern, wie er den ihm unbequemen Propheten Urija aus Ägypten zurückholen und ermorden lässt.[28] In Jer 36, einer beispielhaften Gegenerzählung zur Auffin-

---

27   Eher als auf Jojachin, der zwar auch nach Babel verschleppt wurde, zu dem aber Ez 19,6–8 weniger passen. In diesem Sinn, wenngleich vorsichtig, auch F. Sedlmeier, *Ezechiel* 1–24, 2002, 260–261.

28   Die hebräische Formulierung »und er erschlug ihn mit dem Schwert« kann auch als eigenhändiges Umbringen durch den König gedeutet werden.

dung des Gesetzbuches unter König Joschija (2 Kön 22), befiehlt Jojakim, trotz des Einspruchs seiner Ratgeber, die abschnittweise Verbrennung der Rolle mit den Worten Jeremias (Jer 36,20–25); er will Jeremia und dessen Vertrauten Baruch auch festnehmen lassen, was aber durch Gottes Einschreiten scheitert (36,26).

Noch eingehender beschäftigt sich Jer mit *König Zidkija*. Er reagiert auf die Unheilsankündigungen Jeremias mit dessen Gefangennahme und Festhaltung im Wachhof während der Belagerung Jerusalems durch die babylonischen Truppen (Jer 32,1–5). Er setzt sich offenbar für die Freilassung der Sklaven ein, unternimmt aber nichts, als diese wieder rückgängig gemacht wird, und erhält deswegen einen Gerichtsspruch (Jer 34,8–22). Ähnliches Schwanken zeigt sich in Jer 37–38, wo er wiederholt Jeremia konsultiert, aber keinen Mut findet, Stadt, Volk und sich selbst dadurch zu retten, dass er sich den Babyloniern ergibt.

Als unmittelbare Konsequenz folgt in Jer 39 die *Eroberung Jerusalems*. Die Darstellung dort nimmt verkürzt vorweg, was das Schlusskapitel weit ausführlicher berichtet, bietet allerdings in v3 mit der Nennung der babylonischen Obersten eigenes Material. Zudem ist die Notiz, dass diese sich ins Mitteltor setzten, vermutlich als Erfüllung von Gottes Ansage in Jer 1,15 zu verstehen.

Jer 40–44 beschreiben detailliert, was in den Monaten und Jahren danach in Juda geschah (s. unten S. 221–223). Wichtiger ist in diesem Zusammenhang, dass Jer in Jer 52 ein *zweites Mal* ganz genau die babylonische Eroberung von 587 v. Chr. berichtet und diese lange, noch dazu ausgeweitete Schilderung ganz bewusst an das Ende des Buches gesetzt hat (s. oben 1.2). Dabei werden die Schuld der Verantwortlichen und die Verluste beim Tempel noch mehr als in der Vorlage in 2

Kön 25 herausgestrichen. Mit Nachdruck betont Jer so, dass dieses entscheidende Ereignis der Geschichte Israels und Judas nicht verdrängt werden darf.

*

Der Umgang mit der Zerstörung Jerusalems 587 v. Chr. enthüllt *ganz unterschiedliche Profile* der drei Bücher. Jes möchte dieses Geschehen offenbar am liebsten verschweigen, indem es die damaligen Ereignisse übergeht und dort, wo davon zu reden wäre, nämlich vor Jes 40, stattdessen eine lange Erzählung von der *Errettung Jerusalems* 701 v. Chr. bringt.[29] – Ez zeigt sich ganz klar mit den historischen Abläufen vertraut, wie die Anspielungen auf die letzten judäischen Herrscher belegen. Doch es behandelt den Untergang Jerusalems und der Monarchie *theologisch* (Ez 9, als von Gott initiiertes Vorgehen) und *bildhaft* (Ez 17 und 19), ohne Namen, reale Zahlen oder andere Fakten zu nennen. – Jer dagegen beschäftigt sich viel länger, im Detail und sehr konkret sowohl mit der Einnahme Jerusalems selbst als auch mit deren Vorgeschichte. Ihm ist die *Aufarbeitung des wohl einschneidendsten Ereignisses* der Geschichte Israels ein großes Anliegen, das nicht übergangen werden darf.

---

29 Ein weiteres typisches Beispiel für die sehr verschiedene Einstellung zu Jerusalem in Jes und in Jer ist der Umgang mit dem Buch Micha. Jes 2,2–4 zitiert die Heilszusage aus Mi 4,1–3, Jer 26,18 dagegen die unmittelbar davorstehende Untergangsansage aus Mi 3,12.

2.4 Die Dynamik der drei großen schriftprophetischen Bücher

Es ist nicht möglich, an dieser Stelle im Detail die Entwicklungen im Buchverlauf bei Jes, Jer und Ez aufzuzeigen. Doch geht es beim Vergleich hier um *Grundlinien und den Gesamtaufbau*, die bei allen drei Werken sehr verschieden sind.

Für das komplexe *Jesajabuch* hat U. Berges eine überzeugende Gliederung vorgelegt.[30] Danach besteht es aus mehreren Blöcken, wobei in der ersten Buchhälfte (z. B. in Jes 1–12; 13–23 ...) die Gerichtsansagen dominieren, ab der Buchmitte aber Heil zusehends in den Vordergrund tritt. Die tröstlichen Zusagen begegnen vor allem ab Jes 40, doch auch schon zuvor (so etwa in Jes 35), halten dann bis ans Ende in Jes 66 an und versprechen denen, die sich an Gott orientieren, seine Zuwendung.

Wollte man die Ausrichtung von Jes auf den Punkt bringen, könnte man die doppelte *schalom*–Ansage[31] heranziehen, die zweimal im Buch begegnet, in Jes 26,3 als Zuspruch für das einziehende neue, gerechte Volk, in Jes 57,19 als »Fernen und Nahen« im leidgeprüften Volk geltende Zusage Gottes. Die Betonung des Heils bei Jes tritt auch in anderen Zügen hervor; so unterschlägt es in der Übernahme von 2 Kön 18–20 nach Jes 36–39 (s. oben S. 40) z. B. 2 Kön 18,14–16. Diese Verse berichten, den Tatsachen entsprechend, dass Hiskija nur durch die Zahlung eines riesigen Tributs an König Sanherib Jerusalem von der Belagerung und Zerstörung freikaufen konnte. Stattdessen konzentriert sich

---

30   U. Berges, *Jesaja* (1998).
31   Meist übersetzt als »Friede, Friede!«, doch das hebräische Wort ist weiter und umfängt auch »Glück, Heil«.

Jes ausschließlich auf die wunderbare göttliche Befreiung.

Das *Ezechielbuch* folgt sehr klar dem Schema »Gericht für Israel – Gericht für fremde Nationen – Heil für Israel«.[32] Diese Abfolge ist auf eine positive Zukunft ausgerichtet, die im Schlussteil des Buches breit entfaltet wird. Nach einer Phase der Not kommt es zu einer Zeit der Wiederherstellung, in der das Leid überwunden und die Beziehung zu Gott erneuert wird. Dabei spielt der Tempel eine große Rolle (Ez 40–48).

Von einer solchen Ausrichtung auf Heil gegen das Buchende hin wie bei Jes und Ez hebt sich das *Jeremiabuch* deutlich ab. Jer 52 ist ein düsterer Abschluss, der wenig Hoffnung lässt.[33] Auch die Fremdvölkersprüche unmittelbar zuvor (Jer 46–51) sagen diesen anderen Nationen überwiegend Unheil und Untergang an. Gleiches gilt für die vorangehenden Kapitel ab Jer 36; mit wenigen Ausnahmen[34] herrscht eine dumpfe, gespannte, gedrückte Atmosphäre.

---

32 Die entsprechenden Teile sind Ez 1–24; 25–32; 33–48. Diese Einteilung ist sehr grob, insofern ab Ez 16,53 und 20,39 und anderswo auch schon Heil angesprochen ist. Für eine verfeinerte, neue Sicht s. T. Häner, *Nachwirken* (2014).

33 Die abschließende, aus 2 Kön 25 übernommene Notiz von der »Begnadigung« König Jojachins nach 37 Jahren Kerkerhaft (Jer 52,31–34) ist bestenfalls ambivalent, wie auch in der Spannung bei den letzten Worten »... bis zum Tag seines Todes, alle Tage seines Lebens« zum Ausdruck kommt.

34 Dazu zählen etwa die Zusagen an den kuschitischen Höfling Ebed-Melech, der Jeremia das Leben gerettet hatte (Jer 38,7–13), in Jer 39,15–18, und an Baruch, den Vertrauten Jeremias, am Ende von Jer 45. Beide sind aber sehr begrenzt, rein auf Überleben gerichtet.

Dies trifft weitgehend auch *insgesamt für Jer* zu. Die zweite Vision, mit dem übersiedenden Topf (Jer 1,13–16), gibt die Stimmung für große Teile des Buches wieder, in dem nur selten heilvolle Ansagen zu finden sind. Solche begegnen zwar schon recht früh, etwa in Jer 3,12–18, gehen aber im Zusammenhang und durch das weit größere Ausmaß der Anklagen nahezu unter.[35] Am stärksten finden sich Zusagen einer Wende zum Guten in Jer 29–33; doch im Vergleich zu Jes und Ez sind das wenige Kapitel, sie stehen etwas nach der Mitte, und die Weiterführung scheint sie fast wieder aufzuheben, zumindest emotional.

Der *Gegensatz von Jer zu Jes* tritt noch deutlicher hervor bei Jer 6,13–14, mit seiner Parallele in Jer 8,10–11. Dort wirft Jeremia Propheten und Priestern vor, ohne Ausnahme (»sie alle«) Betrug zu begehen und den Bruch des Volkes leichthin heilen zu wollen, indem sie sagen: »Schalom! Schalom!«, wo doch kein Heil/Friede/Glück (*schalom*) vorhanden ist. Es ist gut denkbar, dass Jer sich damit auf die obengenannten doppelten Heilsansagen von Jes bezieht[36] und sie als unrealistisch disqualifiziert. Der Zusage sicheren Friedens bei Jes setzt Jer den faktischen Zustand der Heillosigkeit entgegen.

*

Der Vergleich der drei Bücher bezüglich ihrer Dynamik macht den *anderen Charakter von Jer* offenbar. Entgegen Jes und Ez, die deutlich mehr von Heil reden und einen

---

35 Auch die beiden anderen Bücher warten mit dem Heil nicht bis zum Ende: Jes 4,2–6; 8,23–9,6; 10,20–27; 11–12 und Ez 11,14–21 zeugen davon, dass Gott bereits davor Hoffnung schenkt.

36 Die einzige andere Stelle dafür, 1 Chr 12,19, scheidet aus, weil sie später ist und einen anderen Kontext aufweist.

massiven Schwerpunkt in dieser Richtung am Ende setzen, ist Jer weit stärker von Unheil geprägt und begrenzt in seiner Heilshoffnung. Nach Jer ist die Wende zum Besseren nicht erst »danach« zu erwarten, sondern noch mitten in Leid und Not.

2.5 Die Rolle des Tempels

Für den Glauben Israels spielte der Tempel eine *große Rolle*. Er wird exemplarisch vorausgenommen im »Zelt der Begegnung« ab Ex 25. Dtn 12 nimmt ihn in den Blick als Gottes Erwählen eines Ortes, wo er seinen Namen wohnen lassen will. Ab David (2 Sam 7) und besonders dann unter Salomo (1 Kön 5–8) erhält er besondere Beachtung. Diese Bedeutung spiegelt sich auch in den großen prophetischen Büchern.

2.5.1 Jesaja: Der Tempel als Sammelpunkt der Völker

Bei Jes bildet der Tempel immer wieder den *Mittelpunkt*. Bereits in der Weissagung von der Völkerwallfahrt[37] in Jes 2,2–3 ist das Haus Jhwhs in Jerusalem auf dem Zion[38] Ort der Versammlung und Verständigung von Nationen, Ausgangspunkt universaler Rechtssprechung und des Endes von Bewaffnung und Kriegen. Jesajas Berufung erfolgt im Tempel, wo er Gott erhaben und überdimensional thronend sieht (Jes 6,1).

---

37 Jes 2,2–4 sind zwar aus Mi 4,1–3 übernommen; doch zeigt gerade das Aufgreifen dieser Stelle, dass Jes auch ihren Inhalt deckt und somit dem Tempel wesentliche Bedeutung zuerkennt.

38 Jes verwendet den Begriff »Zion«, der für den Tempelberg und die sich dort versammelnde Gemeinde der Jhwh-Gläubigen steht, mit 49 Mal weit mehr als alle anderen biblischen Bücher.

Auch gegen Ende des Buches kehrt der Tempel in *prominenter Weise* wieder. Gott erklärt ihn in Jes 56,7 zu einem »Haus des Gebets« für alle Völker. In Jes 60,5–7 verspricht er, es mit kostbaren Geschenken aus der Fremde, darunter auch »Weihrauch aus Saba« (v6), wieder herrlich zu machen. Und im allerletzten Kapitel ist von Opfern die Rede und davon, dass Gott auch aus fernen Ländern Menschen als Priester und Leviten annehmen wird (Jes 66,20–21).

2.5.2 Ezechiel: Der Tempel als Wohnort für Gottes Herrlichkeit

Für Ez bildet die Erneuerung des Tempels den *Zielpunkt* seines Buches. Die vorangehende Entweihung durch Götzendienst hatte Gott veranlasst, seine Herrlichkeit stufenweise daraus ausziehen zu lassen.[39] Doch Ez 40–48 stellen in sonst nie erreichter Ausführlichkeit und in vielen Aspekten dar, wie ein neuer Tempel zu bauen ist, der das Zentrum der Wohngebiete der Stämme Israels bilden soll (Ez 48). Dorthin kehrt Jhwh mit seiner Herrlichkeit auch wieder zurück (Ez 43,2–5).

Ez 47,1–12 zeigt symbolisch, wie der Tempel *Quelle neuen, überreichlichen Lebens* wird. Wasser strömt aus dem Tempel, wächst immer mehr an und bringt selbst dem Toten Meer eine Fülle an Fischen (Ez 47,9–10). Viele Bäume an den Ufern des Flusses tragen monatlich frische Früchte, und ihre Blätter enthalten sogar heilende Kräfte (Ez 47,7.12).

---

39   Ez 9,3; 10,18–19; 11,22–23.

2.5.3 Jeremia: Der Tempel als »Räuberhöhle«

Der erste Ort, an den Gott Jeremia zum Verkündigen schickt, ist ein *Tor am Tempel* (Jer 7,2). Dies zeigt dessen Wichtigkeit. Zugleich aber macht der Inhalt dieser ersten Tempelrede (Jer 7,2–15) klar, dass Gott an der dort geübten Frömmigkeit viel auszusetzen hat. So erfolgt schon gleich anfangs eine Gegenüberstellung von rechtem Handeln (v3) und falschem Vertrauen auf den Tempel (v4); Letzteres ist extrem betont durch die Dreifachsetzung von »Der Tempel Jhwhs!« und die Bewertung solchen Redens – auf der Basis nicht entsprechenden Verhaltens – als »Trugworte«.

Wie schon eingangs (7,3) unterstreicht Gott in 7,5–7, was er von den Besuchern des Tempels erwartet. Konkret nennt er dabei in v6 den Schutz der »Trias der sozial Schwachen«[40] sowie das Sich-Enthalten von Gewalttat (»Blut vergießen«) und Götzendienst. Gott kritisiert also nicht nur, sondern zeigt auch auf, *unter welchen Voraussetzungen ein Kommen zum Tempel sinnvoll ist.*

Die Realität jedoch schaut anders aus, und sie kommt gleich ab v8 zur Sprache. Jer 7,9 zitiert Bestimmungen des Dekalogs,[41] die offensichtlich übertreten werden; weil dieser die »Konstitution«[42] des Gottesvolkes darstellt, aufgrund derer der Bund zwischen Gott und Israel geschlossen wurde, haben die sich dagegen Verfehlenden damit die *Beziehung zu Gott gebrochen.* Dennoch haben sie die Unverschämtheit, in seinen

---

40   Traditionell sind es Fremde, Waisen und Witwen, erstmalig zusammen in Ex 22,20–21 genannt, und oft im Deuteronomium ab Dtn 14,29.

41   Es bleibt offen, ob Ex 20 oder Dtn 5 zitiert wird. Im Kontext überwiegen ganz leicht Anspielungen auf den Sinaibund und damit die Ex-Stelle.

42   Für diese Auffassung des Dekalogs s. D. Markl, *Dekalog*, 2007, bes. 163–169.

Tempel zu kommen und sich dort sicher zu wähnen (v10: »wir sind gerettet«).

Gott reagiert scharf darauf. In Jer 7,11 vergleicht er sein Haus mit einer »Räuberhöhle«; diese Bezeichnung wird Jesus bei der Tempelreinigung in Mk 11,17 aufgreifen. Im Weiteren kündigt er an, dass er mit seinem Tempel und dem der Gemeinschaft geschenkten Gebiet »wie mit Schilo« verfahren wird (7,14). Schilo war in vorstaatlicher Zeit ein Wallfahrtsheiligtum und Sitz der Bundeslade, wurde aber vermutlich durch die Philister ca. 1100 v. Chr. zerstört. Der Vergleich Jerusalems und des Tempels mit Schilo und die Androhung des gleichen Schicksals ist eine *Provokation für all jene*, die glauben, Gott müsse immer zu seinem Haus auf dem Zion stehen und könne es nicht preisgeben.

In Jer 19,14–15 tritt Jeremia im Tempel auf und kündigt Unheil über ihn und die Stadt an. Dies führt dazu, dass Paschhur, ein Kollege als Priester und Prophet, Aufseher dort, ihn *ergreift, schlägt, über Nacht in den ›Block‹ legt und so am in seine Heimat führenden Tempeltor ausstellt* (Jer 20,2). »Block« bezeichnet wohl eine hölzerne Vorrichtung, mit der Gefangene in unangenehmer Stellung festgehalten wurden. Damit wird der Tempel zum Ort des Gefängnisses, der Folter und der Beschämung für Jeremia.[43]

Oft wird Jer 26 als »zweite Tempelrede« bezeichnet und diese als Wiederholung der ersten angesehen, doch sind die *Unterschiede gravierend*. Zwar gibt es Berührungen, z. B. in der Androhung des gleichen Geschicks wie Schilo (26,6; vgl. 7,14), aber der Inhalt zuvor (26,2–5) und die Fortführung sind wesentlich anders. Von daher ist mit einem eigenen, neuerlichen Auftritt

---

43   Vgl. G. Fischer, *Relativierung* (2005), 94–95.

zu rechnen, der zugleich, nach dem Pfeilertext Jer 25, die zweite Buchhälfte passend eröffnet.

Noch einmal *bietet Gott Umkehr an* (Jer 26,3; s. schon 3,12) und verspricht für diesen Fall ein Zurücknehmen des angekündigten Unheils. Damit nimmt er eine Wendung aus Ex 32,14 auf, wo er sich nach dem Sündenfall Israels mit dem Goldenen Kalb auf Moses Fürsprache hin ebenfalls des angedrohten Unheils »gereuen ließ«.

Doch die Zuhörer haben keine Ohren für diese hoffnungsvolle Botschaft; sie nehmen nur die Drohung der Zerstörung wahr, ergreifen Jeremia und wollen ihn töten (Jer 26,8–9). So wird der Tempel in Jer 26 zum *Ort tödlicher Bedrohung und des Gerichts für den Propheten Gottes.* Die Anführer und Betreiber bei diesem Prozess sind, wiederum, andere Priester und Propheten. Es ist dem Eingreifen königlicher Beamter (26,10) und der Ältesten des Landes (26,17) zuzuschreiben, dass der kühn Gottes Unheilsdrohung wiederholende und offen redende Jeremia (v12–15) überlebt.

Die zwei folgenden Kapitel deuten mehrfach an, dass die babylonischen Truppen anlässlich der Kapitulation Jojachins 597 v. Chr. offensichtlich auch *wertvolle Geräte* aus dem Tempel mitgenommen hatten (Jer 27,16.18–19; 28,3). In frommen Kreisen, wie auch vom Propheten Hananja, wurde dies als schmerzliche Wunde wahrgenommen und gehofft, Gott würde sie bald wieder zurückkehren lassen.

Den Schlusspunkt unter die Beschäftigung mit dem Tempel bei Jer setzt das letzte Kapitel. Was Jer 39 absichtlich ausgelassen hatte, die *Verbrennung des Tempels*, das holt Jer 52,13 nach. Doch bleibt es nicht bei seiner Zerstörung; zusätzlich verschleppen die Babylonier auch noch die restlichen kostbaren Geräte, die kunstvoll gearbeiteten bronzenen Säulen und andere liturgisch bedeutsame Gegenstände, wie Gestelle und

»bronzenes Meer«[44] (Jer 52,17–23). Diese »Entleerung« wird noch gesteigert durch die Entfernung von fünf für den Tempeldienst wichtigen Personen (52,24). Der babylonische Oberst Nebusaradan führt sie zu seinem König Nebukadnezar nach Ribla, der sie dort umbringen lässt (52,26–27).

*

Wiederum, wie bei der Buchdynamik, hebt sich *Jer deutlich von Jes und Ez ab.* Man ist fast verwundert, dass so verschiedene Positionen bezüglich eines so wichtigen Elementes des Glaubens Israels nebeneinander in der Hebräischen Bibel stehen. Jes sieht den Tempel und Zion als Ort, wo Gott in reichem Maße Heil gewährt. Ez geht auch in diese Richtung, stellt aber klar die Reinigung der Gemeinschaft von Götzendienst als Vorbedingung und konzipiert das Heiligtum gänzlich neu.[45] Für beide, Jes wie Ez, ist das Haus Jhwhs wesentlich für die Beziehung mit Gott.

Nicht so für Jer. Bei ihm ist der Tempel ein *Ort der Heuchelei der ihn Besuchenden und der Gefährdung der göttlichen Gesandten.* Er dient dazu, das eigene falsche Tun zu verbrämen, und vermittelt diesen Übeltätern ein falsches Gefühl der Sicherheit. Das unangemessene Vertrauen auf den Tempel verhindert auch, die Botschaft Gottes zu hören und sich warnen zu lassen. Es ist nur folgerichtig, dass er in Jer gemäß Got-

---

44   Dabei handelte es sich um ein großes Wasserbecken für die nötigen Waschungen im Vorhof des Tempels (1 Kön 7,23–26 mit Ex 30,17–21).

45   S. dazu M. Konkel, *Architektonik* (2001), sowie J. Hill, *Friend* (1999), 215–216, für den Unterschied diesbezüglich zwischen Jer und Ez.

tes Voraussage am Ende völlig zerstört und entleert wird.

Dies bedeutet nicht, dass Jer den Tempel und seine Sinnhaftigkeit grundsätzlich in Frage stellt; es gibt Passagen, an denen er, meist unter Verwendung des Begriffs »Zion«, dort eine *wieder stimmige Beziehung mit Gott* im Blick hat (z. B. Jer 3,14; 31,6.12; 50,5). Daneben gibt es auch, selten, Hinweise, dass Opfer und Lob am Tempel Gott erneut angenehm sein werden, so in Jer 17,26 und 33,11.

Jer enthält noch einige Stellen zum Thema, die im Blick auf Formulierungen in Jes und Ez einen besonderen Klang annehmen. Hatte Gott in Jes 60,6 für die Zukunft versprochen, man werde »Weihrauch aus Saba« zu seinem Tempel bringen, so fragt er in Jer 6,20 kritisch: »Was soll mir dies, (dass) Weihrauch aus Saba kommt ...?«. Es sind die beiden einzigen Vorkommen mit diesem Motiv in der Bibel, und vieles spricht dafür, dass *Jer die Ansage in Jes 60 hinterfragt*.

Ez hatte den Tempel als Ausgangsort für immer reichlicher strömendes Wasser geschildert (Ez 47). In Jer dagegen, und nur bei ihm, ist *Gott selbst* »Quelle lebendigen Wassers« (Jer 2,13; 17,13), der gegenüber das Volk aber das abgestandene, brackige Wasser rissiger Zisternen vorzieht. So zeigt sich auch in Details, dass Jer eine klar andere Position bezüglich des Tempels vertritt als seine großen Kollegen als Schriftpropheten.

2.6 »Disput unter Kollegen«

Wir haben einige Motive gesehen, die bei allen drei großen Schriftpropheten wiederkehren. Es gäbe noch weit mehr, die sie verbinden, doch ging es darum, einen *Eindruck vom speziellen Profil von Jer* zu gewinnen. Versuchen wir, das Gesehene nochmals in den Blick zu nehmen und zusammenzufassen:

- Unter der Rücksicht der Unmittelbarkeit Gottes und seines Wortes bei der Berufung übertrifft Jeremia seine beiden Kollegen.
- Was die Lebensform betrifft, scheint sie bei ihm am »Ungewöhnlichsten« zu sein, da ihm sogar noch die Beziehung zu einer Frau untersagt wird.
- Das Schlüsselereignis der Geschichte Israels, die Zerstörung Jerusalems und des Tempels 587 v. Chr., berichtet er in einer Direktheit und Ausführlichkeit, die in starkem Kontrast zum Verschweigen bei Jes und dem bildhaften Reden davon bei Ez steht.
- Während Jes und Ez deutlich mehr von Heil sprechen und zum Ende hin positiv abschließen, ist Jer diesbezüglich wesentlich zurückhaltender, und Ansagen des Gerichts sowie dessen Eintreffen dominieren ab Jer 36 bis zum Schluss.
- Jes und Ez stehen positiv zum Tempel und weisen ihm eine wichtige Rolle für die Gemeinschaft und ihre Erneuerung zu. Jer dagegen sieht den Tempel kritisch und distanziert, schildert breit dessen Zerstörung am Ende des Buches und lässt nicht anklingen, dass er wieder aufgebaut werden soll.

Mir scheint dieser Befund nicht anders zu deuten zu sein, als dass sich hier wesentlich verschiedene Auffassungen bei wichtigen Themen des Glaubens Israels spiegeln. Die Unterschiede zwischen Jes, Ez und Jer weisen auf *Auseinandersetzungen in der Zeit der Abfassung dieser Bücher* hin,[46] bei denen es auch um die Er-

---

46 Angesichts der Komplexität ihrer Schriften und der deutlich er-

kennbarkeit und »Echtheit« von Prophetie in weitem Sinne geht. In ihnen vertritt Jer öfter eine Sonderposition, und es gibt Anzeichen, dass er sogar direkt gegen Jes Stellung bezieht.[47] Im Letzten geht es, auch in Bezug auf Jes und Ez, darum, wer »wahrer Prophet« ist und bei wem wirklich »das Wort« (Jer 5,13), Gottes authentische Botschaft, zu finden ist.

Gegenüber Jes und Ez, aber auch den anderen, »kleinen« Schriftpropheten, die ebenfalls durchgehend eine Dynamik in Richtung Heil aufweisen, hat Jer mit dem weitgehenden Vorherrschen von Analysen der Schuld, extrem ausgedehnten sowie wiederholten Aufweisen des Versagens und langem Berichten des konsequenterweise eintreffenden Unheils eine *Stellung am Rand*. Es ist ein ganz besonderes Buch, das aufgrund dieser seiner Eigenart keine »angenehme«, dafür aber eine umso fruchtbarere und für einen kritischen Glauben bereichernde Lektüre bietet.

---

kennbaren Anspielungen auf die Epoche der Restauration ist dafür frühestens mit der spätnachexilischen Zeit zu rechnen.

47 S. oben die Bezüge zwischen Jes 26,3; 57,19 mit Jer 6,13–14 // 8,10–11, sowie zwischen Jes 60,6 und Jer 6,20.

B DIE EIGENART
DES JEREMIABUCHES

»… mein Wort wie Feuer

… und wie ein Schmiedehammer«

(Jer 23,29)

Jer hebt sich vielfach von allen anderen prophetischen
Schriften ab. Es ist nicht nur das umfangreichste Buch
der Bibel überhaupt, sondern weist auch unter mehreren Rücksichten eine *einzigartige Komposition* auf
(1. Aufbau). Zudem sind die sprachlichen Mittel und
Techniken teilweise sehr speziell, sodass eigens auf sie
einzugehen ist (2. literarische Gestaltung).

1. Der Aufbau des Buches

Schon oben (S. 16–36) traten Jer 1; 25 und 52 als wichtige, das ganze Buch tragende Kapitel heraus. Zusätzlich zeigte Jer eine eigene Buchdynamik, die sich
gegen das sonst für Prophetenbücher übliche Schema
stellt (S. 46–49). Von daher ist anzunehmen, dass, wer
für die jetzige Form von Jer verantwortlich ist, *absichtlich von gewöhnlichen Darstellungsformen abgewichen
ist*. Auch andere Beobachtungen weisen in diese Richtung.

1.1 Eine »seltsame« Chronologie

Während z. B. Ez sehr systematisch dem Zeitablauf folgt
und von Ez 1,1–2, dem »fünften Jahr der Wegführung«
(entsprechend 593 v. Chr.), bis zu Ez 40,1, dem »25. Jahr
der Wegführung« (ca. 574 v. Chr.), eine weitgehend kon-

tinuierliche Abfolge bietet, *entfernt Jer sich sehr* von einer solchen »normalen« Darbietung.

Jer beginnt in 1,1–3, dem *Incipit*, mit einem *Überblick* über die Zeit der prophetischen Aktivität Jeremias. Das Anfangsdatum (Jer 1,2) ist das 13. Jahr König Joschijas (anzusetzen auf 627 v. Chr.). Jer 1,3 nennt als Ende das 11. Jahr König Zidkijas (das entspricht 587 v. Chr.); die zusätzliche Notiz »bis zur Wegführung Jerusalems im fünften Monat« rahmt mit Jer 52,12–15 am Ende des Buches und gibt bereits zu Beginn einen Vorblick auf das schwere Schicksal der im August 587 erfolgenden Deportationen.

Im Blick darauf, dass Jer 52,30 eine dritte Exilierung im Jahre 582 v. Chr. erwähnt und Jeremia auch nach der Ermordung Gedaljas[48] noch prophetisch auftrat, sind die *40 Jahre prophetischen Auftretens* wohl bewusst gewählt. Sie bilden, am Ende der Königszeit in Juda, einen Gegenpol zu deren Anfang, als sowohl David als auch Salomo ebenfalls 40 Jahre die Geschichte des Volkes prägten.[49] Waren es zu Beginn die Könige und eine Periode der Größe, so steht am Ende ein Prophet als entscheidende Figur, und das Reich nähert sich dem Untergang. Diese Deutung erhält noch Unterstützung dadurch, dass kaum Texte auf die Anfangsphase Jeremias unter König Joschija datiert sind;[50] dabei handelt es sich immerhin noch um ca. 18 Jahre bis zu dessen Tod 609 v. Chr. Insgesamt entsteht dadurch in Jer eine sehr lange Zeit prophetischer Wirksamkeit, doppelt so viel wie bei Ezechiel mit dessen 20 Jahren.

---

48 Sie ist vermutlich ebenfalls auf 582 v. Chr. anzusetzen; so erklärt sich Jer 52,30 am leichtesten als Vergeltungsmaßnahme der Babylonier.

49 1 Kön 2,11 erwähnt 40 Regierungsjahre für David, 1 Kön 11,42 für Salomo.

50 Die einzige Ausnahme ist Jer 3,6.

Bis Jer 21,1–2 gibt es keine historisch greifbaren zeitlichen Ansetzungen im Buch. Dort geht es bereits um die babylonische Belagerung Jerusalems, in den letzten eineinhalb Jahren der Regierung König Zidkijas, ca. von Jänner 588 bis Juli 587 v. Chr. Das folgende Kapitel, Jer 22, springt dann zurück und beschäftigt sich mit den *vier früheren Königen*. Jer 22,10 fordert zunächst auf, »nicht um einen Toten zu weinen« – womit höchstwahrscheinlich Joschija gemeint ist. Dann setzt es fort: »Weint, weint um den Gehenden ...!«, was sich auf dessen Sohn Joahas / Schallum bezieht, den der Pharao absetzt und gefangen nach Ägypten wegbringt (609–608 v. Chr.). Jer 22,13–19 kritisieren dessen älteren Bruder Jojakim, den der Pharao an seiner Stelle zum König eingesetzt hatte. Jer 22,24–30 schließlich behandeln das Schicksal Konjas / Jojachins, der seinem Vater Jojakim Anfang 597 v. Chr. in der Regierung folgte und dessen Vertragsbruch gegenüber den Babyloniern mit Kapitulation nach drei Monaten im Amt und Exilierung für den Rest seines Lebens zu büßen hatte (vgl. Jer 52,31–34).

Die rückläufige Reihenfolge setzt sich fort in Jer 25. Zuvor hatte Jer 24 mit der Vision von den Feigenkörben das Schicksal der mit König Jojachin Exilierten (s. 24,1, ab 597 v. Chr.) aufgegriffen; Jer 25,1 geht mit dem vierten Jahr Jojakims um mindestens acht Jahre in der Geschichte zurück, auf das Jahr 605, das eine *strukturierende Funktion* innerhalb von Jer hat. Geschickt wählt Jer das Datum der Schlacht von Karkemisch[51] als Zeitpunkt für sein Zentralkapitel und für Gottes Ankündi-

---

51 Diese Identifizierung des »vierten Jahres Jojakims« mit dem äußerst bedeutsamen Ereignis der Schlacht von Karkemisch erfolgt erst verzögert, beim letzten Vorkommen dieser Datierung im Buch, in Jer 46,2.

gung seines universalen Gerichts. Damit drückt es aus, dass jene damalige Wende, als der ägyptische Pharao Necho dem babylonischen Kronprinzen Nebukadnezar unterlag und so der Aufstieg des Neubabylonischen Reichs begann, Teil des göttlichen Plans ist. Die Bezeichnung des Königs Nebukadnezar in Gottes Mund als »mein Diener / Vasall«, erstmalig in Jer 25,9, unterstreicht dies.

Noch dreimal begegnet das »vierte Jahr Jojakims« in Jer. Das nächste Mal steht es in Jer 36,1, am Beginn jenes Kapitels, in dem König Jojakim Jeremias Rolle verbrennt. Dies eröffnet jenen Buchteil, in dem es *mit Jerusalem zu Ende geht*, bis hin zu Jer 45, wo sich dieselbe Datierung wiederfindet (45,1). Das nächste und letzte Mal steht diese Zeitangabe in Jer 46,2, am Anfang der Sprüche über Ägypten und gleichsam als Auftakt für alle Fremdvölkerworte. Offenbar möchte Jer mit dem pointierten Gebrauch des Datums dieser entscheidenden geschichtlichen Wende auf deren tiefere Bedeutung hinweisen – im Kontrast dazu, dass König Jojakim und andere Verantwortliche in Juda das nicht begriffen haben.

Auch in der zweiten Buchhälfte folgt Jer den Ereignissen nicht chronologisch. Jer 26,1 und 27,1 sind auf den »Anfang der Königsherrschaft Jojakims« datiert, was ca. 608 v. Chr. entspricht – wieder ein *Rückschritt in die Vergangenheit* gegenüber Jer 25 (angesetzt auf 605 v. Chr., s. oben). Jer 28,1 geht dann korrekt weiter zu Zidkijas Regierungszeit, mit widersprüchlichen Angaben: Der »Beginn« würde ungefähr 597 v. Chr. entsprechen, das »vierte Jahr« dem Jahr 594. Jer 29, mit dem Brief an die mit König Jojachin in Babel Exilierten, fällt ebenfalls in die Zeit Zidkijas.

Jer 32,1–5 berichtet, wie Jeremia in dessen zehntem Regierungsjahr (588 v. Chr.), bereits während der Belagerung durch die Truppen Nebukadnezars, im Wachhof gefangen gehalten wurde, und schreibt seine Festsetzung König Zidkija zu. Die Erzählung in Jer 37,11–21 *klärt dies im Nachhinein*. Sie weiß von einem versuchten Gang Jeremias in Erbangelegenheiten in seine Heimat Anatot, der ihm als Überlaufen zum Gegner ausgelegt wird und der ihn zuerst in ein Gefängnis und dann, auf Anordnung des Königs, in den Wachhof bringt. Dazwischen stehen mit Jer 35 und 36 wieder in die Zeit König Jojakims (608–598) und damit viel früher datierte Geschehnisse. Auch die Notiz in Jer 37,4, Jeremia sei noch nicht ins Gefängnis gesetzt worden, hätte zeitlich ihren Platz vor Jer 32, noch vor seiner Festsetzung im Wachhof.

Die folgende Erzählung hält sich in Jer 38 und 39 vorerst an die chronologische Abfolge. Jer 38 berichtet Ereignisse kurz vor der Einnahme Jerusalems, die dann in 39,1–10 erfolgt. Auf Befehl Nebukadnezars befreit der verantwortliche babylonische Oberst Nebusaradan Jeremia dabei aus dem Wachhof (39,11–14); die folgenden zwei Szenen, die Zusage an Ebed-Melech in 39,15–18, und der Dialog zwischen Nebusaradan und Jeremia in 40,1–6 *stehen dazu in Spannung*, weil sie vorher stattgefunden haben.[52]

Der auffälligste Verstoß gegen die Chronologie liegt im Schlusskapitel 52 vor. Die Einnahme Jerusalems war schon Thema in Jer 39, am »richtigen« zeitlichen Platz.

---

52 Jer 40,1 erwähnt, Jeremia sei bereits unter den zur Wegführung gesammelten Judäern in Rama gewesen, und der babylonische Oberst habe ihn von dort geholt. Dies könnte möglicherweise nach Jer 39 stattgefunden haben; es bliebe dann aber der Kontrast mit der Notiz in 39,14, er habe ihn an Gedalja übergeben, was eher mit dem Abschluss des Dialogs in 40,5–6 zusammenstimmt. Jer 39,14 scheint so bereits das Ergebnis vorwegzunehmen.

Dann folgen in Jer 40–44 Geschehnisse aus den Jahren danach, mit dem Versuch des Wiederaufbaus unter Gedalja und, nach dessen Ermordung, dem Auswandern von Judäern nach Ägypten (Jer 43–44).[53] Die Fremdvölkersprüche wiederum sind eine thematische Sammlung, die nicht den Anspruch erhebt, eine zeitliche Reihenfolge einzuhalten. Dass darin Babel am Ende steht und dessen Untergang erwähnt wird, fügt sich aber gut in den historischen Ablauf ein; Jer als Buch weist damit klar in die Zeit nach 539 v. Chr., der Einnahme Babels durch die Perser und den Beginn ihrer Weltherrschaft. Was aber macht dann Jer 52 an seiner Stelle am Ende von Jer? Es *verdoppelt die Schilderung der Zerstörung Jerusalems* und hebt dieses Ereignis, auch durch die Ausführlichkeit der Schilderung und die Schlussposition, enorm heraus. Zudem legitimiert es Jeremia als »wahren« Propheten, dessen Ankündigungen eingetroffen sind (siehe oben S. 32).

Die Wiederholung der Darstellung des eigenen Untergangs, noch dazu in einem *Crescendo*,[54] legt das ganze Gewicht darauf. Im Unterschied zu Jes, das diese Katastrophe übergeht, fast könnte man sagen »überspielt« (S. 41), besteht Jer darauf, dass man hier nicht wegschauen darf. Noch mehr als Ez (S. 42–43) macht Jer deutlich, dass, was damals passiert ist, auch konkret, mit all dem vielen Leid und den enormen Verlusten und Folgen, angesehen werden muss. Damit ist Jer jenes Buch innerhalb der Bibel, das – als einziges – eine so *intensive Beschäftigung mit dieser vergangenen Schuld und schweren Zeit sowie ihr wiederholtes Bedenken einfordert.*

---

53   Zur Datierung von Jer 45 s. oben S. 61.
54   Jer 39 war in vielem unvollständig in seinen Ausführungen. Wichtige Angaben finden sich erst in Jer 52.

Die sich nicht am chronologischen Ablauf orientierende Darstellung hat noch einen weiteren Effekt. Als Leser erwartet man in Jer 39, mit der Einnahme Jerusalems, oder wenig danach, das Ende des Buches. Es folgen dann aber Jer 40–44, die zeigen, dass die Menschen damals immer noch nicht gelernt haben, auf Gottes Wort im Propheten zu hören; auch damit hätte das Buch schließen können. Auf diese zwei *Scheinschlüsse* kommen, nach dem Wort an Baruch (Jer 45), noch die Fremdvölkersprüche – in Übereinstimmung mit Gottes Ankündigung universalen Gerichts in Jer 25, wo es hieß, der König von Scheschach müsse als Letzter den Becher trinken. Und dann ist selbst dies (Jer 50–51) immer noch nicht das Ende. Dieser Aufbau zeigt, dass Jer bewusst mit Lesererwartungen spielt, sie hinauszögert und mit aller Wucht am Schluss nochmals die eminente Bedeutung dessen betont, was 587 v. Chr. in Jerusalem geschah.

*

Im Unterschied etwa zu Ez oder zu den Büchern Haggai und Sacharja folgt Jer bewusst nicht der chronologischen Reihenfolge.[55] Es sieht damit die *Geschichte nicht ›linear‹*, sondern hebt wichtige Momente in ihr hervor und verwendet sie, um seine Darlegung zu strukturieren. Die zwei bedeutsamsten Zeitangaben fallen dabei auf die Jahre 605 und 587 v. Chr., die vor allem in der zweiten Buchhälfte bestimmend sind und Vieles prägen. Die Anfangsverse Jer 1,2–3 stecken zuvor schon einen symbolischen Zeitraum von 40 Jahren und damit den größeren Rahmen ab.

---

55 Dies ist mit ein Grund, warum Jer die Heilstexte nicht am Ende bringt.

1.2 Poesie und Prosa

Jer vereint sehr verschiedene Gattungen und Sprachformen, darunter auch Erzählungen, Berichte und poetische Texte. Alle Versuche, diese Unterschiede literarkritisch zu erklären, können als gescheitert bezeichnet werden.[56] Poesie und Prosa[57] hängen in Jer *so eng zusammen*, dass ihre Verbindung nicht aufzulösen ist, ohne den Texten Gewalt anzutun.

Dies betrifft vor allem den *ersten Buchteil*, in dem poetische Passagen stärker vertreten sind und vor allem anfangs dominieren. Hier ein knapper Überblick:[58]

Jer 1, Jeremias Berufung, in Prosa – Jer 2–6 poetisch
Jer 7, die erste Tempelrede, in Prosa – Jer 8–10 poetisch
Jer 11, zuerst noch Prosa, doch dann Poesie (ab 11,15),
    und weiterhin gemischt bis Jer 20
Sowohl Prosa als auch Poesie finden sich ebenfalls in Jer 21–24 und 25.

Im *zweiten Buchteil* ist die Aufteilung klarer. Poetisch sind vor allem weite Teile von Jer 30–31, der »Trostrolle«, sowie die Fremdvölkersprüche (Jer 46–51),

---

56 In Weiterführung zu B. Duhm hatte S. Mowinckel, *Komposition* (1914), vier Schichten für Jer vorgeschlagen, musste dabei aber Jer 30–31 als ganz eigen auffassen. Eine andere Erklärung legte W. L. Holladay 1960 vor, mit »prototype and copies«, basierend auf der ungesicherten Annahme, dass der Prophet poetisch spreche. Insgesamt zur Komposition von Jer s. G. Fischer, *Stand* (2007), Kap. V (S. 91–114).

57 Die Untersuchungen von H. Weippert, *Prosareden* (1973), haben überdies gezeigt, dass die übliche Auffassung von »Prosa« für Jer unzutreffend ist. Nach ihr handelt es sich in Jer um gehobene »Kunstprosa«.

58 Die folgende Übersicht ist grob und berücksichtigt nicht Einzelverse; dafür s. die Kommentare.

während die Schilderungen der geschichtlichen Vorgänge – verständlicherweise – durchgehend prosaisch erfolgen.

L. Stulman hat in seinem Buch »Order amid Chaos«[59] wesentliche Hinweise zur Deutung des Miteinanders von Poesie und Prosa in Jer gegeben. Nach ihm haben, besonders in der ersten Buchhälfte, die Prosakapitel (also Jer 1; 7; 11; 18 …) *strukturierende und orientierende Funktion.* Während die poetischen Passagen in bildhafter, unbestimmter Weise von den Zuständen und Vorgängen reden, helfen die prosaischen Texte, diese auf konkrete Ereignisse zu beziehen und so zu verstehen, was genau damit gemeint ist.

Damit erhält der Wechsel beider Sprachformen einen tieferen Sinn. *Poesie*, als »gehobene Sprache«, entspricht dem Gewicht dessen, was in Bildern, Vergleichen, Verbindungen dichterisch kreativ ausgelotet wird – einerseits das unverständliche Versagen Israels und parallel dazu die Fehler auch anderer Nationen (Jer 46–51), anderseits Gottes Ringen um die Gemeinschaft und das unbegreifliche Geschenk, ihr einen neuen Anfang zu schenken.

Damit diese künstlerische Darstellung auch »korrekt« interpretierbar ist, d. h. auf die reale Geschichte zu beziehen und konkret umzusetzen, setzt Jer *Prosa* ein.[60] Sie erlaubt z. B., die Übereinstimmung von Jer mit den Berichten in 2 Könige zu erkennen und die Schilderungen in Jer so als »wahr« zu beurteilen. Sie nennt, wie etwa in Jer 7, klare Forderungen bezüglich des von

---

59 L. Stulman, *Order* (1998).
60 B. Green, *Jeremiah* (2013), legt in den Kapiteln 3 und 4 dar, dass innerhalb von Jer 11–20 Prosa für die Aufträge an die Propheten, Poesie mehr für die Monologe und Zwiegespräche eingesetzt wird.

Gott gewünschten Verhaltens. In der Verbindung von Poesie und Prosa ist Jer biblischen Vorbildern gefolgt,[61] hat diese literarische Kombination aber stark ausgebaut[62] und spricht seine Hörer auf verschiedenen Ebenen und damit intensiver an.

1.3 Untergliederung von Jer

In den bisherigen Ausführungen kamen schon *mehrere Elemente* in den Blick, die für eine Unterteilung von Jer wichtig sind. Zu ihnen gehört die tragende Rolle des Rahmens Jer 1 und 52 sowie des Zentralkapitels Jer 25. Auch die »Scheinschlüsse« ließen erkennen, dass mit Jer 39; 44(–45) und 50–51 Teile zu Ende gehen. Schließlich kam gerade zuvor die eröffnend-strukturierende Funktion von Prosakapiteln, vor allem im ersten Buchteil, zur Sprache. Diese Beobachtungen sind aufzugreifen und weiter auszubauen.

Der *erste poetische Block*, Jer 2–6, besteht aus zwei Teilen, die nach dem Eingangstor Jer 1 wie ein »Doppeltor« (Jer 2,1–4,4) und ein »Dreifachtor« (Jer 4,5–6,30) in wesentliche Inhalte des Buches einführen. Das Doppeltor präsentiert einen starken Kontrast: Auf der einen Seite, in Jer 2, ringt Gott mit seiner untreuen Gemeinschaft und macht ihr heftige Vorwürfe. Auf der

---

61 Beispiele dafür sind das Schilfmeerlied in Ex 15, das Lied des Mose in Dtn 32, das Siegeslied von Debora und Barak in Ri 5, u. a.

62 Auch hier erhellt der Vergleich mit Jes und Ez den Unterschied von Jer: Jes ist nahezu durchgehend poetisch, mit der Hauptausnahme der Übernahme von 2 Kön 18–20 nach Jes 36–39. Ez dagegen ist weitestgehend prosaisch, verwendet aber für die Fremdvölkersprüche Poesie. Der häufige Wechsel von Poesie und Prosa in Jer, oft noch dazu auf kleinem Raum, ist bei so einem großen Buch innerhalb der Bibel einmalig.

anderen Seite, in Jer 3,1–4,4, bietet er ihr trotz ihrer Vergehen Umkehr und neu mögliches Heil an. Der dabei zutage tretende Gegensatz zwischen Jer 2 und Jer 3 ist für Jer typisch, das oft mit Oppositionen und Alternativen arbeitet (s. schon die Verbliste in 1,10, oder die Gegenüberstellung von Jhwh und anderen Göttern samt ihren Verehrern in Jer 10,1–16).

Während Jer 2–3 eine »Wahl« anboten, ist das »Dreifachtor«, ab Jer 4,5 jeweils ein Kapitel, in einer Achse ausgerichtet und wiederholt dreimal (jeweils ein Kapitel) auf verschiedene Weise dieselbe Botschaft einer *lebensgefährlichen Bedrohung Jerusalems*. Das kommt einer äußersten Warnung gleich, die aber nicht ernst genommen wird (Jer 6,16–17).

Nach der ersten *Tempelrede* (weitgehend Jer 7) folgt ab Jer 8,4 bis zum Ende von Jer 10 wieder ein poetischer Block. Dabei führen Jer 8,4–9,25 vor allem die *Reaktionen angesichts des nahenden Unheils* breiter aus. Weinen, Klagen, Trauer nehmen einen großen Raum ein. Im Anschluss daran zeigen Jer 10,1–16, wie grundverschieden Jhwh von anderen Gottheiten ist; dennoch wird Jerusalem das ihm gebührende Schicksal der Exilierung nicht erspart bleiben (10,17–25).

Die sogenannten »Konfessionen«, Klagetexte/Gebete, die meist Jeremia zugeschrieben werden,[63] prägen den nächsten großen Block, Jer 11–20. Er besteht aus drei Teilen. Der erste, Jer 11–13, benennt im prosaischen Auftakt klar den Bundesbruch des Volkes (Jer 11,10). Damit geht die Verfolgung des Propheten in seiner Heimat einher, Anlass auch für die erste Konfession (11,18–12,6). Dies führt zum Hass Gottes auf sein »Erbe«

---

63 Der Name, zu Deutsch »Bekenntnisse«, ist dem berühmten Werk des Hl. Augustinus entnommen.

(12,8) und zu Ansagen von dessen Zerstörung; die symbolische Handlung des am Euphrat[64] verrotteten Hüftschurzes unterstreicht, was mit dem Volk geschieht (Jer 13,1–11).

Der zweite Teil, Jer 14–17, setzt mit einer Hungersnot und Gebeten des Volkes ein, die aber kein Gehör bei Gott finden. Im Gegenteil, er ist jetzt entschieden, *keine Fürsprache mehr* zu akzeptieren (15,1–4, nach 14,11, dem dritten Verbot der Fürbitte).[65] Jeremias Ehe- und Kinderlosigkeit (Jer 16) unterstreichen den Zustand der Zersetzung der Gemeinschaft; die Sünden sind unauslöschlich innerlich eingraviert (17,1). Dennoch gibt es Momente der Hoffnung in diesem Teil: Auch aus den Ländern des Exils ist Rückkehr möglich (16,15); das Vertrauen auf Jhwh lässt gedeihen (17,7–8), und in der Befolgung des Sabbats kann Jerusalem wie früher ein Zentrum der Gemeinschaft bleiben (17,24–26).

Der dritte Teil (Jer 18–20) bringt eine *Zuspitzung*. Während der Beginn von Jer 18 mit dem formbaren Gefäß des Töpfers noch einen positiven Ausgang offen lässt, verschlimmern die Verweigerung der Umkehr (18,11–12) und die Verfolgung Jeremias (18,18) die Lage. Das kommt im Zerbrechen des Krugs in Jer 19 (in v10 befohlen, aber nicht berichtet) und der Ansage der Zerstörung im Vorhof des Tempels zum Ausdruck (19,14–15). Diese ist Anlass für die Einsperrung und Folterung Jeremias (20,1–3), die zur letzten und ergreifendsten Konfession führt (20,7–18).

---

64 F. Hubmann, *Jeremia* 13,1–11 (1991), sieht in der hebräischen Bezeichnung des Flusses jedoch nicht den Euphrat, sondern das in der Nähe von Jeremias Heimatort Anatot gelegene *En Fara*.

65 Eine vollständige und detaillierte Behandlung des Motivs der Fürbitte in Jer hat B. Rossi, *L'intercessione* (2013), vorgelegt.

Ab hier nehmen die Verweise auf geschichtliche Situationen zu. Die erste Befragung durch König Zidkija (Jer 21,1–7)[66] bildet die Eröffnung für Jer 21–24, den Schlussteil der ersten Buchhälfte, der sich überwiegend mit den *Verantwortlichen der Gemeinschaft* beschäftigt. Unter ihnen kommt Königen (vor allem in Jer 22) und Propheten (besonders 23,9–40) die größte Aufmerksamkeit zu. Die Vision von den Feigenkörben (Jer 24; in einer Art Rahmung mit den Visionen in Jer 1,11–16) beschließt den ersten Buchteil mit einer positiven Bewertung der mit König Jojachin Exilierten und einer Disqualifizierung der mit König Zidkija in Jerusalem Verbliebenen.

In der zweiten Buchhälfte sind die Blöcke größer und klarer, auch wegen des höheren Anteils an Prosa. Was Jer 1–24 und vor allem das Zentralkapitel Jer 25 angekündigt hatten, gelangt jetzt zur *Realisierung*.[67] Doch bevor es so weit kommt, bringt der Block Jer 26–35 sehr unterschiedliche Themen.

Zunächst behandeln Jer 26–29 unter mehreren Gesichtspunkten die Thematik der *wahren bzw. falschen Prophetie*.[68] In Jer 26 wird Jeremia wegen seiner Unheilsverkündigung mit dem Tod bedroht, und der nach Ägypten geflüchtete Prophet Urija getötet. In Jer 27 warnt Jeremia wiederholt ab v9, nicht auf andere, die

---

66   Sie fügt sich zwar ein in die Zunahme konkreter Auftritte Jeremias (19,14–15) und Paschhurs (20,1–6) zuvor, ist aber zeitlich viel später anzusetzen; s. dazu die andere, von Zidkija erbetene Befragung Gottes durch Jeremia während der babylonischen Belagerungspause in Jer 37,3, sowie oben S. 60.

67   L. Stulman, *Order* (1998), ab S. 56.

68   Das Thema wurde oft behandelt, u. a. von T. W. Overholt, *Threat* (1970); I. Meyer, *Jeremia* (1977); A. C. Osuji, *Truth* (2010); D. Epp-Tiessen, *Prophets* (2012).

babylonische Bedrohung hinunterspielende Propheten zu hören. Jer 28 schildert in der Auseinandersetzung mit dem Propheten Hananja einen Modellkonflikt unter Verkündern der göttlichen Botschaft. Auch Jer 29 behandelt mehrfach Propheten: einige in Babel (v8–9; 15–19; 20–23; 31–32), und Jeremias Auftreten als solcher (29,27–29).

Jer 29 hatte im Brief an die 597 v. Chr. Exilierten in Babel und danach schon Heil anklingen lassen (v5–7, und v10–14).[69] Diese neue Orientierung wird *in Jer 30– 33 überraschend dominant*. Zunächst schildert die »Trostrolle« (Jer 30–31), wie Gott alles Leid verwandeln und sich neu Israel zuwenden wird, noch mehr als zuvor. Dann muss Jeremia, scheinbar sinnlos angesichts des bevorstehenden Untergangs, auf Gottes Auftrag hin von seinem Cousin Hanamel einen Acker in der Heimat kaufen (Jer 32); das anschließende, Gott diesbezüglich anfragende Gebet (32,16–25) wird von diesem ausführlich beantwortet (32,26–44). Gott zeigt darin seine andere »Logik« auf (ab v36): Gerade wo die Menschen ihre Situation als aussichtslos beurteilen, kann er auf wunderbare Weise die Lage wenden und wieder zum Guten führen. Jer 33 geht in dieser Richtung weiter mit einer Fülle von Heilsansagen.

Hier ist darauf zurückzukommen, dass die Darstellung in diesem Bereich nicht dem zeitlichen Ablauf folgt. Jer 32–33 sind explizit auf Jeremias Verwahrung im Wachhof und damit auf eine Phase relativ kurz vor der Einnahme Jerusalems angesetzt, Ende 588 oder 587 v. Chr. Und die Trostrolle steht im Anschluss an Jer 29, wo Gott sich denen, die bereits mit König Jojachin in Babel das Leid des Exils zu tragen haben, gnädig zu-

---

69   Die beste Studie zu Jer 29 stammt von R. Willi: *Pensées*, 2005.

wendet. Genau darauf folgend und in der kritischen, ausweglosen, schlimmen Zeit vor dem endgültigen Zusammenbruch finden sich die reichsten und stärksten Ansagen neuen Lebens in Jer. Damit betont Jer, dass *Gott gerade in der ärgsten Not noch Wege zum Heil schenken kann.*

Jer 34–35 zeigen einen *starken Kontrast.* Auf der einen Seite steht König Zidkija, der mehrfach versagt. Zuerst hört er nicht auf Jeremia (34,2–5), der ihm nahebringen will, dass er sein Leben durch Kapitulation retten könnte.[70] Dann (34,8–22) reagiert er nicht, als die von ihm angeordnete Freilassung der Sklaven (v8–10) von den Mächtigen im Volk wieder rückgängig gemacht wird (v11). Im Gegensatz zu ihm und zur Bevölkerung Jerusalems sind die Rechabiter in Jer 35 vorbildhaft gehorsam; sie halten sich auch unter veränderten und schwierigen Umständen[71] an die ihnen überlieferten Vorschriften und erhalten deswegen eine Zusage des Bestands in die Zukunft hinein (35,18–19).

Der nächste große Block, Jer 36–45, bringt – nach langem Sich-Zurückhalten Gottes und wiederholten Aufschüben, verbunden mit einer großen Zahl an Umkehr- und Rettungsangeboten – die *Einlösung von vielen, über zahlreiche Kapitel hin angestauten Ankündigungen* bezüglich des über Jerusalem hereinbrechenden Unheils. Diese enorme Verzögerung will besagen, dass

---

70 Jer 34,4 ist zu übersetzen als »du brauchst nicht zu sterben«, sinngemäß zu ergänzen mit der öfter von Jeremia gegebenen Empfehlung/Bedingung des Überlaufens bzw. des Sich-Fügens unter das babylonische Joch (Jer 21,9; 38,2; auch Zidkija selbst mitgeteilt: Jer 38,17; vgl. zuvor 27,12) und von daher zu verstehen.

71 Und sogar auf göttliche Anstiftung durch den Propheten zur Übertretung ihrer Traditionen: Jer 35,2.5.

Gott gleichsam alles versucht hat, seiner Gemeinschaft dieses Schicksal zu ersparen, ihm aber wegen ihrer konstanten Verweigerungshaltung keine andere Wahl blieb.

Jer 36, als Eröffnung des Blocks, erstellt dabei, wie schon Jer 26, einen Zusammenhang mit dem Vorgehen König Jojakims gegen Propheten, in diesem Fall mit der Zerstörung der von Baruch auf Jeremias Diktat hin geschriebenen Rolle. Auf der Basis solcher Missachtung göttlicher Botschaft, und in Fortsetzung dazu, sind die folgenden Kapitel zu lesen. *Königliche Geringschätzung von Prophetie* ist nicht auf Einzelrepräsentanten der Monarchie beschränkt, sondern ein sich wiederholender Zug bei den letzten Vertretern des judäischen Königshauses. Zidkija, mit dem die Reihe der königlichen Herrscher aus dem Haus David abbricht, führt nur ein Verhalten weiter (vgl. sein Nicht-Hören in Jer 32,1–5; 34,1–7, sowie in den beiden jetzt folgenden Kapiteln), das schon vorher oft anzutreffen war.[72]

Jer 37–38 schildern *letzte Ereignisse vor dem Fall Jerusalems*. Die Darstellung konzentriert sich auf die Rolle Jeremias. Wiederholt versuchen die militärischen Führer, ihn »unschädlich« zu machen (37,11–16; 38,1–6), und Zidkija, von ihm ein Wort Gottes zu erfahren (37,17; 38,14), in der Erwartung, es würde Rettung ansagen. Ersteres gelingt nicht wegen des couragierten Einsatzes eines fremden Höflings, Ebed-Melech (38,7–13). Und Letzteres ist völlig unrealistisch und verhindert, dass der König wirklich auf Gott hört und den einzigen Ausweg begeht, der noch offen steht, nämlich, sich zu ergeben (38,17.20).

---

72 S. auch Jes 7,10–13, die Antwort Jesajas auf die Ablehnung von König Ahas. Vgl. zudem die – vergeblichen – Warnungen an die Adresse des Königshauses in Jer 21,11–12 und 22,1–9.

Mit der Einnahme Jerusalems in Jer 39 beschleunigt die Erzählung das Tempo. Wenige Verse (39,5–10) bringen rasch hintereinander Nebukadnezars Urteil über Zidkija, die Zerstörung der Stadt und die Exilierung eines großen Teils der verbliebenen Bevölkerung. Jeremia dagegen wird verschont (39,11–14; 40,1–6), was zur *Statthalterschaft Gedaljas* überleitet (40,7–16). Die Beschreibung seiner Einsetzung und sein weiteres Schicksal wurzeln in einem knappen Bericht in 2 Kön 25,22–26. Jer faltet die Notizen von dort zu einer langen Erzählung aus, wobei es die Entscheidungssituation in Jer 42–43 breit und exemplarisch ausbaut. Dies zeigt ein besonderes Anliegen des Buches (s. unten den übernächsten Absatz).

Die Arglosigkeit Gedaljas nützt Ischmael, aus königlichem Geschlecht (41,1),[73] ihn zusammen mit anderen ihn Unterstützenden bei einem Mahl zu ermorden. Heimtückisch bringt er dann noch 70 Pilger auf dem Weg nach Jerusalem um (Jer 41,4–9) und kidnappt den Rest des Volkes in Mizpa (v10). Nur dem beherzten, schnellen Einsatz von Johanan und anderen Heerführern ist es zu verdanken, dass die von Ischmael Weggeführten wieder freikommen, und sie überlegen, aus Angst vor einer Vergeltung Babels, nach Ägypten zu ziehen (Jer 41,11–18). Jer 41 zeigt, wie brutal und schonungslos ein *entfernter Nachkomme Davids gegen sein ei-*

---

73 Es ist zu vermuten, dass er und andere, als Anhänger der Monarchie, die Bestellung eines Nicht-Adeligen zum höchsten Amt im Volk durch die Babylonier, oder überhaupt deren Herrschaft, nicht akzeptieren wollten. – Jeremia wird in Jer 41 kein einziges Mal genannt, und von Gott ist nur in v5 im Zusammenhang mit seinem Haus die Rede. Diese »Abwesenheit« Gottes und seines Propheten deutet an, dass sie mit Ischmaels Grausamkeit nichts zu tun haben und dass jener in keiner Weise von religiösen Motiven bewegt war.

genes Volk vorgeht. Damit sind die letzten Führungsansprüche aus dieser Richtung vertan.

Jer 42 bringt eine *beispielhafte Prophetenbefragung*, mit dem Versprechen, sie, wie auch immer sie ausgeht, in jedem Fall gehorsam zu befolgen (v5–6). Die unerwartete göttliche Antwort, nach zehn Tagen (v7), fordert zum Verbleiben im Land auf. Entgegen der eigenen Zusage ziehen die Heerführer und das Volk dann doch nach Ägypten und nehmen Jeremia sowie Baruch dabei mit (43,6); dort, im fremden Gebiet, dem Land der einstigen Unterdrückung, enden mit Ansagen des Gerichts über die dahin Geflohenen (Jer 44) die Erzählungen von Jer und über Jeremia. Jer 45 sagt, zeitlich auf 605 v. Chr. und damit rahmend parallel zum Beginn des Blocks in Jer 36 angesetzt, Baruch Rettung angesichts dessen Klage an.

Die Sprüche über fremde Völker (Jer 46–51) haben als sie umschließende Klammer die zwei in Jer bedeutsamsten Nationen. Sie beginnen, gut an Jer 43–44 anschließend, mit *Ägypten* (Jer 46), das seit Jer 2,6 oft genannt ist und eine wichtige Rolle im Buch spielt.[74] Dann folgen Nationen im Umkreis Israels, zuerst knapp die Philister (Jer 47), weit ausführlicher Moab (Jer 48), und dann andere Nachbarvölker (Jer 49). Den Abschluss bildet die am weitesten entfernte Nation, Elam (49,34–39). Die Universalität des biblischen Gottes zeigt sich dabei auch darin, dass Ägypten, Moab und Elam für die Zukunft Hoffnung in Aussicht gestellt wird (46,26; 48,47; 49,39). Das wirkliche Ende bringen die Gerichtsansagen über *Babel*, das nun den

---

74 S. dazu die Untersuchung von M. Maier, *Ägypten*, 2002, die das
    Thema umfassend behandelt und verschiedene Aspekte am
    Gebrauch von »Ägypten« in Jer herausarbeitet.

Ausgleich[75] für sein gewaltsames Handeln an Anderen erfährt und selbst untergeht (Jer 50–51), unterstrichen durch eine symbolische, auf das vierte Regierungsjahr Zidkijas angesetzte Handlung (51,59–64). Dass auch darüber keinesfalls Schadenfreude in Israel aufkommen soll, sichert Jer 52 (s. oben S. 29–32) als absoluter Schlusspunkt ab.

*

Was oben sichtbar wurde, ist ein *sehr komplexer Befund*. Jer folgt weder der üblichen chronologischen Reihenfolge, noch hält es sich vorwiegend an eine Sprachform. Auch bringt es in den Blöcken gleichsam in mehreren Durchgängen, von vielen Seiten, Analysen des Zustands der Gemeinschaft, Anklagen ihrer Schuld, Auseinandersetzungen mit anderen Personen und Gruppen, Einladungen zur Umkehr, Warnungen und Drohungen – auf einer Länge von gut zwei Drittel des Buches. Erst dann, in Jer (37–) 39, bricht die angesagte Zerstörung über Jerusalem herein.

Bereits oben (zu Beginn der Besprechung von Jer 36–45) haben wir dies als *göttliches Abwarten* gedeutet. Zusätzlich scheint von menschlicher Seite eine grundlegende Unfähigkeit durch, auf Gottes Botschaften zu hören. Jer weist dies am Modellfall des Untergangs Jerusalems und des jahrzehntelangen Auftretens Jeremias davor sowie am wortbrüchigen Verhalten auch noch danach (Jer 42–43) auf.

---

75   Jer 50,15.28 bringen je doppelt die Wurzel *naqam* »gerechter Ausgleich«, »Vergeltung« im Sinn der Beseitigung von Unrecht und Wiederherstellen von Gerechtigkeit, wenn sie mit Gott als Subjekt verwendet wird; die oft anzutreffende Übersetzung mit »Rache« ist dabei irreführend.

Die Übersetzung der *Septuaginta* bildet den ersten Versuch, die besondere Abfolge von Jer in eine »stimmigere Logik« zu bringen. Sie arrangiert die zweite Buchhälfte neu und setzt beim Zentralkapitel Jer 25 an: Die Ankündigung des göttlichen Gerichtsplanes auch über alle Nationen (v9–11) findet eine sozusagen »natürliche« Fortsetzung in den Fremdvölkersprüchen,[76] die in der Septuaginta bis Jer 31 folgen und dort mit der symbolischen Erzählung vom Trinken des Bechers in Jer 32 abgeschlossen werden. Dann folgen Jer 26–44 des hebräischen Textes um sieben Kapitel versetzt als Jer 33–51 im Griechischen,[77] bevor wie im Original Jer 52 mit der Zerstörung Jerusalems den Abschluss bildet. Mit der Verschiebung der Fremdvölkersprüche in die Mitte des Buches vermeidet die Septuaginta zwei Brüche in der Abfolge von Jer, und zusätzlich kommt sie damit dem üblicheren Schema für prophetische Bücher näher, nach dem Unheil für das eigene Volk auch Unheil für die Nationen zu bringen.

Der eigenwillige Aufbau von Jer stellt ebenso die *Frage nach seiner Komposition* und den für sie Verantwortlichen. In den letzten gut 100 Jahren sind dafür viele Theorien und Spekulationen vorgetragen worden. Meist rechnet man mit einem Kern von echten Jeremia–Worten, die dann von »Schülern« des Propheten oder Redaktionen erweitert worden seien. Beliebt ist auch die These einer (oder mehrerer) »deuteronomistischen« Bearbeitung(en).[78] Beim heutigen Stand der Forschung

---

76 Innerhalb ihrer wird nochmals umgestellt; so folgen u. a. auf die Ägyptensprüche gleich jene über Babel, die in der hebräischen Fassung als letzte (Jer 50–51) stehen.

77 Jer 45, der Spruch über Baruch, wird in der Septuaginta noch an Jer 51 angeschlossen.

78 In diese Richtung z. B. W. Thiel, *Redaktion* (1973 und 1981),

gibt es zu all diesen Erklärungsversuchen mehr Gegen-
argumente als Gründe, die für sie sprächen. Die ehr-
lichste Antwort auf die Frage, wie Jer entstanden sei, ist
zu sagen, dass wir es nicht wissen. Die Vielschichtig-
keit von Jer und seine üblicher Anordnung widerspre-
chende Darbietung entziehen sich bis heute einer über-
zeugenden Erklärung.

2. Literarische Gestaltung

Die bisherigen Ausführungen konzentrierten sich auf
Merkmale, die besonders ins »Auge springen«. Diese
Beobachtungen, etwa die Unterschiede zu den anderen
Prophetenbüchern oder der seltsame Aufbau, fallen
meist schon relativ bald bei einer Beschäftigung mit Jer
auf. Nun gilt es, *mehr im Detail* wahrzunehmen, was die
Sprache von Jer prägt.

2.1 Eigenarten der Sprache von Jer

Auf weite Strecken ist der Stil von Jer so *eigen*, dass er
unverkennbar ist und eine mit der Bibel vertraute Person ihn leicht Jer zuordnen kann. Das betrifft u. a. die
Rhetorik, die Kompositionstechniken, das charakteristische Vokabular.

2.1.1 »… wie ein Schmiedehammer« (Jer 23,29) –
kraftvolle Rhetorik

Gleich das erste poetische Kapitel, Jer 2, zieht in den
Bann: Gott beginnt zu sprechen, zuerst mit einer freudigen Erinnerung an die Jugendliebe seines Volkes

---

T. Römer, *Conversion* (1997), und R. Albertz, *Exilszeit* (2001),
231–260.

(2,2–3).[79] Geschickt setzt Gott dabei im Gespräch am Beginn positiv ein. Aber sogleich folgen bittere Vorwürfe bezüglich des jetzigen Verhaltens der Gemeinschaft (ab v4 bis zum Ende des Kapitels). Wie auch sonst oft arbeitet Jer mit *Kontrasten*. Die Auseinandersetzung wird weiter verschärft durch viele, meist rhetorische *Fragen* (z. B. v5.6.14), eine Fülle an *Zitaten* (v8, und besonders ab v20) und gehäufte *Imperative* (etwa in v10–12).

Drastische Vergleiche setzt Jer ein, um Zustand oder Verhalten des Volkes zu beschreiben. Es zieht abgestandenes, nur begrenzt zur Verfügung stehendes Zisternenwasser frischem Quellwasser vor (Jer 2,13). Sein Verhalten gleicht dem einer Hure (2,20) oder geiler Pferde (Jer 5,8). Wie eine Kamelstute oder eine Wildeselin ist es Objekt seiner Triebe, unkontrolliert in seinem Lauf (2,23–24).

In den Anklagen differenziert Jer manchmal wenig. »Sie alle sind Ehebrecher, eine Festversammlung von Betrügenden« heißt es in Jer 9,1. Selbst in Jer 5, wo Jeremia zunächst annimmt, das Fehlverhalten sei nur bei den Geringen im Volk anzutreffen (v4), kommt er im nächsten Vers zur Erkenntnis, dass die Großen noch mehr schuldig sind, (5,5) und somit nicht einmal der Eine sich finden lässt, der Recht tut und dessentwegen Gott der ganzen Gemeinschaft vergeben würde (5,1).[80] *Extreme Zuspitzung*, bis hin zu »Schwarz-Weiß-Malerei«, kennzeichnet vielfach die Rhetorik von Jer. Andere

---

79 A. R. P. Diamond / K. O'Connor, *Passions* (1996), und viele Andere sehen darin eine Anspielung auf Hos 2.

80 Im Vergleich mit Gen 18,22–33, wo Gott wegen zehn Gerechten Sodom und Gomorra verschonen würde, zeigt sich die außergewöhnliche Steigerung in der göttlichen Vergebungsbereitschaft. Ähnlich ist auch Ez 22,30: Dort findet Gott keinen Einzigen, der »in die Bresche treten könnte«.

Beispiele dafür sind die Gegenüberstellungen von Fluch und Segen in Jer 17,5–8, sowie der Gruppen um Jojachin bzw. Zidkija in Jer 24.

Schon oben kam Jer 5,14 in den Blick (S. 38), wo Gott, in Aufnahme und Überbietung der Geste während der Berufung (1,9), sein Wort in Jeremias Mund zu »Feuer« macht. Diese Qualität seines Redens kehrt an zwei anderen Stellen wieder. Jeremia selbst bekennt in seiner letzten Konfession, Gottes Wort, wenn er es nicht weitergesagt, sondern nur in sich bewahrt habe, sei in ihm ein »brennendes Feuer« geworden (20,9). Und unmittelbar vor dem hier für die Überschrift verwendeten Zitat aus Jer 23,29 stellt Gott die rhetorische Frage: »Ist nicht so mein Wort: wie Feuer?«.[81]

Die hier aufgezählten rhetorischen Merkmale von Jer sind nur ein *Bruchteil*. J. R. Lundbom hat sie weit eingehender untersucht und mehrfach breit dargestellt.[82] Es finden sich viele Inklusionen, Chiasmen, Häufungen, Ironie, vermehrt Dialoge, Leitwort-Strukturen u. a. Sie heben den Stil von Jer deutlich von anderen Prophetenbüchern ab.

Diese *intensivierte Rhetorik* zeigt sich mehrfach. So wirft Gott selber in Jer 2,11 in seinem Reden auf die Frage, ob je eine Nation ihre Götter getauscht habe, ein: »... – aber sie sind nicht Götter!« Wenig später, in 2,14, begegnet erstmalig das für Jer exklusive Stilmittel der Dreifachfrage, bei der zwei vorausgehende Fragen mit

---

81 Zur Bedeutung und Auslegung dieses Motivs in Jer s. G. Fischer, *Das brennende Wort* (2003).

82 S. dazu seinen dreibändigen Jer-Kommentar in der *Anchor Bible*, (1999 [darin besonders 121–139] und 2004), sowie mehrere Beiträge in den beiden Sammelbänden *Biblical Rhetoric* (2013) und *Writing* (2013), in Letzterem auch ein aus dem Kommentar übernommenes Glossar rhetorischer Fachausdrücke (S. 103–113).

einer dritten, mit »Warum …?« eingeleiteten, abgeschlossen werden:[83] »Ist Israel ein Knecht? Ist es ein
Hausgeborener? Warum wurde es zur Beute?«. Damit
entsteht eine Dynamik hin zum Erkennen der Gründe
für die vorliegende rätselhafte Situation.

Das Anliegen, die Hörer/Leser stark anzusprechen,
ist vermutlich auch der Grund für den *aramäischen Vers*
in Jer 10,11: »So sollt ihr ihnen sagen: ›Götter, die Himmel und Erde nicht gemacht haben, sollen zugrunde
gehen von der Erde und unter diesem Himmel!‹ «. Die
Verwendung des Aramäischen erlaubt ein Wortspiel;[84]
zugleich deutet sie hin auf dessen zunehmenden Gebrauch als Amtssprache in der Perserzeit und stellt zusammen mit anderen Aramaismen in Jer wohl einen
weiteren Hinweis auf eine spätere Abfassungszeit des
Buches dar.

2.1.2 Kombinationen

Eine oft begegnende Schwierigkeit bei der Lektüre von
Jer ist der *schnelle Wechsel von Bildern und Themen*. Ein
Beispiel mag Jer 2,20–28 sein. V20 spricht mit »Joch zerbrechen« und »Stricke zerreißen« das Ablegen von Abhängigkeit an; im selben Vers fällt dann auch der Vorwurf, wie eine Hure sich auf jedem hohen Ort gespreizt
zu haben. V21 wechselt zum Bild von Edelrebe und
fremdem Weinstock, v22 weiter zum Sich-Waschen
und zu Schuld. V23–24 bringen die Tiere Kamelstute
und Wildeselin, v25 redet vom Barfußgehen und der
Liebe zu Fremden. In v26 folgt der Vergleich mit einem
Dieb, und v27–28 gehen mit Zitaten über zum Thema

---

83 Weitere Vorkommen sind in Jer 2,31; 8,4–5.19.22; 14,19; 22,28
    und 49,1.
84 Im Unterschied zum Hebräischen lautet »machen« auf Aramä-
    isch 'abad, und korrespondiert mit 'abad, für zugrunde gehen.

des Götzendienstes. – Jer zu lesen bedeutet, sich von Vers zu Vers, und manchmal sogar innerhalb eines solchen, stets auf neue Gedanken gefasst zu machen. Jer ist in den poetischen Texten oft extrem dicht, komprimiert. Dies erweckt einen wuchtigen Eindruck. Es verlangt auch sehr hohe Aufmerksamkeit sowie die Fähigkeit, die Fülle der Bilder zusammen aufzunehmen und darin das Wesentliche zu erkennen.

Ein Beispiel für *Kombination auf engstem Raum* ist der Auftakt von Gottes Anklagen in Jer 2,5: »Was haben eure Eltern an mir an Unrecht gefunden, dass sie sich von mir entfernt haben und hinter dem Nichts hergingen und zu Nichts wurden?« Der tiefere Sinn dieser Frage enthüllt sich, wenn man darin den Zugriff auf verschiedene Vorlagen wahrnimmt. Das nur dreimal in der Hebräischen Bibel im Zusammenhang mit Gott belegte Wort »Unrecht/Frevel« hat seine Grundstelle im Lied des Mose, wo es in Dtn 32,4 von Gott heißt: »Der Fels! Vollkommen ist sein Tun. Alle seine Wege sind Recht. Ein Gott der Treue, und nicht ist Unrecht (bei ihm) ...«. Diese Aussage, die am Beginn des inhaltlichen Redens über Gott in Dtn 32 steht und absolute Korrektheit von ihm aussagt, stellt Gott selbst in Frage angesichts des vergangenen[85] Verhaltens der Gemeinschaft.

Der mittlere Teil von 2,5 benennt mit »entfernen« deren Distanzierung, und der Abschluss des Verses nimmt noch einen weiteren Text auf, diesmal ganz genau ein *Wortspiel aus 2 Kön 17,15*: »... und sie gingen hinter dem Nichts und wurden zu Nichts«, das den in Samaria praktizierten Götzendienst als Ursache des Untergangs des Nordreichs nennt. Jer 2,5 kombiniert zwei Vorlagen und verwendet die dortigen Aus-

---

85 Jer redet öfter von »Eltern/Vätern«, damit die früheren Generationen des Volkes bezeichnend.

sagen in einer komplexen Konstruktion, einer rhetorischen Frage mit zwei abhängigen Objektsätzen. Dies zeigt, wie sehr Jer Unterschiedliches verbindet und in seiner Sprache oft komplexer als sonstige biblische Bücher ist.

Schon das Einleitungskapitel Jer 1 (s. oben S. 16–27) schrieb Jeremia eine Fülle verschiedener Rollen zu. Jer liebt es, *mehrere, auch andersgeartete Aspekte* zusammenzunehmen. So erhalten gerade seine poetischen Texte einen eigenen Charakter, der sowohl mosaikartige Züge als auch eine Neigung zu Synthesen und Zusammenfassungen aufweist.

2.1.3 Mehrere Redeebenen

Relativ wenig in Jer ist Reden Jeremias. *Gottes Reden überwiegt bei weitem,* und oft fordert er Jeremia auf, es weiterzusagen. Schon der Beginn in Jer 2,1–2 zeigt dies:

v1 »Und das Wort Jhwhs erging an mich, so:

v2a ›Geh und rufe in die Ohren Jerusalems, so:

v2b > So spricht Jhwh:

v2c Ich gedenke deiner, der Verbundenheit deiner Jugend, …‹‹«

Diese häufig anzutreffende und teils noch weiter differenzierte Verwendung unterschiedlicher Redeebenen unterstreicht mehreres. Initiative und Ausgangspunkt liegen nahezu immer *bei Gott* (v1). Sein Anliegen ist, dass Jeremia mit Hinweis auf ihn als den Urheber (v2b) seine Botschaft (= ab v2c) exakt weiter vermittelt (v2a). Die präzise Wiedergabe wird vielmals durch Verweis auf Gottes Reden betont, wie hier durch die *Wortereignisformel* (= v1) und die *Botenformel*[86] »so spricht Jhwh«

---

86 Diese übliche Bezeichnung ist nicht genau, weil sie in vielen

(v2b). Erst mit »Ich gedenke deiner ...« (v2c) setzt dann die eigentliche Mitteilung ein.

Solche Hinweise auf Gottes Sprechen finden sich in Jer mehr als in jedem anderen Buch der Bibel. Der Ausdruck »Spruch Jhwhs«[87] begegnet 166 x darin, die Botenformel 154 x. Dazu kommen 36 Belege der Wortereignisformel (s. oben Jer 2,1). Das alleine ergibt schon über 350 Stellen, an denen auf *Gott als eigentliche Quelle* der hier ergehenden Botschaft verwiesen wird.

Das *Miteinander von göttlichem und prophetischem Reden* wird von allem Anfang an in einer Weise thematisiert, die für die Beginne prophetischer Bücher einmalig ist:

Jer 1,1 »Worte Jeremias, des Sohnes des Hilkija, ...

1,2   an den ergangen war das Wort Jhwhs,
                                         in den Tagen ...«

Das *Incipit* (s. dafür oben S. 26 und 59) streicht so den Doppelcharakter der im Folgenden überlieferten Botschaft heraus. Einerseits sind es Worte des Propheten (v1), andererseits war er Empfänger göttlicher Anrede (v2), die sich nun in seinem Buch spiegelt. Dieses Ineinander von göttlicher und menschlicher Rede gilt es in Teil D (ab S. 174) weiter zu bedenken.

Es gibt Stellen, wo beide sich mischen und *ineinander übergehen*, was die Nähe von Gott und Prophet besonders spüren lässt. Ein solcher Fall ist Jer 25, der Beginn dieses Mittelpfeilers von Jer. V1–2 führen Jeremias

---

Fällen nichts mit einem Boten zu tun hat, wie A. Wagner, *Prophetie* (2004), aufgewiesen hat. Weil sie eingebürgert ist, verwende ich sie weiter.

87   S. dazu die Studie von R. Rendtorff, *Gebrauch* (1954). Dieser Ausdruck kann am Beginn, mittendrin oder am Ende göttlichen Sprechens stehen. Er dient oft dazu, Gott als Auftraggeber und Urheber in Erinnerung zu halten.

Reden ein, das dann in v3–4 berichtet wird. Darin verweist er in v4 auf Gottes früheres Senden von Propheten, und beginnt mit »so/folgendermaßen« zu Anfang von v5 dessen Reden zu zitieren (bis einschließlich v6). Mit v7 wechselt es ohne Übergang zum göttlichen Sprechen in der Gegenwart, der das fehlende Hören der jetzigen Generation feststellt und ab v8 seine Gerichtsandrohung folgen lässt.

Ein weiteres Problem bilden *fehlende Kennzeichnungen der Sprecher*. Jer 30,5 beginnt mit »Denn so spricht Jhwh: ›Eine Stimme von Erzittern haben wir gehört ...‹«. Vom Plural (»wir«) und dem Sinn her kann Gott dies nicht von sich selbst sagen; vielmehr zitiert er, ohne dass dies ausgedrückt wird, was die Gemeinschaft beim Eintreffen des Unheils spricht. In Jer 31,2 ist Gott am Reden, doch v3 setzt fort mit: »Von fern ist Jhwh mir erschienen.«, was wiederum als Aussage des Volkes zu verstehen ist. Sprecherwechsel ohne Ankündigung verlangen von Lesenden in Jer waches Mitdenken.[88] – Jer hat nicht nur insgesamt, als Buch, einen komplexen Aufbau, sondern weist auch in vielen Kapiteln sehr ausgefeilte Konstruktionen bezüglich des Redens auf.

2.1.4 Charakteristisches Vokabular

Mehrere Eigenheiten zeichnen Jer aus, was den Wortschatz betrifft. Es gibt eine Reihe von Wörtern, die bei ihm *weit mehr als sonst in der Hebräischen Bibel* vorkommen. Dazu zählen z. B. der Gottesname Jhwh, die Verben »hören« und »umkehren«, die Nomina

---

88 Davon unabhängig gibt es Stellen, wo der Sprecher offenbleibt. So führt Jer 31,23 zwar Gott als Redenden ein; ob aber 31,26 auch noch auf ihn zu beziehen ist, mit »Schlaf« und »aufwachen«, ist eine Frage.

»Stimme«, »Friede/Heil« und »Betrug«, das Adjektiv »all, ganz«.[89] Darin zeigt sich die Bevorzugung bestimmter Themen, die ihrerseits wieder Schwerpunkte in Jer spiegeln, so etwa das (fehlende) Hören auf Gottes Stimme.

Eine Stufe weiter gehen jene Formulierungen, die in Jer *bei weitem am meisten* gebraucht werden. Zu ihnen zählen u. a. die Redewendung »das Geschick wenden«, die sich elfmal ab Jer 29,14 bei ihm findet und die in der ganzen übrigen Hebräischen Bibel noch 14 x belegt ist, die Plagentrias »Schwert, Hunger, Pest«, öfter ab Jer 14,12, doch mit Ez 14,12–21 als enger Parallele, wo zusätzlich »böse Tiere« genannt werden, sowie die spezielle Konstruktion »unermüdlich etwas tun«,[90] die in Jer zehn Vorkommen ab Jer 7,13 hat und sonst überhaupt nur in 2 Chr 36,15 begegnet. Hier stoßen wir auf deutliche Schwerpunkte von Jer. Beide sind mit Gott verbunden und zeigen ihn als den, der eine Notsituation zum Guten wandeln kann und mag, sowie als einen, der sich voll einsetzt, ohne in seinem Bemühen nachzulassen.

Noch spezieller schließlich sind die *einmaligen Formulierungen*, jene Ausdrücke also, die innerhalb des Alten Testaments nur in Jer zu finden sind. Beispiele dafür sind die schon besprochene Berufung Jeremias zum »Propheten für die Nationen« (Jer 1,5), weiterhin die »Quelle lebendigen Wassers« (2,13; 17,13), die »Räuberhöhle« (7,11), die Wendung »Gedanken des

---

89 Letzteres 477 x in Jer, was seine Tendenz zu allgemeinen Aussagen (s. oben S. 79) von anderer Seite bestätigt; für weitere Wörter sowie die Häufigkeiten s. Fischer, *Jeremia 1–25* (2005), 60.

90 Im Hebräischen *hischkim* kombiniert mit Infinitiven, vor allem von »senden« und »reden«.

Friedens/Heils« (29,11), die Kombination von »Zukunft« und »Hoffnung« (Jer 29,11, und 31,17 in umgekehrter Reihenfolge), der »neue Bund« (31,34), und viele mehr. Dies zeigt, dass die Sprache von Jer keineswegs stereotyp ist, sondern ungemein *kreativ*. Hinter Jer steht jemand, der eigenständig denkt, dabei neue Richtungen angeht und dies auch in mutiger Weise präsentiert.

Das charakteristische Vokabular von Jer ist mit diesen drei Gruppen, die weit umfangreicher sind als hier angedeutet werden kann, nicht zu Ende.[91] Manchmal hat Jer *Erstmaliges* formuliert und damit sprachprägend gewirkt. Dazu gehören u. a. »das Land des Nordens« (Jer 3,18; 6,22 u. ö., von Sach übernommen), sowie »Grauen ringsum« (z. B. Jer 6,25; 20,3.10, in Ps 31,14 aufgenommen).

2.1.5 Zwei inhaltliche Akzente

Im Deutschen wird »du« unterschiedslos sowohl für Frauen als auch für Männer gebraucht. Damit ist in der Übersetzung von Jer nicht erkennbar, dass dieses Buch wiederholt und ganz gezielt *Frauen anspricht*. Dies setzt bereits in Jer 2,2 ein, erfolgt noch öfter während des ganzen Buches und hat einen Höhepunkt in der Trostrolle, wo die ersten sechs Gedichte (Jer 30,5–31,22) systematisch zwischen männlicher und weiblicher Hauptfigur abwechseln[92] und so in sonst nie anzutreffender Präsentation das notwendige Miteinander und die Gleichwertigkeit beider Geschlechter zeigen.

---

91 Weitere Besonderheiten der Sprache von Jer kommen noch in den ersten zwei Punkten der »Inneren Bezüge« (S. 89–92) in den Blick.

92 B. Bozak, *Life* (1991), hat das Verdienst, dies als Erste erkannt zu haben.

Damit die Kraft des göttlichen Wortes nicht im Augenblick des Sprechens oder kurz danach verpufft, bedarf es des Festhaltens. Diesem Aspekt trägt Jer damit Rechnung, dass bei ihm Erwähnungen des *Schreibens* und damit zusammenhängender Ausdrücke stark zunehmen.[93] Damit bezeugt Jer indirekt eine Verschiebung in der Prophetie, insofern dem schriftlichen Wort zusehends mehr Gewicht zukommt. Wichtige schriftliche Dokumente in Jer sind u. a. der »Brief«[94] an die Exilierten in Jer 29,4–7, das Trostbüchlein (Jer 30–31), der Kaufvertrag für den Acker in Anatot (Jer 32,10–14) sowie die Rolle mit den Worten Jeremias, die König Jojakim verbrennt und die danach nochmals, erweitert, neu geschrieben wird (Jer 36).

*

Jer zeigt, vor allem in seinen poetischen Abschnitten, ein ganz eigenes Sprachprofil, das sich durch *Komplexität und Wucht* auszeichnet. Öfter finden sich spannungsreiche Verbindungen mehrerer Bilder oder Themen. Viele Fragen, Imperative, Zitate und Dialoge beziehen die Adressaten stark mit ein. Drastische Vergleiche wecken Emotionen – Jer zu hören oder lesen lässt nicht »kalt«, unbeteiligt, es fordert aktives Mitdenken und Auseinandersetzung.

---

93   S. dazu G. Fischer, *Spiegel* (2010), 40–42.
94   Es handelt sich nicht um einen eigentlichen Brief: G. Fischer, *Jeremia 26–52* (2005), 88, mit Verweis auf K. Smelik, D. L. Smith und D. Schwiderski.

2.2 Innere Bezüge

Als längstes Buch der Bibel stellt Jer schon alleine für sich Anforderungen. Wenn dann diese starke Rhetorik, mit der kreativen Sprache und dem schnellen Wechsel der Bilder, noch dazukommt, läuft das Buch Gefahr, eventuell zu disparat zu werden. Um dem entgegenzusteuern, scheint, wer für Jer verantwortlich war, Strategien verwendet zu haben, die das Buch *innerlich verklammern*.

2.2.1 Wiederholte Ausdrücke

Die zweite obengenannte Gruppe, nämlich jene Ausdrücke, die bei Jer bei weitem am meisten vorkommen, brachte schon einige Beispiele für solche Wiederholungen von Wortverbindungen.[95] Dazu gehört auch die *Verbliste*, die in Jer 1,10 (»ausreißen und einreißen, … bauen und pflanzen«, s. oben A, S. 20–22) erstmalig begegnet, mit gleich sechs Elementen. Jer 12,16–17 spielt darauf an, doch nur mit drei Verben. Jer 18,7.9 erwähnen drei negative und die beiden positiven Glieder. In Jer 24,6 beginnt Gott zweimal jeweils mit dem guten Handeln und verneint daraufhin zerstörendes Tun. Jer 31,28 ist die komplexeste Stelle, mit sieben Gliedern und einer doppelt von »wachen« abhängigen Konstruktion, die Gottes früheres Zerstören seiner aufmerksamen Sorge für das Aufbauen in der Zukunft entgegenstellt. Ein ähnliches Versprechen wie 24,6 bietet Jer 42,10, und das letzte Vorkommen in Jer 45,4 kontrastiert Baruchs Klage über seine Betrübnis mit dem Untergang, der über das ganze Land kommt.

---

95 Es geht hier nicht um Einzelwörter, die oben (S. 85–87) schon kurz behandelt wurden, sondern um mindestens zweigliedrige Ausdrücke.

Hier wird ein *bewusstes Arbeiten* mit einer ganz prägnanten, Jer auszeichnenden Formulierung sichtbar. Wie ein »Thema mit Variationen« wird das Motiv an verschiedenen Stellen durchgespielt und in verschiedenen Nuancen verwendet. Ein solches Vorgehen findet sich noch öfter; Beispiele dafür sind u. a. die *Plagentrias*, die *Katastrophenformel* oder die Auflistung von Ständen der Gesellschaft.[96] Die dadurch entstehenden Wiederholungen verbinden die verschiedenen Teile des Buches miteinander; zugleich erzeugen die Veränderungen bei den Wiederaufnahmen einen lebendigen Eindruck. Selbst wer Jer hundert Mal gelesen hat, kann so immer noch auf Überraschungen stoßen und Neues entdecken.

2.2.2 Doppelungen

Wie kein anderes Buch der Bibel weist Jer eine Vielzahl an *Parallelpassagen* auf, bei denen Abschnitte von 1–2 Versen und manchmal auch mehr an einer anderen Stelle im Buch, meist sehr ähnlich, wiederkehren. Der längste Fall einer solchen Doppelung ist der zweifache Bericht von der Einnahme Jerusalems in Jer 39 und 52. Trotz der deutlich anderen Akzente in beiden Texte stimmen sie in vielem so stark überein, dass Jer alles an einer Stelle bringen hätte können und eine Wiederholung nicht notwendig gewesen wäre.

An konkreten Beispielen lässt sich erkennen, was Jer damit erreicht. Zwei Doppelungen aus Jer 6 können typische Verwendungsweisen zeigen.

a) Jer 6,12–15 kündigt den Bewohnern Jerusalems an, dass sie ihren Besitz verlieren und fallen werden, weil sie auf übermäßigen Gewinn aus sind, ihre reli-

---

96 S. dafür die hilfreichen Übersichten bei H.-J. Stipp, *Konkordanz* (1998), 49, 158–162, u. ö.

giösen Führungskräfte Betrug begehen sowie den schlimmen Zustand der Gemeinschaft nicht wahrhaben wollen, sondern schönreden. Mit einigen, meist kleineren Variationen[97] wiederholt Jer 8,10–12 diese Ansage und *bekräftigt* damit ihre Geltung. Diese Doppelung steht in relativ kurzem Abstand und ist *gleichsinnig* verwendet: Es handelt sich um die im Wesentlichen gleichen Inhalte[98] für dieselben Adressaten.

Die meisten Doppelungen in Jer gehören zu diesem Typ. Jer 15,13–14 berichtet von der Preisgabe der Schätze zur Plünderung und göttlichem Zorn als brennendem Feuer. Wenig später findet dies sich wieder in Jer 17,3–4, doch nun mit einer *verschärften Anklage*: »Ihr habt ein Feuer angezündet …«. – Als Beispiel für *weiten Abstand* mag die Heilsansage Jer 30,10–11 // 46,27–28 gelten; an letzterer Stelle, am Ende des Ägyptenspruchs, stellt sie sicher, dass Israel dann weiterhin verschont bleiben wird.

b) Die zweite Weise des Gebrauchs solcher Doppelungen zeigt Jer 6,22–24, das in Jer 50,41–43 weitgehend gleich wiederholt wird. Beide Male handelt es sich um das Kommen eines grausamen, kriegerischen Volkes aus dem Norden, das bei den Angegriffenen Bestür-

---

97 Interessant ist z. B. die Verschiebung von »Zusammenbruch meines Volkes« in 6,14 zu »Zusammenbruch *der Tochter* – mein Volk« in 8,11, was die Schutzbedürftigkeit der Gemeinschaft (als »Tochter«) heraushebt.

98 Doch sind die Kontexte und damit auch die Gesamtbedeutung verschieden: In Jer 6,10–11 geht eine Antwort Gottes auf eine Klage Jeremias voraus, und es folgen in 6,16–17 Angebote, dem Unheil zu entgehen, die aber nicht angenommen werden. In Jer 8,4–9 zeigt Gott selbst Verweigerungshaltung und Einbildung der Gemeinschaft auf; 8,13 intensiviert die Ausrichtung der Doppelung mit einer Ausweitung des göttlichen Gerichtshandelns.

zung auslöst. In Jer 6 wird *Jerusalem* so bedroht, und mit dem Feind ist an die babylonischen Truppen gedacht. In Jer 50 dagegen ist es *Babel* selbst, das nun in gleicher Weise angegriffen wird[99] und damit den gerechten Ausgleich für das erlebt, was es Anderen angetan hat. Hier dient die Doppelung dazu, durch die Anwendung auf neue Adressaten das Walten göttlicher Gerechtigkeit zu zeigen. Die anschließenden Verse 50,44–46, aus dem Spruch über Edom in Jer 49,19–21 genommen, verstärken als zweite Doppelung in diesem Sinn.

Die Doppelungen *verklammern*, ähnlich wie die wiederholten Ausdrücke, die einzelnen Blöcke von Jer untereinander, teils über weite Strecken (s. 6,22–24 mit 50,41–43, oder 10,12–16 mit 51,15–19).[100] Auch hier zeigt sich erneut ein Spielen mit Variationen, besonders deutlich etwa an den Unterschieden zwischen 15,13–14 und 17,3–4. Wiederum gewinnt die Lektüre von Jer dadurch an *Lebendigkeit*.

2.2.3 Schreibtechniken

Eine Schwierigkeit, Jer zu verstehen, rührt auch von daher, dass es manchmal ein Thema anspricht, dieses aber *erst weit später fortführt*, wie z. B. gerade oben an der weit entfernten Doppelung Jer 6,22–24 // 50,41–43 gesehen. Ein ähnlicher Fall ist das Gebet des Volkes am Ende von Jer 14: »… Gedenke! Brich nicht deinen Bund mit uns!« (14,21), an das es noch unterstützend die rhe-

---

99 Der »Feind aus dem Norden« für Babel waren die Perser mit ihren Verbündeten.

100 G. H. Parke-Taylor, *Formation* (2000), hat die Doppelungen, auch jene mit Texten außerhalb von Jer, systematisch erfasst. Ebenfalls eine wichtige Studie dazu ist J.-D. Macchi, *Doublets* (1997). – Die Septuaginta hat deutlich weniger Doppelungen, in meinen Augen ein weiteres Anzeichen für »Kürzungen« in ihr.

torische Frage anschließt: »Bist nicht du es, Jhwh, unser Gott?« (Jer 14,22). Im unmittelbaren Zusammenhang weist Gott die Bitten ab (15,1–4).

Doch später, in Jer 31, tönt es deutlich anders: Gott selber erklärt, dass er nicht anders kann, als des Volkes[101] zu *gedenken* (»… ich muss mich seiner erinnern«, 31,20). Kurz zuvor war Efraim zur Einsicht gekommen und hatte bekannt: »… denn *du bist Jhwh, mein Gott!*« (31,18). Wenige Verse danach verspricht Gott, mit dem Haus Israel und dem Haus Jakob »einen neuen *Bund zu schließen*«, nachdem diese ihn gebrochen haben (31,31–32). Unschwer sind die Aufnahmen der Motive aus Jer 14 zu identifizieren.

Eine Analyse von Jer lässt mehrere solche ganz gezielt und öfter verwendete *Kompositionstechniken* erkennen. Sie erfolgen im Hebräischen häufig mit präzisen und teils sehr seltenen Wendungen, sodass die Bezüge als bewusst gesetzt angesehen werden müssen. Dazu gehören

– die *Beantwortung von Fragen*: Jer 8,22 fragt »… Warum steigt nicht Heilung auf für die Tochter – mein Volk?« – Darauf gibt Gott in Jer 30,17 die Antwort: »… Denn ich führe dir Heilung herauf.« Mit »dir« ist die weibliche Gestalt Zion angeredet, als Vertreterin der Gemeinschaft. Die scheinbar verschiedenen Verben »aufsteigen« und »heraufführen« sind im Hebräischen dieselben, nur in zwei verschiedenen Stammformen gebraucht.[102]

---

101 Konkret ist von Efraim die Rede, das für die junge Generation der Gemeinschaft steht.

102 Im ersten Fall (Jer 8,22) ist es *Qal* (»aufsteigen«), im zweiten ein *Hiphil* (»aufsteigen machen, heraufführen«), das hier ein Veranlassen ausdrückt.

– die *Erfüllung von Aufforderungen*: Zwei Beispiele (mit »Gedenke!« und »Brich …!«, aus 14,21) kamen bereits zuvor zur Sprache. Weitere sind der göttliche Befehl »Lass dich züchtigen!« (6,8) und die menschliche Bitte darum in 10,24, das Gebet »Heile mich, Jhwh!« (17,14) und Gottes Zusage in 30,17 und 33,6.

– *Umkehrungen*: Während in Jer 11,10; 22,9 u. ö. den Israeliten vorgeworfen wird, anderen Göttern zu dienen, kommen sie in 30,9 dazu, Gott und David[103] zu dienen. War »der Berg Efraim« in Jer 4,15 der Ort, drohendes Unheil anzukündigen, wird in 31,6 von dort aus zur Wallfahrt nach Zion aufgerufen.

– *Entfaltungen*: Die Wendung »das Joch zerbrechen« steht in Jer 2,20; 5,5 und 30,8 in Parallele mit »die Stricke zerreißen«; zusätzlich ist sie an der letzten Stelle mit »von deinem Hals« ergänzt, vermutlich in Übernahme aus Jes 10,27. Ähnlich finden sich die vielfachen Anspielungen auf die Herausführung aus Ägypten (z. B. Jer 7,22; 11,4) in Jer 31,32 erweitert mit »als ich sie an der Hand fasste«, wofür Jes 42,6 am nächsten steht.

Die angeführten Beispiele stammen weitgehend aus der Trostrolle, was mit deren besonderer Funktion als eine Art theologisches »Herz« von Jer zusammenhängt, in dem viele Verbindungen zusammenkommen. Doch lassen sie sich auch darüber hinaus beobachten, haben ihre »Ankerpunkte« sonst im Buch und legen damit nahe, dass Jer – trotz seiner Vielgestaltigkeit und aller Spannungen – *als ein Ganzes komponiert wurde*.

---

103 Gemeint ist ein zukünftiger Herrscher, der wie der frühere David eng mit Gott verbunden ist. Auch darin erfolgt eine Wende, insofern Jer 22,30 ansagte, keiner seiner Nachkommen werde mehr auf seinem Thron sitzen.

Diese Weise der Komposition stellt Anforderungen an die Leser von Jer. Der volle Sinn einer Aussage oder eines Verses erschließt sich oft nicht an der betreffenden Stelle alleine, sondern im Zusammenhang mit den anderen ähnlichen, damit in Beziehung stehenden Passagen. Das erfordert einerseits *Geduld und* setzt anderseits eine *gute Kenntnis des ganzen Buches* voraus.

*

Die aufgezählten verschiedenen Weisen der Bezüge in Jer selbst weisen auf eine *sehr starke innere Kohärenz* hin. Gezielt, auf mehreren Ebenen und mit unterschiedlichen Techniken, werden innerhalb von Jer Verbindungen erstellt, und dies in einem hohen Ausmaß. Jer ist wie ein dichtes Gewebe vom Anfang bis zum Ende verflochten.

2.3 Verbindungen mit anderen Büchern

Vielleicht die *größte Entdeckung* in der jüngeren Jeremia-Forschung liegt auf diesem Gebiet der Bezüge von Jer zu anderen biblischen Schriften. W. L. Holladay hat sie erstmals systematisch in der Einleitung zum zweiten Band seines Kommentars behandelt, und andere sind ihm gefolgt.[104] Von daher erschließt sich ein neues Bild von Jer.

---

104 W. L. Holladay, *Jeremiah 2* (1989), 35–95; in manchem auch J. R. Lundbom in seinem dreibändigen Jer-Kommentar (1999 und 2004) sowie im Detail G. Fischer, *Jeremia 1–25*, und *Jeremia 26–52* (beide 2005), und systematisch ders., *Stand* (2007), Kapitel VII (ab S. 131). – Die Auswertung der im Folgenden erwähnten und vieler weiterer Verbindungen legt nahe, Jer als von den Büchern der Tora, den Vorderen Propheten und mehreren Schriftpropheten abhängig anzusehen. Die Präsentation der literarischen Bezüge erfolgt deswegen schon aus dieser Per-

Statt, wie meist bisher üblich, zu erkennen zu versuchen, was als echt, von Jeremia selber stammend gelten kann, und was spätere Zufügungen sind, verschiebt sich aufgrund der intertextuellen Beobachtungen die Sicht. Zusehends mehr entsteht der Eindruck, Jer sei ein *Produkt schriftstellerischer Arbeit*, dessen Autor im Dialog mit bereits bestehenden Büchern der Hebräischen Bibel sein Werk verfasst hat. Im Folgenden sollen jeweils einige wenige Beispiele[105] für solche Bezüge mit vorausliegenden Schriften zur Sprache kommen.

2.3.1 Bezüge auf die Tora

a) Genesis

Der Ausdruck »*Tohuwabohu*« in Jer 4,23 greift den Zustand des Kosmos auf, wie er zu Beginn der Schöpfung in Gen 1,2 geschildert wird. Die folgenden Verse bis Jer 4,26 beschreiben, wie die anfänglich von Gott geschaffene Ordnung *umgekehrt und entleert* wird: Der Himmel hat kein Licht und keine Vögel mehr; auch die Erde ist ohne Menschen. Jer 4,23–26 setzen Gen 1 voraus und nützen jenen Text als Kontrastfolie, um den Zustand im eigenen Land als Aufhebung von Gottes ursprünglichem Schöpfungswerk darzustellen.

Verweise auf *Gott als Schöpfer* begegnen auch sonst öfter in Jer.[106] Jer 5,22 spielen mit der Grenzziehung für das Meer auf die Scheidung von Wasser und festem

---

spektive; am Ende der einzelnen Teile (abgesetzt durch *) sowie in 2.3.4 kommen Begründungen, verwendete Arbeitstechniken und Bedeutung in den Blick.

105 Die Beziehungen sind derart reichhaltig, dass hier nur eine kleine Auswahl geboten werden kann. Dabei versuche ich, möglichst klare bzw. prägnante Fälle anzuführen. Für weitere Verbindungen s. die zuvor genannten Kommentare.

106 Einschlägig dazu ist die Studie von H. Weippert, *Schöpfer* (1981).

Land an (Gen 1,9–10). Jer 10,12 spricht Jhwh, im Gegensatz zu den Göttern im aramäischen Vers zuvor, die Urheberschaft für Erde und Himmel zu; v13 anschließend weitet dies in Richtung von Naturphänomenen aus. Jer 31,35 basiert auf Gen 1,14–19, der Erschaffung der Lichter für Tag und Nacht, und gestaltet dies poetisch als kurzen Hymnus aus.

b) Exodus

Das Buch Exodus bildet *nahezu durchgehend den Hintergrund*, auf dem Jer zu lesen ist.[107] Schon in Jer 2,6, ganz vorne in Gottes Anrede an sein Volk, hält er ihm vor, nicht mehr an seine Befreiung aus Ägypten und die Führung durch die Wüste zu denken. Diese Motive kehren oft wieder (z. B. Jer 11,7; 31,32).

Einen *Sonderfall* dafür bietet Jer 16,14 (mit der Parallele Jer 23,7), wo die Heraufführung aus Ägypten sogar Inhalt eines Schwurs ist. Im jeweils folgenden Vers (16,15, bzw. 23,8) wird das frühere Handeln Gottes allerdings überboten durch das zukünftige Zurückbringen aus den Ländern des Exils. Jer geht damit über Ex hinaus.

In der ersten Tempelrede führt Jer 7,9 mehrere Bestimmungen des *Dekalogs* an, dessen erste Fassung in Ex 20 steht. Was dort auf Steintafeln geschrieben (Ex 24,12; 31,18), somit äußerlich blieb und nicht gehalten wurde, das »repariert« Gott im Neuen Bund dadurch, dass er seine Weisung ins Innere der Menschen einschreibt (Jer 31,33). Erneut führt Jer ein Motiv aus Ex weiter und einer nachhaltigeren Lösung zu.

In der Gesamtdynamik von Jer findet jedoch eine *Umkehrung* zur Bewegung in Ex statt. Ging es dort um

---

107 Grundlegend dafür G. Fischer, *Zurück* (2014).

einen Weg aus der Knechtschaft in Ägypten in die Freiheit, in Richtung des Verheißenen Landes, so schildert
Jer das Gegenteil. In Jer 42–44 wählen die Anführer des
Volkes und Teile davon[108] freiwillig und gegen Gottes
Rat, ihr Land zu verlassen und nach Ägypten zu ziehen. Damit machen sie, für ihre Gruppe, die von Gott
geschenkte Befreiung rückgängig. – Insgesamt zeigt Jer
eine sehr reichhaltige und differenzierte Beschäftigung
mit dem Exodusbuch.

c) Levitikus

Die Verbindungen von Jer mit den Büchern Levitikus
und Numeri sind bei weitem *nicht so intensiv* wie mit
dem Buch Exodus. Dennoch gibt es unzweifelhafte Berührungen, z. B. in der Wendung »Regengüsse geben«
(Lev 26,4 mit Jer 5,24).

In Lev 26, dem vorletzten Kapitel des Buches, richtet
Gott nochmals den Blick auf grundsätzliche Zusammenhänge. Falls das Volk gehorsam ist, verspricht er
Segnungen (Lev 26,3–13); wenn es dagegen seine Ordnungen verwirft, muss es mit schwerwiegenden Folgen rechnen (Lev 26,14–38).[109] Zu diesen gehört auch,
dass Gottes »Seele euch verabscheut« (v30). Diese extrem seltene Wendung[110] besagt eine innere *emotionale
Abneigung Gottes* gegenüber seinem Volk, die kaum zu
überwinden ist und damit auch theologisch ein Problem darstellt. Das Gebet der Gemeinschaft am Ende

---

108 Die Notiz in Jer 43,4, dass auch »das ganze Volk« nicht auf
    Jhwhs Stimme hörte und mit auswanderte, dürfte historisch
    nicht zutreffen. Nachweislich sind Judäer nach 582 in ihrer Hei-
    mat geblieben.
109 Danach, ab Lev 26,39, deutet Gott für den sich bekehrenden
    Rest eine Wende an.
110 Abgesehen von Lev 26,11.15.30.43 begegnet sie nur in Ez 16,5
    und Jer 14,19.

von Jer 14 greift dies auf und bringt es im Mittelteil einer Dreifachfrage zur Sprache: »Hast du Juda gänzlich verworfen? *Verabscheut deine Seele* Zion? Warum hast du uns geschlagen ...?« (Jer 14,19). Das Zugreifen von Jer auf Lev 26, mit göttlichen Verheißungen und Warnungen, belegt eine sensible und treffliche Wahrnehmung der Bedeutsamkeit jenes Schlüsselkapitels am Ende des zentralen Buches der Tora.

d) Numeri

Die massivsten Bezüge zwischen Num und Jer liegen in den Moabsprüchen vor. Num 21,28–29; 24,17 und vor allem verschiedene Ortsnamen aus Num 21; 32–33 haben offensichtlich als *Vorlage für Jer 48* gedient.[111]

e) Deuteronomium

Das Buch Deuteronomium hat einen enormen Einfluss auf die Entstehung der biblischen Literatur ausgeübt, und ebenso auf Jer. *Jer zitiert es häufiger als jedes andere Buch*, und es gibt sonst kein Buch, das öfter und so eng auf Dtn zugreift wie es Jer macht. Von daher ist verständlich, dass manche Forscher (vgl. oben Anm. S. 78) die Entstehung von Jer auf Kreise zurückführen wollen, die mit Dtn zusammenhängen, z. B. eine oder mehrere deuteronomistische Redaktion(en). Doch sprechen zwei gewichtige Gründe gegen diese Theorie.[112] Erstens gibt es eine Reihe von Stellen, wo Jer sich explizit gegen Vorschriften von Dtn ausspricht. Und zweitens vermag eine solche Hypothese nicht den hohen Anteil an anderem Sprachgut in Jer zu erklä-

---

111 Im Einzelnen s. G. Fischer, *Jeremia 26–52* (2005), 515–526.
112 Den Abstand vom deuteronomistischen Geschichtswerk betont auch J. G. McConville, *Judgment* (1993), 76, 123, 162, u. ö.

ren, z. B. die weitreichenden Berührungen mit vielen Schriftpropheten (s. unten ab S. 108).

Ein Beispiel für das erste Argument liegt in Dtn 13 vor, wo der dritte Abschnitt den *Abfall einer ganzen Stadt* behandelt (Dtn 13,13–19) und so indirekt das Schicksal Jerusalems beschreibt. Anstifter sind dort böse Männer, die »aus deiner Mitte hervorgegangen sind«, also aus der Gemeinschaft selbst stammen (v14). Jene Stadt soll verbrannt werden und »ein ewiger Tell« sein, der »nicht mehr aufgebaut wird« (v17).

Im dritten Gedicht der Trostrolle heißt es: »... und *die Stadt wird aufgebaut werden auf ihrem Tell*« (Jer 30,18). Es gibt keine weitere Stelle in der Bibel, die diese drei Wörter »Stadt, aufbauen, Tell« enthielte, sodass es sich um eine »exklusive Beziehung« zwischen Dtn 13,17 und Jer 30,18 handelt. Wenig später, in Jer 30,21, verspricht Gott, dass der neue Herrscher der gewandelten Gemeinschaft *»aus ihrer Mitte hervorgeht«* und sogar ihm nahen darf. Die beiden engen Berührungen von Jer 30 mit Dtn 13 sind wohl als *Aufhebung* des Gesetzes bezüglich des Abfalls einer Stadt zu deuten. Jer hebt damit eine Bestimmung der Tora auf.

Das obige Beispiel ist einer der – relativ seltenen – Fälle, wo Jer auf Gesetze des Dtn zugreift. Viel häufiger bezieht es sich auf dessen Rahmenteile, wobei vorne Dtn 4–7 und hinten, noch mehr, Dtn 28–32 hervorragen.[113]

Dtn 28 ist jenes Kapitel der Bibel, auf das Jer bei weitem am meisten zugreift. Mose macht dort, ähnlich wie Gott in Lev 26, dem Volk Zusagen, wenn es Gottes Gebote ausführt (Dtn 28,1–14), und warnt es,

---

113 G. Fischer, *Ende* (2010), sowie ders., *Einfluss* (2011). Weitere enge Verbindungen bestehen z. B. zwischen Dtn 5,29 und Jer 32,39 sowie Dtn 5,33 und Jer 7,23.

dass bei Ungehorsam viele Flüche es treffen werden (Dtn 28,15–68). Es ist, als ob Jer Letztere als »Inventar« benützt hat, um das über Jerusalem hereinbrechende Unheil passend zu beschreiben.[114] So findet sich z. B. das »eiserne Joch« (Dtn 28,48), mit einem anderen Hauptwort, in Jer 28,13 wieder, der sehr seltene Ausdruck für eine »verzärtelte« Frau (Dtn 28,56) zur Charakterisierung Jerusalems in Jer 6,2, die Götter aus »Holz und Stein« (Dtn 28,64) in der falschen Verehrung in Jer 2,27, usw.

Besonders eindrücklich ist die Androhung in Dtn 28,63, dass Gott »sich freuen wird, euch zu vernichten und zu vertilgen«. Zwar nimmt Dtn 30,9 dies indirekt zurück, indem Mose dort in Aussicht stellt, Gott werde sich »wieder über dich freuen zum Guten«,[115] doch das *Problem bleibender negativer Emotionen* ist damit nicht gelöst. Die einzige Stelle in der Hebräischen Bibel, die genau auf Dtn 28,63 reagiert, ist Jer 32,41, mit Gottes neuem Versprechen: »Und ich werde mich freuen über sie, ihnen Gutes zu tun«. Damit nimmt Jer einen kritischen Punkt aus Dtn 28 auf und führt es weiter, einer theologisch besser »akzeptablen« Lösung zu.

Neben Dtn 28 bietet auch *Dtn 32* häufig Vorlagen für Jer. Die Beziehung zwischen Dtn 32,4 und Jer 2,5 war schon oben im Blick (s. S. 82); darüber hinaus sind Dtn 32,15 und Jer 14,21 über das seltene Zeitwort »verächtlich machen, entehren«; Dtn 32,17 und Jer 23,23 durch »nahe« für Gott; Dtn 32,21 und Jer 8,19 mit »mich [= Gott] reizen«; Dtn 32,22 und Jer 15,14 über »ein Feuer ist entzündet in meinem Zorn«, sowie Dtn 32,37–38

---

114 G. Fischer, *Fulfilment* (2012), 49. Dtn 28 spricht mehrfach, verhüllt, das Schicksal Jerusalems angesichts der babylonischen Invasion an, z. B. in v36.49–57.63–64.

115 S. dazu E. Ehrenreich, *Wähle* (2010), 188–197.

und Jer 2,28 durch das Motiv der Unfähigkeit anderer Gottheiten, aufzustehen und zu helfen, eng verbunden.[116] Ohne die Kenntnis von Dtn ist Jer in seiner Tragweite nicht zu begreifen, und gleichzeitig öffnet Jer neue Verständnislinien für seine Vorlage Dtn.

*

Die genannten Beispiele sind keine Einzelfälle. Durchgehend ergibt sich ein Bild, dass *alle Bücher der Tora, soweit erkennbar, in ihrer Endfassung Jer vorausliegen und dass Jer auf sie zugreift.* Jer kennt Texte, die traditionell als »spät« eingestuft werden, z. B. die Erzählung von der Schöpfung in Gen 1, oder die Rahmungen des Dtn, die bereits das Exil voraussetzen. Dabei sind die Bezüge teils sehr spezifisch, etwa in den »exklusiven Berührungen« bzw. sehr seltenen Verbindungen, oft ausgesprochen vielfältig und manchmal so lang oder präzise, dass mit einem äußerst hochstehenden literarischen Arbeiten zu rechnen ist.

2.3.2 *Verbindungen mit den »Vorderen Propheten«*

Die Verwendung von 2 Kön 24,18–25,30 als Vorlage für Jer 52 (und auch für Jer 39) stellt einen *extremen Fall* einer sehr langen und weitgehend wörtlichen Bezugnahme dar. Weil das Ende von 2 Königen den Abschluss der umfangreichen, schon in den früheren Büchern einsetzenden Geschichtsdarstellung bildet,[117] ist zu vermuten,

---

116 J. R. Lundbom, *Jeremiah 1–20* (1999), 110–114.

117 Dies gilt unabhängig davon, ob man mit Genesis oder mit Josua beginnt, und auch davon, ob man mit verschiedenen Verfassern für Jos, Ri, Sam und Kön rechnet, wie es in letzter Zeit vermehrt geschieht – in jedem Fall handelt es sich jetzt um eine bewusst zusammenhängende Darbietung, in der die einzelnen

dass Jer auch die vorausliegenden Schriften kennen und benützen konnte.

Bei den »Vorderen Propheten«, vielfach auch als »deuteronomistisches Geschichtswerk« bezeichnet, zeigt sich bei den Bezügen in Jer eine *klare Steigerung* hin zu den letzten Büchern. Während Jos und Ri relativ wenig verwendet werden, ist dies bei den Samuelbüchern und bei den Büchern der Könige weit mehr der Fall. Im Folgenden einige Beispiele:

a) Das Buch Josua
Jer 49,28 erwähnt »die Königreiche Hazors«. Die einzige andere Stelle, die mehrere Königreiche im Zusammenhang mit Hazor nennt, ist Jos 11,10. Und in seiner ersten Abschiedsrede warnt Josua: »Und es wird sein: Wie über euch jedes gute Wort gekommen ist, das Jhwh, euer Gott, zu euch geredet hat, …, so wird Jhwh über euch jedes schlechte Wort bringen« (Jos 23,15). Von Satzbau und den verwendeten Wörtern her kommt Gottes Antwort auf Jeremias Gebet in Jer 32,42 dem am nächsten: »Wie ich gebracht habe über dieses Volk all dieses große Unheil, so bin ich bringend über sie all das Gute, das ich redend bin über sie.« Gott selbst *kehrt so Josuas Drohung um* und verspricht einen positiven Ausgang.

b) Das Richter-Buch
In der Bedrängnis durch die Ammoniter fordert Gott Israel ironisch auf: »Geht und schreit zu den Göttern, die ihr gewählt habt! Sie sollen euch helfen in der Zeit eurer Not.« (Ri 10,14) Dies führt dort zu Einsicht, Bekehrung und Bitte des Volkes an Gott (v15). Die *nächste*

Schriften aufeinander aufbauen und einander, zumindest teilweise, wechselseitig voraussetzen.

Entsprechung zu diesem ironischen Befehl liegt in Jer 11,12 vor. Darin schildert Gott Israels Verhalten und Erfahrung so: »Und die Städte Judas und die Bewohner Jerusalems gingen und schrien zu den Göttern, denen sie räucherten; überhaupt nicht geholfen haben sie ihnen in der Zeit ihrer Not.«

Die Ironie in Ri 10 gibt Gottes Sprechen eine unerwartete Note und tritt so im Reden über Gott innerhalb des Alten Testaments als etwas Ungewöhnliches heraus. Jer greift genau auf eine solche Stelle zu und zeigt daran auf, dass – im Unterschied zu den Vorfahren, die sich bekehrten (Ri 10,15–16) – die *gegenwärtige Generation noch schlimmer* ist. Jene haben sich Gott erneut zugewendet, die Zeitgenossen Jeremias dagegen, trotz noch schlechterer Erfahrungen mit anderen Gottheiten,[118] bleiben in ihrer Abwendung verhärtet. Jer 11,12 spielt so Ri 10 als Hintergrund ein und wird von daher erst richtig verständlich.

c) Die Bücher Samuel

Eine der Schlüsselstellen der Bibel ist die *Verheißung an David* in 2 Sam 7. Viele Texte (z. B. Ps 89) greifen darauf zurück, bis ins Neue Testament hinein. Gott verspricht darin auch, dem Nachkommen Davids »Vater« zu sein, und dass dieser ihm »Sohn« sei (v14). Die göttliche Zusage begegnet in Jer 31,9 in gewandelter Form: »… denn ich werde Israel Vater sein, und Efraim ist mein Erstgeborener«.

Die Bezugnahme ist wegen Gott als Sprecher und dem Motiv des Vater-Sohn-Verhältnisses schwer zu leugnen. Gegenüber der Vorlage sind zwei Verschie-

---

118   Im Hebräischen betont Jer 11,12 die fehlende Hilfe mit zusätzlichem absolutem Infinitiv.

bungen interessant. Statt des Königs (der »Nachkomme Davids«) wird das *Volk* (benannt als »Israel« und »Efraim«)[119] Empfänger der Vater-Beziehung mit Gott, was einer »Demokratisierung« des dem David gegebenen Versprechens gleichkommt. Und dann erscheint jene Zusage noch gesteigert, insofern statt *Sohn* nun *Erstgeborener* steht, vermutlich in Aufnahme der Erklärung Gottes in Ex 4,22: »Mein Sohn, mein Erstgeborener ist Israel«, die Mose dem Pharao ausrichten soll. Die nachwachsende, junge Gemeinschaft tritt so in die Nachfolge der davidischen Dynastie.

d) Die Bücher der Könige

Neben dem »Extremfall« 2 Kön 24,18–25,30 mit seiner Parallele in Jer 52 sowie der verkürzten Vor-Version in Jer 39 gibt es eine Fülle anderer Bezüge von Jer mit Kön, vor allem auf *weitere markante Texte* darin.

Im Unterschied zum Untergang Jerusalems, der am Schluss von 2 Kön ohne Kommentar oder Reflexion einfach nur berichtet wird, nimmt der parallele Text zum *Untergang Samarias*, 2 Kön 17, ausführlich die Ursachen in den Blick (2 Kön 17,7–23). Gleich mehrfach greift Jer darauf zurück,[120] u. a. auf die Wendung »Verrat finden« (2 Kön 17,4, für den Bruch mit dem assyrischen König), die in Jer 11,9 übertragen auf das Verhältnis zu Gott gebraucht wird. Eindrucksvoll ist die Aufhebung der göttlichen Verwerfung der ganzen Nachkommenschaft (2 Kön 17,20) in der Zusage in Jer 31,37.

---

119 Diese Bezeichnung für die Gemeinschaft hebt Auserwählung (Gen 48,8–20) und Jugendlichkeit (Efraim ist die übernächste Generation nach Jakob/Israel) hervor.

120 G. Fischer, *Relationship* (2004). Es besteht ca. ein Dutzend exklusiver bzw. sehr naher Bezüge zwischen beiden Texten.

Mehrfach setzt Jer die Kenntnis der Darstellung von Königen in Kön voraus, nicht nur am Buchanfang Jer 1,2–3. Die Erwähnung von »alle Könige (von) Simri« in Jer 25,25 dürfte auf den Verschwörer und Mörder *Simri*, König im Nordreich (1 Kön 16,9–20), anspielen.

Eine Begebenheit aus der Zeit von *König Hiskija* wird in Jer 26,18–19 erwähnt, und sein schonendes Verhalten gegenüber dem Propheten Micha indirekt gelobt. Das Beten Hiskijas angesichts der assyrischen Bedrohung rühmt Gott mit »Du, du hast gemacht den Himmel und die Erde« und bittet ihn, seine »Augen zu öffnen« (2 Kön 19,15–16). Die erste Formulierung bildet eine exklusive Berührung mit Jeremias Gebet in Jer 32,17, die zweite kehrt als Aussage zwei Verse später darin wieder (v19).[121]

Dass es mit Juda zu Ende geht, führt 2 Kön 21,10–16 vor allem auf *König Manasse* zurück. Dieselbe Einschätzung begegnet in Jer 15,4, und die Wendung »die Ohren gellen« daraus (2 Kön 21,12) untermalt passend den Auftakt zum Zerbrechen des Kruges in Jer 19,3.

Sein zweiter Nachfolger und Enkel *Joschija* erscheint in 2 Kön 22–23 als guter König; in gleicher Weise sieht Jer ihn (z. B. Jer 22,15–16). Die Antwort, die die Prophetin Hulda ihm in 2 Kön 22,17 gibt, überschneidet sich eng mit Jer 1,16, Gottes Gründen für das Gericht an Jerusalem und Juda. Joschijas Ernstnehmen eines »gefundenen« Buches steht als positiver Gegenpol zu König Jojakims Verbrennen von Jeremias Rolle in Jer 36, das wie eine Kontrasterzählung dazu erscheint.

*

---

121 Wie oben zu Jer 31,9 gesehen, so kombiniert auch Jeremias Beten nach dem Ackerkauf in Jer 32,17–25 mehrere Vorlagen: Über 2 Kön 19 hinaus sind u. a. Bezüge zu Gen 18,14, dem Dekalog, Dtn 10,17 und 26,8 klar erkennbar.

Wie Jer bei der Tora auf alle Bücher zugreift, so auch bei den Vorderen Propheten. Dies zeigt, dass es die *gesamte Geschichte* kennt und sich darauf beziehen will. Bevorzugt wählt es herausragende Stellen aus, theologische Probleme wie bei Jos 23; Ri 10 und 2 Kön 17,20, Schlüsseltexte wie 2 Sam 7; 2 Kön 17; 22–25, und innerhalb ihrer oft ganz markante, seltene Formulierungen. Dies spricht für ein ausgeprägtes Empfinden dafür, was in diesen Schriften besondere Bedeutung hat, und für ein gesundes geistliches Urteilsvermögen.

Jer zitiert diese Stellen nicht einfach, sondern es *spielt mit ihnen*. Fast nie werden die Vorlagen ganz genau übernommen. Meistens verändert Jer sie, und es erreicht mit oft nur leichten Verschiebungen (z. B. bei 2 Sam 7) eine wesentlich verschiedene, neue Aussage. Jer setzt sich auch auseinander mit wesentlichen Ereignissen der Geschichte Israels. In einer ganzen Reihe von Fällen bietet es dazu mit exklusiven Berührungen die einzigen Entsprechungen, noch dazu oft in einer kombinierenden und damit komplexeren Weise.[122]

Überschaut man, wie viel Jer im Blick hat und was es alles durch seine Zitate und Anspielungen einbringt in sein Buch, dann erscheint dahinter ein Bestreben, die Ereignisse in den Jahren vor und beim Untergang Jerusalems auch als *Erfüllung des in den früheren Schriften Angesprochenen* darzulegen. In den Vorgängen um 587 v. Chr. kommt nach Auffassung von Jer vieles zusammen, was schon zuvor ähnlich anderen geschah oder sich in Israels Traditionen andeu-

---

122 Dies hat Folgen für das Lesen von Jer: Ideale Leser wären jene, die die Bezugstexte kennen, weil sich nur so der volle Sinn der jeweiligen Passagen in Jer erschließt. Bei den Adressaten wird eine große Vertrautheit mit vielen anderen biblischen Schriften vorausgesetzt.

tete.[123] Jer versucht, eine große Zahl dieser Aussagen zu bündeln und so eine vertiefte Sicht jenes dramatischen Geschehens am Ende der Königszeit in Juda zu bieten.

Unter mehreren Rücksichten *führt Jer die Vorderen Propheten weiter*. Deren Ende in 2 Kön 24–25 berichtet relativ nüchtern, in Zahlen und Fakten, die Ereignisse in den letzten Jahren vor dem Untergang Judas und Jerusalems. Das wird besonders deutlich am Vergleich mit 2 Kön 17, das den Niedergang Samarias und des Nordreichs schildert (v1–6), diesen aber ausführlich reflektiert und kommentiert (v7–41). Eine entsprechende Stellungnahme fehlt in 2 Kön am Schluss zum parallelen Geschehen mit Jerusalem 587 v. Chr.

Dieses Manko macht Jer mehr als wett. Es fokussiert sich ganz intensiv auf diese letzten Jahre vor jener Katastrophe und auf einige Jahre noch danach. Dabei analysiert es die Gründe dafür und das Verhalten der verschiedenen Beteiligten, schildert breit eine Reihe von Konfrontationen und auch die Konsequenzen, nicht auf Gottes Warnungen gehört zu haben. Jer geht darin zeitlich, umfangmäßig, in der Tiefe seiner Reflexion und vor allem theologisch noch weit über Kön hinaus.

2.3.3 Beziehungen zu den »Hinteren Propheten«

Als prophetisches Buch steht Jer literarisch *in größter Nähe zu den anderen Schriftpropheten*, auch wenn, wie oben gesehen (S. 36–57), es sich deutlich von manchen von ihnen abhebt. Dennoch ist klar, dass Jer mit einigen ihrer Bücher ebenso im Dialog steht wie mit der Tora und den Vorderen Propheten.

---

123 Ein typisches Beispiel ist Jer 6, als Summe von vorausliegenden Vorwürfen und angesagten Flüchen: G. Fischer, *Jeremia 1–25* (2005), 285.

a) Jesaja

Die meisten Forscher haben kein Problem, Texte des sogenannten *Ersten Jesaja* als Vorlagen für Jer zu akzeptieren. So kann etwa die Heilszusage aus Jes 10,27, die Befreiung vom assyrischen Joch ankündigt, leicht nach Jer 30,8 hin übernommen worden sein.[124] In gleicher Weise können Moab-Sprüche in Jes 15–16 eine Quelle der Inspiration für die Formulierung von Jer 48 gewesen sein.[125]

Weit vorsichtiger sind viele bezüglich der Texte ab Jes 40–66. Da sie in der Regel exilisch oder später datiert werden, ist bei der üblichen Ansetzung von Jer in die Zeit Jeremias (also um 600 v. Chr., mindestens ca. 50 Jahre früher) eine Abhängigkeit eines so früh angenommenen Jeremiabuches von Jes ausgeschlossen. Dennoch deuten *mehrere Gründe* dahin, dass Jer auf ganz Jes zugreifen konnte.

Zunächst ist die *Datierung* von Jer auf jene Zeit um 600 v. Chr. zusehends fraglich geworden; schon in den bisherigen Ausführungen, zuletzt oben zum Aufgreifen der Tora, deutete sich an, dass Jer als Ganzes wesentlich später sein muss. Dazu kommt, dass *sprachliche Vergleiche* nahelegen, in Jer eine Fortführung zu Jes und eine Reaktion darauf zu sehen. Die Beziehungen zwischen Jes 60 und Jer 6 (s. oben S. 55) sowie bei der dop-

---

124 Die exakte Formulierung »sein Joch von deinem Hals« begegnet nur an diesen beiden Stellen, bildet also eine »exklusive Berührung«.

125 Für die engen Verbindungen zwischen diesen Sprüchen in Jes und Jer sowie für ihre Verarbeitung in Jer s. G. Fischer, *Jeremia 26–52* (2005), 507 mit 517–522; außerdem greift Jer 48,43–44 auf Jes 24,17–18 zurück. Das eigenartig spannungsreiche Verhältnis zwischen Jes und Jer nimmt auch ders., *Partner* (2007), in den Blick.

pelten *schalom*-Ansage (S. 46) wiesen bereits in diese Richtung.

Noch deutlicher ist der Fall bei der Gestalt des *Gottesknechts*.[126] Die Aussagen bezüglich seiner Berufung von Mutterleib an und als Licht für die Nationen in den üblicherweise zum zweiten »Lied« gerechneten Versen Jes 49,1.6 stehen in nächster Nähe zu Jer 1,5, wo aber Jeremia schon *vor* seiner Formung im Mutterleib von Gott erkannt und, singulär, zum »Propheten für die Nationen« gemacht wird. Im vierten Lied sind Jes 53,7–8 über die Wendungen »ein Lamm, zum Schlachten geführt« sowie »aus dem Land der Lebenden« eng mit Jer 11,19 verbunden.

Diese und andere Berührungen sind selten, manche von ihnen gar »exklusiv«. Zwischen den genannten Texten besteht also diesbezüglich eine hohe Übereinstimmung, mehr als mit anderen Passagen der Bibel, sodass mit einer literarischen Beziehung zwischen Jes und Jer zu rechnen ist. Die Verschiedenheiten aber, bezüglich des Zeitpunkts der Berufung, oder in der Zufügung »zahm« bei »ein Lamm«, lassen Jeremia als *Personifikation* der Figur des leidenden Gottesknechts von Jes erkennen, und seine Berufung sowie sein Leiden als *Zuspitzung* davon.

Wenn Jer auch spätere Texte von Jes vorliegen hat, klären sich ebenfalls Formulierungen wie z. B. Jer 30,10–11, die ganz *ähnlich wie Heilsverheißungen* des sogenannten Deutero-Jesaja klingen,[127] doch innerhalb

---

126 G. Fischer, *Gefährten* (2012), 10–14, sowie ders., *Servant* (2013).

127 Die Anrede mit »mein Diener Jakob«, verbunden mit der Aufforderung, sich nicht zu fürchten (Jer 30,10), hat in Jes 44,2 eine exakte Parallele. Der Titel »dein Helfer« für Gott findet sich auch in Jes 43,3 u. ö. Auch später in der Trostrolle gibt es Berührungen: »Verkünden auf den Inseln« in Jer 31,10 hat als ein-

des Jer-Vokabulars ungewöhnlich sind. In gleicher Weise wird die zweite Vershälfte von Jer 31,35, eher sperrig im Kontext, als Zitat aus Jes 51,15 verständlich, wo es innerhalb des göttlichen Redens in v12–16 sozusagen einen »natürlichen« Platz hat. Auch Trito-Jesaja scheint bereits von Jer aufgenommen zu sein, etwa in Gottes kritischer Frage zum »Weihrauch aus Saba« in Jer 6,20, mit Ablehnung dieser kostbaren Gabe, die sonst nur in Jes 60,6 erwähnt ist. Damit weist vieles darauf hin, dass Jer tatsächlich *auf das gesamte Jesajabuch zugreifen konnte*.

b) Ezechiel

Die Deutung der Beziehungen zwischen Jer und Ez ist noch schwieriger als jene zu Jes. Gleichfalls aufgrund der zeitlichen Ansetzung des Auftretens beider Propheten neigen mehrere Forscher dazu, Ez als von Jer abhängig aufzufassen.[128] Genauere Untersuchungen aber, vor allem von H. Leene,[129] *führen zum umgekehrten Schluss*. Beim Vergleich von Ez 13,1–16 mit Jer 6,9–15 bezüglich der *schalom*-Ansage erscheint ihm das Vokabular in Ez besser eingebunden. Bei der Rolle des Propheten als »Späher« und der »Stimme des Schofars«

---

zige Entsprechung Jes 42,12, und Gottes nicht mehr Gedenken vergangener Vergehen in Jer 31,34 ist exklusiv verknüpft mit Jes 43,25. – In diesen und anderen Fällen nimmt nicht der »historische« Jeremia bereits sporadisch seinen Kollegen, den (nach-) exilischen Heilspropheten in der Tradition Jesajas, vorweg. Es handelt sich vielmehr um literarische Arbeit, bei der der Verfasser von Jer an thematisch geeigneten Stellen passende Formulierungen aus dem ihm vorliegenden Buch Jes (und anderen Quellen) geschickt einstreut. Damit entsteht ein stark verdichteter Stil.

128 So z. B. D. Vieweger, *Beziehungen* (1993).
129 H. Leene, *Blowing* (2001), sowie derselbe, *Newness* (2014).

wirkt Jer 6,16–21 für ihn wie eine Zusammenfassung und Verallgemeinerung von Ez 33,1–9. Schließlich sieht Leene die Wendung »nicht vergeht die Weisung/Tora vom Priester« in Jer 18,18 als Aufnahme von Ez 7,26 und als Reaktion darauf, die mit der Verneinung die dortige Auffassung der Hilflosigkeit zurückweist.

In die gleiche Richtung eines Arbeitens von Jer mit Ez deutet eine *dunkle Passage am Ende von Jer 6*. In v27 bestellt Gott Jeremia zum Prüfer/Tester für[130] sein Volk. Im nächsten Vers ist von »Bronze und Eisen« die Rede. Dann lautet v29: »Es schnaubt der Blasbalg – vom Feuer, verzehrt, Blei. Vergeblich läutert/schmilzt der Läuternde/Schmelzende; die Bösen aber können nicht ausgeschieden werden.« Der abschließende Vers Jer 6,30 nennt das Resultat: »Verworfenes Silber«. Die hebräische Poesie hält sich traditionellerweise knapp; aber dies ist mehr als Telegrammstil, so kryptisch, dass in dieser Form kaum zu verstehen ist, was genau in v29 passiert.

Anders wird es, *wenn man Ez 22,17–22 kennt*. Ausführlich wird dort der Prozess der Gewinnung von Silber mittels des Schmelzverfahrens beschrieben. An Metallen werden ebenfalls Bronze, Blei, Eisen und Silber genannt. Dazu stimmen auch »Feuer« und die Wurzel »blasen/anfachen«[131] überein. Es ist zwar denkbar, dass Ez den fast unverständlichen Jer-Text »begreifbar« macht; doch die Dynamik beider Texte lässt es eher umgekehrt sehen: In Ez läuft es auf das Gelingen des Schmelzprozesses hinaus, sodass brauchbares, wertvolles Silber gewonnen wird. In Jer dagegen scheitert

---

130   Die hebräische Präposition hat als weitere Bedeutungen: »über, gegen«.

131   In Ez 22,20–21 zweimal als Verb, in Jer als Nomen »Blasbalg«.

112

das Verfahren, und das Resultat in 6,30 ist negativ..Damit scheint Jer 6 die Hoffnung auf eine mögliche Reinigung des Volkes, die sich in Ez 22 noch ausdrückt, zu relativieren.

Weitere Berührungen zwischen Ez und Jer liegen im Sprichwort vom »Essen der sauren Trauben« (Ez 18,2–3 // Jer 31,29–30) sowie in der Verwendung des Hirtenbildes in drei Phasen[132] in Ez 34 und Jer 23,1–4 vor. Entgegen üblichen Prozessen bei literarischer Abhängigkeit, die normalerweise zu Ausweitung tendieren, sind im letzten Fall, wie auch schon bei Jer 6,29, *Verkürzungen* bei Jer zu beobachten. Dies dürfte aber auch damit zusammenhängen, dass Ezechiels Stil vielfach langatmig, ausgedehnt und wiederholend ist.

*

Nach den beiden anderen großen Schriftpropheten stehen die zwölf »kleinen« Propheten zur Besprechung an. Der Befund bei ihnen ist besonders interessant, weil einerseits *mindestens die Hälfte von ihnen als Quelle für Jer gedient hat*, andererseits Sacharja sicherlich von Jer abhängig ist.[133] Dies lässt zweierlei erkennen: Erstens bestätigt es die Annahme, dass diese zwölf prophetischen Schriften über einen längeren Zeitraum hin entstanden sind. Und zweitens deutet es darauf hin, dass Jer bei diesem Prozess zeitlich in der zweiten Hälfte und eher gegen Ende einzuordnen ist, doch noch vor dessen Abschluss. Ich beschränke mich im

---

132 Zuerst erfolgt Kritik an bisherigen schlechten »Hirten«, gemeint sind Leiter der Gesellschaft; dann übernimmt Gott selbst diese Aufgabe; schließlich setzt er wieder neue, bessere Verantwortliche ein.

133 G. Fischer, *Relations* (2016).

Folgenden nur auf jene Bücher, die Vorlagen für Jer waren, und einige Bezüge, die wahrscheinlich oder sicher sind.

c) Amos

Die Visionen in Jer 1,11–16 und Jer 24 greifen nach W. Beyerlin auf jene des Amos in Am 7 zurück.[134] Umfassender hat J. Pschibille Am und Jer auf Verbindungen untersucht und dabei Jer als von Am abhängig erkannt; nach ihr macht Jer die *Schuld* des Volkes noch deutlicher als sein Vorgänger.[135]

d) Hosea

Liebe und Ehe als Bilder für die Beziehung zwischen Gott und den Gläubigen verbinden Hos und Jer. Nach übereinstimmender Überzeugung greift Jer dabei auf Hos zurück.[136] Schon der Auftakt von Gottes Botschaft in Jer 2,2 mit »Liebe, Wüste« und auch der Beginn von Jer 3 mit »Mann, Frau, huren« lassen Hos 1–3 anklingen. In Hos 3,5 kommt es dabei zur Hoffnung auf eine neuerliche Zuwendung der Gemeinschaft zu »Jhwh, ihrem Gott, und David, ihrem König« – dies kehrt exakt gleich in Jer 30,9 wieder, um die Wende zum Guten im ersten Gedicht breiter zu beschreiben.

e) Micha

Jer 26,18 ist die einzige Stelle in der Schriftprophetie, an der ein *anderer Prophet mit Namen* erwähnt wird. Mit dem Verweis auf Micha wird auch gleich ein Zitat aus Mi 3,12 angeführt, eine Ansage des Untergangs Zions

---

134 W. Beyerlin, *Reflexe* (1989).
135 J. Pschibille, *Löwe* (2001), 77, u. ö.
136 Zum Beispiel A. Weider, *Ehemetaphorik* (1993), als einer von vielen.

und Jerusalems.[137] Ebenso bietet der vorausliegende Vers Mi 3,11 mit »kein Unglück kommt über uns« die engste Entsprechung zu Jer 5,12 und mit »in unserer Mitte«, bezogen auf Jhwh, neben der Grundstelle Ex 17,7 eine nahe Parallele zum Gebet des Volkes in Jer 14,9.

f) Obadja

Der Edomspruch in Jer 49,7–22 weist weitgehende und hohe Übereinstimmungen mit dem Buch Obadja auf. Insbesondere Jer 49,9.14–16 scheinen umstellend und leicht verändernd Ob 1–5 zu verwenden[138] und damit am intensivsten jene Schrift aufzugreifen, die sich auf das *Bruder- und Nachbarvolk Edom* konzentriert. Zudem dürfte Ob 7 mit »Männer deines Friedens« als exklusive Berührung im Hintergrund der Spottworte in Jer 38,22 stehen.

g) Nahum

Der letzte Vers des Buches, Nah 3,19, formuliert mit »nicht gibt es Nachlassen für deinen Bruch, schlimm ist dein Schlag«, dass es mit Ninive zu Ende geht. Ab »für deinen Bruch« deckt sich dies genau mit Jer 30,12, dem Auftakt des zweiten Gedichts der Trostrolle. Dies bedeutet, dass das Schicksal der assyrischen Hauptstadt sich nun *in vergleichbarer Weise bei Jerusalem* wiederholt.

---

137 Die unmittelbar folgenden Verse Mi 4,1–3, die im Kontrast zu Mi 3,12 den Zion als Ort des Heils und der Wallfahrt der Völker schildern, werden dagegen im Jesajabuch aufgenommen (Jes 2,2–4, s. S. 49 mit Anm. 37).

138 B. Hartberger, *Wassern* (1986), 182–183 und 201–203.

h) Habakuk

In Jer 51,58 gehen Jeremias Worte zu Ende mit:

»Und Völker mühen sich wegen Leerem,
    und Völkerschaften wegen Feuer,
    und sie werden müde.«

Ganz ähnlich klingt Hab 2,13:

»Und Völker mühen sich wegen Feuer,
    und Völkerschaften werden wegen Leerem
                                    müde.«

Die beiden Stellen bilden eine längere, exklusive Beziehung, und Jer erscheint wie eine erweiterte Aufnahme von Hab, die pointiert die *Vergeblichkeit* vielfacher menschlicher Anstrengungen an den Schluss setzt.[139]

i) Zefanja

Der Ausruf »Wie ist geworden zur Verwüstung …!« findet sich in Zef 2,15 und sonst nur noch in Jer 50,23; 51,41. Möglicherweise überträgt Jer damit die in Zef Ninive betreffende Formulierung *auf Babel*. Ähnliches gilt wohl auch für die Fügung »großer Zusammenbruch«, die in Zef 1,10 gemeinsam mit dem Ausdruck »Stimme von Geschrei« das über Jerusalem hereinbrechende Gericht andeutet, in Jer 51,54 aber, ähnlich auch schon zuvor in 50,22, Babel trifft.[140]

*

---

139 Jer zeigt eine gewisse Vorliebe für »Enden«, sowohl im eigenen Buch, wie hier mit 51,58 und Jer 52, als auch bei anderen Schriften, wie in der Aufnahme von Schlussversen von Kapiteln, z. B. Hos 3,5 oder Mi 3,11–12, oder gar Büchern, so bei Nah 3,19, deutlich wird.

140 In Jer 50,22 steht »Stimme/Lärm von Krieg«. Die Kombination beider Wendungen begegnet zudem in Jer 48,3 für Moab, »gro-

116

In der Auflistung hier sind sieben der zwölf kleinen Propheten vertreten. Der an letzter Stelle stehende Zefanja nimmt dort die neunte Position ein. Unklar sind die literarischen Bezüge hinsichtlich Joel[141] und Jona, das zwar gleiche Ausdrücke aufweist,[142] die aber keine tragfähige Grundlage für eine Entscheidung bilden. Die Verbindungen mit Haggai und Maleachi sind eher unspezifisch und erlauben deshalb keine Schlussfolgerungen, während *Sacharja mehrfach Jer aufnimmt*.[143]

Der Rückblick auf die Schriftpropheten insgesamt ergibt ein *beeindruckendes Spektrum*. Jer ist mit den meisten von ihnen vertraut, lässt sich von ihren frühesten Vertretern, wie Am, Hos, Mi, inspirieren, verwendet intensiv seine beiden großen »Kollegen« Jes sowie Ez und nimmt sogar noch Formulierungen aus der dritten Dreiergruppe der Zwölf auf. Der Umgang mit ihren Schriften ist »wählerisch«, wie der gezielte Zugriff auf bestimmte Fremdvölkersprüche,[144] die Lieder vom Gottesknecht oder das Sprichwort von Ez 18,2 zeigen. Jer begnügt sich nicht damit, einfach seine Vorlagen zu zitieren, sondern gebraucht sie eigenständig, kombiniert sie neu und nimmt sich auch die Freiheit, sie zu verändern oder sogar kritisch und mit göttlicher Autorität dazu Stellung zu nehmen (s. im Fall von Jer 6 in Bezug

---

ßer Zusammenbruch« alleine auch in Jer 4,6; 6,1; 14,17 und sonst nie. Die Verbindung mit Zefanja ist also exklusiv.

141 Vermutlich liegt auch Joel zeitlich vor Jer; die Berührungen lassen aber keine sicheren Schlüsse zu.

142 Zu ihnen zählen »die große Stadt«, »der große Sturm«, »jeder kehrt um von seinem bösen Weg«; sie lassen aber kaum zu, die Richtung der literarischen Abhängigkeit zu bestimmen: s. G. Fischer, *Stand* (2007), 140–141.

143 Dies trifft u. a. für das »Nordland« und das »Dickicht des Jordan« zu.

144 Für Moab Jes 15–16, für Edom Ob 1–5.

auf Jes 60). In all dem wird eine Person als Autor greifbar, die sich ausführlich und grundlegend mit den bis dahin bestehenden Schriften Israels, vor allem aber, neben Dtn, mit den anderen Propheten beschäftigt und auseinandersetzt.

2.3.4 Auswertung

Am Ende dieses Durchgangs durch jene Bücher, auf die Jer mit hoher Wahrscheinlichkeit zugegriffen hat, lässt sich ein Fazit ziehen. Wer Jer geschrieben hat, war bereits *vertraut mit mehr als der Hälfte der Hebräischen Bibel*. Auch die Weise der Kenntnis dieser Schriften erstaunt, insofern Jer zumeist wichtige Texte oder Themen sowie häufig sehr prägnante Formulierungen aufnimmt. Ebenso ist faszinierend, wie der Autor von Jer all diese Motive, die aus ganz verschiedenen Büchern stammen, in einem Werk einsetzen und kombinieren konnte.

Von daher wird der *besondere literarische Charakter von Jer verständlich*. Einerseits erklärt sich mit diesen mehrfachen Bezügen teils auch der schnelle Wechsel der Bilder (s. oben S. 81) und damit der schillernde, mosaikartige Stil. Anderseits unterstreichen die vielfältigen Anspielungen jenen Aspekt der Zusammenfassung und Synthese, der gleichfalls in manchen Kombinationen aufleuchtete. Jer will sammeln, vollständig sein. Dies zeugt von einer großen Weite, und es vermittelt ein breites Panorama verschiedener Ideen und Motive.

Hinter diesen sprachlichen Eigenarten von Jer scheint eine *Person mit enormer Schriftkenntnis und geistlichem, literarischem sowie theologischem Gespür* durch. Diese Erkenntnis basiert auch darauf, dass die genannten Besonderheiten keine Einzelphänomene darstellen, die nur kleine, bestimmte Teile von Jer betreffen, sondern dass sie durchgängig das ganze Buch prägen. Trotz der verschiedenen Sprachformen, Gattungen und anderen Unterschiede im Verlauf von Jer sind literarisches Vorgehen, religiöse Einstellungen und Grundkonzeption über das gesamte Werk hin einheitlich. Deswegen ist mit höchster Wahrscheinlichkeit mit *einem* Autor für Jer zu rechnen, der dieses Buch vermutlich im 4. Jahrhundert v. Chr., gegen Ende der Perserzeit, in Jerusalem[145] oder seiner Nähe schrieb.

2.4 Jer – ein besonderes Buch

Jer ist, wie wir oben gesehen haben, *unter vielen Rücksichten einmalig.* Dazu kommt, dass es mit Abstand das längste Buch der Bibel ist, mit 21 819 Wörtern im Hebräischen. Auch dieser enorme Umfang macht es schwierig, Jer sowohl insgesamt als auch in seinen Details zu begreifen.[146] Es ist, wie Jeremia selbst, ein Grenzgänger und Außenseiter, nicht nur bezüglich seiner Inhalte.

Innerhalb der Bibel bietet Jer bei weitem die *intensivste Aufarbeitung der Zeit von 600 bis 580 v. Chr.* Diese so dunkle Phase der Geschichte Israels nicht zu verdrängen oder herunterzuspielen, sondern in ihren Wurzeln und Zusammenhängen ganz genau anzuschauen, ist ein Grundanliegen von Jer. Mit der Wahl eines solchen »Stoffes« bildet Jer ein Zeugnis und ein

---

145 Für diesen Abfassungsort spricht vor allem, dass wohl nur dort der Zugang zu all diesen anderen Schriften der Hebräischen Bibel bestand, und ebenso das hohe geistige Niveau, das einen intensiven Dialog bzw. entsprechende Diskussionen mit ähnlichen oder anderen Positionen zu spiegeln scheint, möglicherweise sogar auch als Hintergrund für die Anklagen gegen »Priester und Propheten« im Buch.

146 Gerade die Variationen bei Listen, Doppelungen und sonstigen Wiederholungen schaffen in ihren jeweiligen Kontexten eine kaum endende Vielfalt stets neuer Nuancen.

Modell für den Umgang mit einer Vergangenheit, die durch Schuld und Versagen belastet ist. Am nächsten kommt dem in der Bibel das Buch der Klagelieder, das in der Septuaginta auch Jeremia zugeschrieben wird.

Dies bietet allerdings zugleich eine große Chance, nämlich zu *erkennen, was wirklich trägt*. Anders als der verbreitete »Heilsoptimismus« in Jes, anders als Ez mit seiner Ausrichtung auf einen erneuerten Tempel, lässt sich bei Jer keine solche Zuversicht sehen. Menschlich gesehen gibt es für Jer keine Hoffnung, sondern *nur* bei Gott,[147] wie der extreme Gegensatz von Fluch und Segen beim Vertrauen in Jer 17,5–8 herausstreicht. Das mag mit ein Grund sein, warum Jer so viele Gebete enthält:[148] Wenn die äußere Lage aussichtslos ist, bleibt alleine, sich an Gott zu wenden.

Jer stellt eine *enorme Zumutung für übliches Denken und eine starke Infragestellung von traditionellen Positionen* dar. Damit ergibt sich auch die Frage nach den Adressaten des Buches. Für, bzw. gegen wen wurde es geschrieben? Letzteres mag leichter zu beantworten sein, insofern mehrfach politisch und religiös Verantwortliche in Jer in negativem Licht erscheinen. Auch die kritische Distanz gegenüber dem Tempel deutet in diese Richtung einer Auseinandersetzung mit etablierten, institutionalisierten Formen der Frömmigkeit.

Und *für wen* ist Jer gedacht? Die darin vertretenen Werte und Positionen weisen hin auf: Geist, Wahrheit, universalen Horizont, Bereitschaft zu leiden, Ringen um Klärung, Bemühen um Echtheit, literarische Sensi-

---

147 S. dazu auch die »unlogischen« *deswegen/darum*, u. a. in Jer 16,14; 30,16; 32,36.

148 Jer erwähnt Beten in verschiedenen Formen und gibt ihm enorme Bedeutung: G. Fischer, *Gebete* (2010), und ders. / K. Backhaus, *Beten* (2009), 39–43.

bilität, vor allem aber Gottes nie aufhörende Liebe (Jer 31,3) und seinen Wunsch, jegliche Not zum Guten zu wenden (»das Geschick wenden«, Jer 29,14 u. ö.). Für wen also ist Jer damit gedacht? Es präsentiert dabei Gott als »König der Nationen« (Jer 10,7) und den Protagonisten des Buches als »Prophet für die Nationen« (Jer 1,5) – dies legt nahe, alle, damals und heute, die ganze Menschheit, und damit auch uns als seine intendierten Leser anzusehen.

C DER PROPHET JEREMIA

»Sie werden gegen dich kämpfen …
doch ich bin mit dir, … dich zu retten«
(Jer 15,20)

Länge, Eigenarten und Schwierigkeit von Jer verlangten ausgedehnte Einführungen in den Teilen A und B. Auf der *Basis jener Ausführungen* ist es nun möglich, angemessener den Propheten Jeremia und die im nach ihm benannten Buch vermittelte Botschaft (s. Teil D) zu behandeln und zu verstehen.

Wir haben damit zu rechnen, dass jemand ca. im 4. Jahrhundert v. Chr. diesen ›Stoff‹ *einer prophetischen Figur mehr als 200 Jahre zuvor wählt und ausgestaltet.* Der Rückgriff zeigt das Interesse einer späteren Zeit an einem solchen Thema und an jener früheren Epoche der Geschichte des eigenen Volkes. Absichtlich setzt sich jemand mit der wohl kritischsten Phase der Vergangenheit Israels auseinander, und dies sehr lange. Dabei hebt er die Bedeutsamkeit Jeremias in außergewöhnlicher Weise heraus.[149]

Wie bei jeder Art von Geschichtsschreibung handelt es sich um eine *bewusst geformte Darstellung.* Einige Fakten werden herausgehoben, andere gar nicht erwähnt. In die Präsentation lässt der Autor seine Werte und Einstellungen sowie die Anliegen seiner Zeit einfließen; diese prägen wesentlich sowohl die Person des Propheten als auch das ihm zugeschriebene Buch mit.

---

149 Die Jeremia geschenkte Aufmerksamkeit steht in starkem Kontrast zum »Schweigen« der Königsbücher. Diese berichten zwar länger von Jesaja (2 Kön 19–20), erwähnen Jeremia aber mit keinem Wort.

Kein anderes Buch der Schriftpropheten erwähnt so *viel vom Leben* seines Protagonisten wie Jer. Die wenigen Notizen, die wir von Amos oder Hosea, von Jesaja oder Ezechiel[150] erfahren, sind gering im Vergleich zu all dem, was Jer von Jeremia berichtet. Es reicht zwar nicht aus, eine vollständige »Biographie« zu erstellen, bietet aber dennoch einige gute Anhaltspunkte, um sich ein Bild von ihm zu machen, besonders von seinen letzten Jahren.

Im Folgenden werde ich zuerst einen Überblick über die Geschichtsepoche (1.1) und Jeremias Leben (1.2) geben, bevor ich genauer auf den Leidensweg des Propheten (2.), seine inneren Nöte (3.) sowie sein Reden und Auftreten (4.) eingehe.

1. Einige Eckdaten

1.1 Ein kurzer Abriss der Geschichte Judas von 701 bis 587 v. Chr.

Um Jeremia und seine Zeit besser zu begreifen, muss man ein wenig weiter zurückgreifen.[151] 701 v. Chr. hatte der assyrische König Sanherib die Stadt Lachisch ein-

---

150 Bei Amos sind es vor allem sein Beruf und eine Auseinandersetzung mit Amazja, dem Priester von Bet-El (Am 1,1 und 7,10–17), bei Hosea seine Ehe und Kinder in Hos 1–3. Von Jesaja erfahren wir die Zeit seines Auftretens (Jes 1,1) und seiner Berufung (Jes 6,1), etwas von seiner Familie in Jes 7–8 und dann seine Zeichenhandlung in Jes 20,2. Ez kommt am nächsten an Jer heran, vor allem auch mit den vielen datierten Ereignissen (Ez 1,1–3; 8,1; 20,1 usw.).

151 Die knappe Darstellung der Geschichte hier folgt Standardwerken, wie z. B. von Chr. Frevel ab der 7. Auflage in der Einleitung von E. Zenger; dort sind weitere Hintergründe und Zusammenhänge zu finden.

genommen und Jerusalem bedroht; *Hiskija* konnte die Hauptstadt und den Rest Judas durch eine enorme Tributzahlung freikaufen (2 Kön 18,13–16; s. dazu auch oben S. 46).

Auf ihn folgte sein junger Sohn *Manasse* mit einer Regierungszeit von 55 Jahren (2 Kön 20,21–21,1, ca. 695–641). Er war offen für den assyrischen Einfluss, politisch wie auch religiös (2 Kön 21,2–9). Seine Herrschaft wird in der Bibel selbst unterschiedlich beurteilt, sehr negativ in Kön (2 Kön 21,10–18), doch auch mit positiven Zügen in 2 Chr 33,1–20. Die lange Regentschaft ohne Kriege mag ein Hinweis für eine diplomatische »Realpolitik« sein, die ein Einvernehmen mit den assyrischen Oberherren suchte.

Manasses Sohn Amon wurde bald Opfer einer Verschwörung, die das Volk und/oder einflussreiche Gruppen aber nicht akzeptierten (2 Kön 21,19–26) und die daraufhin dessen Sohn *Joschija* mit acht Jahren zum König machten (2 Kön 22,1). Einschneidende Ereignisse prägen seine einunddreißigjährige Regierung (639–609 v. Chr.). Die Macht der Assyrer nimmt immer mehr ab, und 612 v. Chr. fällt ihre Hauptstadt Ninive. Zuvor noch, 622 v. Chr., findet sich eine »Rolle der Weisung« im Tempel (2 Kön 22,8–20), die auch beim König Betroffenheit auslöst und Anlass zu einer religiösen Reform wird (2 Kön 23,1–24). Auf noch einmal fünf Jahre früher (627 v. Chr.) ist der Beginn von Jeremias Sendung datiert (Jer 1,2).

Joschija stirbt, als er sich 609 v. Chr. bei Megiddo dem Pharao Necho entgegenstellt, der dem assyrischen Reststaat gegen die aufkommenden Babylonier zu Hilfe eilt (2 Kön 23,29–30). Seinen vom Volk als Nachfolger eingesetzten Sohn Joahas (in Jer 22,10–12 Schallum genannt) setzt Necho ab und statt seiner dessen älteren Bruder Eljakim als König ein, den er in *Jojakim*

Abb. 3: Lachisch-Relief. Das Relief aus dem Königspalast in Ninive zeigt das Vorgehen der Assyrer nach der Eroberung von Lachisch: Verantwortliche (s. rechts unten) werden grausam zu Tode gebracht, die Bevölkerung (links daneben) wird deportiert, und die Beute weggebracht (oberes Register) – Ähnliches wird sich bei der Einnahme Jerusalems 587 v.Chr. durch die Babylonier wiederholen.

umbenennt und der elf Jahre in Jerusalem regierte, von 608 bis 598 (2 Kön 23,31–37).

In seine Zeit fällt eine große geschichtliche Wende mit der Schlacht von Karkemisch 605 v. Chr. (s. oben S. 60–61), die zum *Aufstieg Babels* unter König Nebukadnezar führte. Fast 70 Jahre lang hielt sich das neubabylonische Großreich,[152] bis die Einnahme Babels durch den Perserkönig Kyrus 539 v. Chr. ihm ein Ende setzte.

Für die Menschen in Juda war es damals nicht leicht, sich in diesen Umbrüchen zurechtzufinden. Auf der einen Seite gab es eine starke *Verbindung mit Ägypten*; dessen Einfluss zeigte sich auch in der Königswahl Jo-

---

152 Vermutlich ist das Motiv der »70 Jahre« in Jer 25,11–12 und 29,10 darauf zu beziehen.

jakims, und wiederholt erwartete man Hilfe von dort, allerdings nahezu immer vergeblich.[153] Auf der anderen Seite hatte Jojakim *Nebukadnezar als Oberherrn* akzeptieren müssen und war sein Vasall geworden; vermutlich wegen der hohen Tributzahlungen und im Vertrauen auf ägyptische Unterstützung brach er aber dieses Vertragsverhältnis (2 Kön 24,1). Pro und Contra bezüglich dieser beiden großen Mächte prägte auch die gesamte Bevölkerung und führte zu Parteiungen.

Diese Zerrissenheit wurde noch größer, als die babylonischen Truppen im Frühjahr 597 vor Jerusalem auftauchten. Jojakim war inzwischen gestorben, und seinem Sohn *Jojachin*, gerade drei Monate im Amt, blieb nur die Kapitulation (2 Kön 24,8–16; Jer 22,24–30). Damit begann die erste Exilierung (Jer 24,1–7; 29,1–2). Nach 37 Jahren Haft, 561 v. Chr., sollte Jojachin aus dem Gefängnis freikommen (Jer 52,31–34).

An seiner Stelle machte Nebukadnezar den Onkel Mattanja, einen Bruder Jojakims und auch Sohn Joschijas, zum König, und nannte ihn in *Zidkija* um (2 Kön 24,17–18). Er regierte von 597 bis 587 v. Chr. und ließ sich durch die pro-ägyptischen Kräfte verleiten, wie zuvor sein Bruder Jojakim, mit Babel zu brechen. Anfang 588 v. Chr. setzte die babylonische Belagerung Jerusalems ein, und nach 18 Monaten, Ende Juli 587, fiel die Stadt (2 Kön 25,1–4). Einen Monat später wurde sie systematisch zerstört, und es folgte die zweite Exilierung (2 Kön 25,8–21).

---

153 S. die Bemerkungen in 2 Kön 24,7; Ez 29,6–7; 30,20–26; Jer 37, 5–7 sowie manche Stellen in Jes 30–31.

1.2 Ein Überblick über Jeremias Leben

Jer ist die *einzige Quelle* für das Leben des Propheten Jeremia. 2 Kön, das auch die Ereignisse seiner Zeit schildert, erwähnt ihn nie. In sonstigen Dokumenten aus jener Zeit taucht er ebenfalls nicht auf. Und alle anderen Schriften, die seinen Namen nennen, sind von Jer abhängig. Das erleichtert zwar die Darstellung, weil sie sich auf Jer beschränken kann, bedeutet aber auch, ganz jener Schilderung dort ausgeliefert zu sein.

Wie schon S. 58–64 oben mehrfach erkennen ließen, handelt es sich bei den Zeitangaben teils um ›symbolische‹ *Daten*, etwa in der Konzentration auf 605 v. Chr. als Schlüsseljahr und dessen strukturierender Verwendung, oder in der Ansetzung von Jeremias Wirksamkeit auf runde 40 Jahre, in konträrer Entsprechung zu den Regierungszeiten der ersten beiden Könige von »ganz Israel«,[154] David und Salomo.

Jeremias *Vater Hilkija* (Jer 1,1) ist nicht weiter bekannt. Der Verweis auf eine Abstammung »von den Priestern in Anatot« findet innerhalb der Bibel Salomos Verbannung von Abjatar dorthin als einzigen Bezugspunkt (1 Kön 2,26–27). Trifft dies zu, würde Jeremia zwar einem alten, doch im Einfluss zurückgestuften Priestergeschlecht zugehören.

Die Angabe des *Beginns des Wortempfangs* in Jer 1,2 im 13. Jahr Joschijas entspricht dem Jahr 627 v. Chr., ist aber offen für Deutungen. Handelt es sich um die Berufung Jeremias zum Völkerpropheten, die gleich anschließend (ab Jer 1,4) berichtet wird? Und wie ist darin Jeremias Sprechen von sich als »jung, unerfahren« (v6) genau zu verstehen? Bejaht man Ersteres und nimmt

---

154 Heute nimmt man mehrheitlich an, dass diese Vorstellung eine idealisierende Konstruktion ist.

man das Zweite als Hinweis auf ein jugendliches Alter, von ca. 15 bis – maximal – 25 Jahren, wäre Jeremia zwischen 650 und 640 geboren.[155]

Das in Jer 1,3 angegebene *Enddatum* (August 587 v. Chr., im Blick auf Jer 52,12) deckt nicht vollständig Gottes Reden zu Jeremia ab. Vor allem die in Jer 40–44 geschilderten Ereignisse nach dem Fall Jerusalems bis hin zum Zug von Judäern nach Ägypten fallen heraus. Letzterer steht im Zusammenhang mit der Ermordung Gedaljas, und diese dürfte der Anlass für die dritte, in Jer 52,30 erwähnte Exilierung 582 v. Chr. gewesen sein. Da Jeremia noch danach in Ägypten verkündet hat und dies die zeitlich letzten Notizen über ihn sind, ist mit seinem Tod dort um ca. 580 v. Chr. zu rechnen.

Wenn Jeremias Berufung zum Propheten tatsächlich 627 v. Chr. begann, ergibt sich das *Problem*, dass für die verbleibenden 18 Jahre der Regierungszeit von König Joschija mit Ausnahme des Spruches ab Jer 3,16 nichts überliefert ist.[156] Zusätzlich bleibt als Rätsel, dass Jeremia sich nicht zu dessen Reform geäußert hat, die religiös einschneidend war und in ihrer grundsätzlichen Ausrichtung auch dem Propheten willkommen gewesen sein dürfte.[157] Sieht man von Erwähnungen im Zu-

---

155 W. L. Holladay, *Jeremiah 1* (1986), 17, dagegen betrachtet das 13. Jahr Joschijas, also 627, als Geburtsjahr Jeremias. J. R. Lundbom, *Rhetoric* (2013), ab 261 und speziell 275, schlägt vor, zwar das Ergehen der Sendung auf 627 v. Chr. zu belassen, den Beginn des öffentlichen Auftretens hingegen erst Jahre später anzunehmen.

156 Zwar verweist Jer 25,3 auf ein 23-jähriges Auftreten (bis zum Jahr 605 v. Chr.), doch entspricht, was bis zum Tod Joschijas 609 v. Chr. in Jer berichtet wird, nicht dem, was für einen so langen Zeitraum an Verkündigung angenommen werden könnte. – Für eine weiterreichende Bedeutung der Zahl 23 in Jer s. Ziemer, *Das 23. Jahr* (2014), 197–204.

157 Insbesondere die Abschaffung fremder Kulte und Götterbilder

sammenhang mit seinen Söhnen[158] ab, kommt Joschija in Jer sonst nicht vor; Jeremia nimmt nicht einmal Stellung zu seinem Tod.[159]

Der auf ihn folgende *König Jojakim* kommt in Jer wesentlich stärker in den Blick. Jeremias Auftreten im Tempel in Jer 26,1 ist auf den Beginn seiner Regierungszeit datiert;[160] zwar tritt Jojakim hier nicht direkt gegen Jeremia auf, doch lässt sein Vorgehen gegen Urija (26,20–23) die grundsätzliche Gefährdung missliebiger Propheten unter diesem König erkennen.

Ab dessen viertem Jahr, gleichzusetzen mit 605 v. Chr., der Schlacht von Karkemisch, wird diese Bedrohung dann auch für Jeremia akut. Die von ihm diktierte, von Baruch geschriebene und im folgenden Jahr verlesene Rolle (Jer 36,1–4.9) wird Jojakim zu Gehör gebracht und löst bei diesem scharfe Gegenreaktionen aus: Er *verbrennt die Rolle* (36,23) und will Jeremia und Baruch *festnehmen lassen* (v26), was ihm aber nicht gelingt. Eine Beurteilung Jojakims findet sich bereits zuvor in Jer 22,13–19; dabei werden ihm Unrecht, Ausbeutung, Gewinnstreben und Luxus vorgehalten.

---

deckt sich mit Anliegen von Jer. – Chr. Frevel benennt in der von E. Zenger initiierten Einleitung wesentliche Momente der Kultreform Joschijas (S. 792; V, 8.5).

158 So z. B. in Jer 22,11.18. Indirekte Hinweise geben auch 22,15–16, wo im Spruch über Jojakim auf dessen Vater verwiesen wird.

159 Doch gibt es Anspielungen auf Joschija am Beginn von Jer 22,10, mit »Weint nicht um einen/den Toten …!«, sowie in Jer 22,15, durch »Hat nicht dein Vater …?«. Ebenso berichtet 2 Chr 35,25 von einer Klage Jeremias über Joschijas Sterben; allerdings ist dieser Text deutlich später und von daher in seiner historischen Zuverlässigkeit unsicher.

160 Gleiches gilt im hebräischen Text auch für Jer 27,1; dort ergibt sich aber ein Kontrast mit den im selben Kapitel (ab v3) vorausgesetzten Ereignissen unter dessen Nachfolger Zidkija.

Erstaunlicherweise bringt Jer *keine Notiz zur ersten Belagerung und Einnahme Jerusalems* 597 durch die babylonischen Truppen. Nur indirekt und im Nachhinein spiegelt sich dieses bedeutsame Ereignis, indem etwa Jer 24 und 29 bereits darauf zurückblicken und die erste Exilierung erwähnen. Sie traf den jungen *König Jojachin*, der wohl weitgehend unschuldig am Abfall seines Vaters Jojakim von der babylonischen Oberherrschaft war und kapitulieren musste. Jeremias Mitgefühl mit diesem tragischen König, der 37 Jahre in Babel gefangen blieb (Jer 52,31), kommt in Jer 22,24–30 zum Ausdruck.

Mit dem auf ihn folgenden *König Zidkija* machte Jeremia ganz unterschiedliche Erfahrungen. Auf der einen Seite erbat der König wiederholt durch Gesandte die Intervention des Propheten bei Gott (Jer 21,1–2; 37,3) und befragte ihn auch selbst (37,17–21; 38,14–26), allerdings ohne dann dessen Empfehlungen umzusetzen. Auf der anderen Seite hielt Zidkija Jeremia wegen dessen Unheilsansage gefangen (Jer 32,3–5) und unternahm nichts gegen dessen tödliche Gefährdung durch seine Obersten (Jer 38,4–6, besonders v5). Lange Haft, teils unter unmenschlichen Bedingungen,[161] später im Wachhof,[162] und ein möglicher Hungertod in der Zisterne prägten Jeremias letzte Zeit unter König Zidkija.

Dies fand ein Ende, als die babylonischen Truppen nach 18-monatiger Belagerung Jerusalem Ende Juli 587

---

161 Als Gefängnis erwähnt Jer 37,15–16 eine Zisterne im Haus des Schreibers Jonatan. Die Bitte Jeremias in 37,20–21 macht deutlich, wie kritisch die Verhältnisse für ein Überleben dort waren.

162 Erstmalig in Jer 32,2 genannt, und bis zuletzt während der Belagerung Zwangsaufenthaltsort Jeremias (Jer 38,28), ihn isolierend von der Bevölkerung und damit die Möglichkeit seiner Einflussnahme unterbindend.

einnahmen.[163] Jeremia erhielt auf speziellen Befehl Nebukadnezars eine *Sonderbehandlung*, kam frei und entschied sich, beim Statthalter Gedalja im Land zu bleiben (Jer 39,11–14; 40,1–6).[164] Im Unterschied zu Jer 52, das Jeremia mit keinem Wort erwähnt, zeigt der Kontext von Jer 39–40, wie sehr der Prophet in die Ereignisse damals um den Untergang Jerusalems und Judas eingebunden war.

Die anschließende Phase der Statthalterschaft Gedaljas in Mizpa (40,7–41,3) findet, ebenso wie die Auseinandersetzungen danach (41,4–18), »ohne Jeremia« statt, der nie erwähnt wird und offenbar auch das Attentat Ischmaels überlebte. Jedenfalls kommt Jeremia erst wieder ab Jer 42,2 in den Blick, im Zusammenhang mit den Überlegungen der Überlebenden, ob sie nach Ägypten ausziehen sollen; gegen Gottes und des Propheten Rat geschieht das dann. Jeremia und Baruch werden mitgenommen (43,5–6), wohl um oder nach 582,[165] und dort in der Fremde in Ägypten verliert sich die Spur des Propheten.

*

Der kurze Überblick über das in Jer geschilderte Leben des Propheten lässt erkennen, dass Jeremia eine *Schlüsselgestalt in jener Zeit um den Untergang Jerusalems* war.

---

163 Am 9. Ab, Jer 39,1–2 // 52,6, für fromme Juden bis heute ein Trauertag.

164 Die Angaben in 39,14 und in 40,1 stehen in Spannung zueinander und lassen sich nicht leicht vereinbaren. Doch zeigen beide die bevorzugende Behandlung Jeremias und sein Freikommen. Vielleicht ist Jer 40,1 als ein späteres Ereignis zu werten, das nochmals steigernd die babylonische Wertschätzung für Jeremia unterstreichen soll.

165 S. die Ausführungen dazu oben S. 59, Anm. 48.

Er stand mit allen entscheidenden Personen damals in Verbindung, erfuhr die Beachtung des bedeutsamsten fremden Herrschers und war mit seiner Botschaft sowohl Zielscheibe für massiven Widerstand und Feindseligkeiten als auch gesuchter Gesprächspartner und Berater. In seiner Sendung als Prophet erlebte er diesen Zwiespalt zwischen dem ihm erteilten Auftrag und der ihn treffenden Ablehnung; Letztere wollen wir als Nächstes ansehen.

2. Ein Leidensweg

Gott verschweigt von allem Anfang an nicht, was Jeremia erwartet. Bereits im ersten Kapitel spricht er von den *Kämpfen*, mit denen sein Prophet rechnen muss (Jer 1,19), und nennt nahezu alle mächtigen Gruppen als Gegner (v18). Zugleich versichert Gott ihm, dass er darin bestehen kann, und verspricht zweifach, ihn zu »retten« (1,8.19). Später erneuert und verstärkt er diese Zusage (Jer 15,20–21). Im Folgenden möchte ich dem Buch entlang jene Situationen aufzeigen, die damit zusammenhängen; das innere Leiden des Propheten kommt eigens noch danach in den Blick (s. u. ab S. 141).[166]

Explizit das erste Mal wird Jeremias *Lebensbedrohung* in Jer 11 angesprochen. Vor Gott erwähnt er Pläne gegen ihn (v19) und zitiert, was seine Feinde sagen: »Wir wollen das Holz / den Baum verderben in / mit seiner Nahrung, und wir wollen ihn ausrotten aus dem Land

---

166 Es ist nicht möglich, zwischen »äußerem« und »innerem« Leiden scharf zu trennen, doch zeigen die Schilderungen in Jer Akzentuierungen: Manchmal wird darüber eher von außen berichtet; andere Male gewährt Jer Einblick in das Fühlen und Denken des Propheten.

der Lebenden, und seines Namens soll nicht mehr gedacht werden!«. Gottes Antwort ab v21 klärt deren Identität mit den »Männern von Anatot«, d.h. Menschen aus Jeremias Heimatort (s. Jer 1,1). Ihm vertraute Leute, die gemeinsam mit ihm aufgewachsen sind,[167] untersagen ihm weiteres Auftreten unter Mordandrohung.

In Jer 15,15 erwähnt Jeremia »Verfolger« und hält Gott vor, durch Langmut sein Leben zu gefährden.[168] Im folgenden Kapitel erteilt Gott dem Propheten außergewöhnliche Befehle; sie untersagen ihm Solidarität in Trauerfällen mit der Gemeinschaft und legen ihm *Ehe- und Kinderlosigkeit* auf (Jer 16,2.5.8), in Umkehrung des Auftrags zu Beginn der Schöpfung (Gen 1,28), und einmalig innerhalb der Glaubenstradition der Hebräischen Bibel.

Jer 18,18 berichtet erneut von *gegnerischen Plänen*. Diesmal haben Jeremias Feinde vor, »ihn auf die/mit der Zunge zu schlagen«[169] und nicht auf sein Reden zu achten. Der dazu abschließende Vers 23 verdeutlicht die Schwere dieses Vorhabens: Ihr Plan geht dahin, den Propheten zu töten.

Zwei Kapitel später erfährt Jeremia auf seine Unheilsankündigung im Tempel hin die Reaktion der Obrigkeit. Paschhur, ein Kollege als Priester und Prophet, ist Oberaufseher dort. Er schlägt ihn, sperrt ihn in ein Foltergerät und stellt ihn so an einem öffentlich gut sichtbaren und begangenen Ort bis zum nächsten Tag

---

167 Die zweite Antwort Gottes in Jer 12,6 spitzt die Feindseligkeiten sogar noch auf als von Verwandten stammend zu.

168 Wörtlich: »Nimm mich nicht weg durch die Länge (= das Ausbleiben) deines Zorns!«.

169 Beide Übersetzungen sind möglich; für das Verständnis s. G. Fischer, *Jeremia 1–25* (2005), 586.

zur Schau (20,2–3). Gottes Haus in Jerusalem wird so zum *Ort der Verfolgung, des Leidens und der Demütigung* seines Propheten.[170]

In der Rede an die gesamte Bevölkerung im Zentralkapitel spricht Jeremia mit der Wendung »nicht hören«[171] seine *Erfolglosigkeit* über viele Jahre hinweg an (Jer 25,3). Er sieht sich darin in einer Reihe mit Vorgängern, denen es gleich ergangen ist (v4), und auch eins mit Gott selbst, der dieselbe Ablehnung erfährt (v7). Mehr als die Hälfte seiner Zeit als Prophet ist bereits verstrichen, und sein Auftreten zeigt immer noch keine Früchte. Im Gegenteil: Es kommt noch schlimmer.

Das folgende Kapitel bringt im Jerusalemer Tempel eine *akute tödliche Bedrohung* für Jeremia und damit eine Steigerung sowohl gegenüber Jer 11 als auch gegenüber Jer 20. In »selektivem Hören« nehmen Priester, Propheten und Volk nur die Unheilsandrohung in der Botschaft Jeremias wahr (26,4–6 mit v9), während die vorangehende Ansage, Umkehr könne ein Gereuen Gottes auslösen (in v3),[172] keine Beachtung findet, und sprechen über Jeremia das Todesurteil: »Du musst ganz gewiss sterben!« (am Ende von v8).

Das Einschreiten der Fürsten / Obersten Judas ab v10 führt zu einer *Gerichtsverhandlung*, in der die Todesanklage wiederholt wird (v11). Die offene, furcht-

---

170   Zur (weitgehend negativen) Rolle des Tempels in Jer s. G. Fischer, *Relativierung* (2005).

171   Kein anderes Buch der Bibel verwendet so oft »hören« wie Jer (158 von 1159x), und nie sonst findet es sich so häufig verneint.

172   26,3 steht zwar noch vor der erneuten Redeeinleitung in v4, gehört aber auch zum Auftrag von v2, »alle Worte zu reden, die ich dir befohlen habe«; dieser wird in v8 als ausgeführt beschrieben. Zudem greift Jeremia in v13 die Formulierung aus v3, »sich des Unheils gereuen«, erneut auf.

lose und überaus mutig erneut zu einer Verhaltens-
änderung aufrufende Verteidigung Jeremias (v12–15)
führt zu einem Gesinnungswandel[173] beim Volk und zu
einem Freispruch durch die Fürsten (v16). Dieser wird
dann noch durch einen Vergleich aus der Vergangenheit mit dem Propheten Micha bestätigt (v17–19). Wie
ernsthaft bedrohlich Jeremias Lage war, macht anschließend das Geschick des Propheten Urija in den
Händen Jojakims deutlich (v20–23).

Hatte Gott schon in Jer 16 das äußerst ungewöhnliche Zeichen der Ehe- und Kinderlosigkeit von Jeremia
gefordert, so kommt in Jer 27–28 ein weiteres befremd-
liches hinzu: Er soll ein *Joch tragen* und damit symbolisch andeuten, dass Sich-Unterwerfen unter die
Herrschaft Nebukadnezars zu Gottes Plan gehört. Das
normalerweise Tieren aufgelegte Zuggeschirr am Na-
cken des Propheten löst beim Kollegen Hananja eine
Gegenreaktion aus, zuerst in Worten und dann auch in
Taten (28,1–4 und v10–11), die Jeremia als hilflosen Ver-
lierer dastehen lassen. Erst nach zwei Monaten[174] wird
mit Hananjas vorhergesagtem Tod klar, wer Gottes
wahrer Prophet ist.

Selbst aus dem Kreis der in weite Ferne Exilierten
erfährt Jeremia Anfeindung. Unter den mit König Jojachin 597 v. Chr. nach Babel Verschleppten befindet sich

---

173 Der Ausdruck »das ganze Volk« durchzieht leitwortartig das
Geschehen. Sie hören Jeremia reden (v7) und stellen sich anfangs (v8–9) auf die Seite der anklagenden Priester und Propheten. Bei der Verhandlung sind sie zuerst Zuhörer (v11–12),
ergreifen dann aber mit den Obersten Partei für Jeremia (v16) –
ein Beispiel für schnell schwankende Volksmeinungen.

174 Die Zeitangaben in 28,1.17 lassen erkennen, dass Hananja das
Zerbrechen des Joches nur um zwei Monate überlebt hat; auch
seine Ankündigung von »zwei Jahren« bis zur Rückführung Jojachins und der Tempelgeräte hat sich nicht bewahrheitet.

ein Prophet mit Namen Schemaja, der in einem Brief den Priester Zefanja, vermutlich Tempelaufseher in der Nachfolge Paschhurs, auffordert, *gegen Jeremia einzuschreiten* (Jer 29,24–28).[175] Zefanja aber legt das Ansuchen gegenüber Jeremia offen und handelt nicht danach (v29).

Jer 32–38 sind mit Ausnahme von Jer 35–36 zeitlich anzusetzen auf die Belagerung Jerusalems durch die babylonischen Truppen von Januar 588 bis Juli 587 und durchzogen von häufigen Verweisen auf *Jeremias Gefangenschaft*.[176] Trotz dieser Einschränkung und entgegen aller menschlichen Einschätzung muss er auf Gottes Geheiß in Jer 32 erneut ein außergewöhnliches Zeichen setzen, nämlich unmittelbar vor dem Untergang noch einen Acker in seiner Heimat kaufen (v6–15).

Jer 36 ist auf 605, das vierte Jahr Jojakims, datiert. An diesem geschichtlichen Wendepunkt kommt es auch zu einer Umkehrung der Geschichte Israels im Verhalten ihrer Könige. Hatte Joschija 17 Jahre zuvor einem aufgefundenen Buch Reverenz erwiesen und davon ausgehend eine Reform eingeleitet (2 Kön 22–23), handelt sein Sohn Jojakim gerade konträr dazu, indem er Jeremias Buch trotz Einspruch führender Vertrauter am Hof verbrennt und Befehl gibt, den Propheten und seinen Schreiber festzunehmen (Jer 36,23–26). Für Jeremia bedeutet dies *Zerstörung seines Eigentums, Missachtung der erhaltenen göttlichen Botschaft und einen Angriff auf Freiheit und Leben.*

---

175 Die Forderung in v26, ihn in den »Block« (schon in 20,2 erwähnt) und in das »Halseisen« zu legen, bedeutet erneut Einsperrung, Folter und entehrende Behandlung, diesmal noch mehr als in Jer 20.

176 Jer 32,2–5.8.12; 33,1; 37,15–16.18–21; 38,6.13.26.28; auch noch 39,14–15.

Mit Jer 37 erreichen die Feindseligkeiten gegen Jeremia eine neue Stufe. Als er während der Belagerungspause[177] seine Heimat aufsuchen will, bezichtigt ihn Jirija, ein Aufseher des Militärs am Tor, er versuche, zu den babylonischen Truppen überzulaufen, und hält ihn fest (37,11–14). Als die Obersten / Fürsten davon erfahren, *schlagen* sie Jeremia und werfen ihn für lange Zeit in ein *provisorisches Gefängnis*.[178] Waren Gefängnisse in der damaligen Zeit schon unter »normalen« Umständen alles andere als angenehm, dieses ist noch weit schlimmer und bringt Jeremia an den Rand des Sterbens, wie seine Bitte an König Zidkija in v20 zeigt.

Es geht noch tiefer: Als Jeremia wegen der Aussichtslosigkeit der Verteidigung gegen die babylonischen Belagerer zum Überlaufen auffordert, wird er von einigen Obersten wegen Wehrkraftzersetzung mit Duldung des Königs in eine *schlammige Zisterne* geworfen, in der er einsinkt (38,1–6). Nur das mutige Einschreiten des kuschitischen Höflings Ebed-Melech vermag zu verhindern, dass Jeremia dort unten stirbt, auch wegen mangelnder Versorgung mit Nahrung (38,7–13). Wie Jeremia die Einnahme Jerusalems 587 überlebt hat, wird nicht berichtet. 39,14 setzt voraus, dass er währenddessen weiterhin im Wachhof gefangen war. Dann taucht er nach 40,1 trotz der anfänglichen Freisetzung mit den in Rama für die Deportation Gesammelten als *babylonischer Gefangener* auf, kommt

---

177 C. Hardmeier, *Prophetie* (1990), 270.
178 Die Bemerkung am Ende von v15 lässt zusammen mit den zwei Ausdrücken in v16 für den Aufbewahrungsort erahnen, dass es sich wohl um eine umfunktionierte Zisterne handelte. Vgl. dazu die Darstellungen und Ausführungen bei O. Keel, *Welt* (1984), 60–62.

Abb. 4: Ernst Alt: Jeremia in der Zisterne (1973).
»In der Zisterne war kein Wasser, sondern nur Schlamm,
und Jeremia sank in den Schlamm.« (Jer 38,6). Die meisten Zisternen früher waren nicht gemauert wie diese Darstellung hier,
sondern Vertiefungen im Fels, in denen man das Wasser sammelte;
leere Zisternen mit ihren nach oben überhängenden Wänden
wurden, wie bei Jeremia, auch als Gefängnisse genutzt.

aber neuerlich frei und entscheidet sich für ein Verbleiben im Land (40,1–6).

Den Schlusspunkt des Leidensweges Jeremias bilden
die *Verschleppung nach Ägypten* und der zwar nicht berichtete, doch zu vermutende Tod dort in der Fremde.
Gegen Gottes Anweisung und entgegen dem feierlichen

Versprechen der ihn Anfragenden (Jer 42) ziehen die Heerführer nach Ägypten hinunter,[179] nehmen den »Rest Judas« noch mit, darunter auch Jeremia und Baruch, und kehren so Gottes damals im Exodus geschenkte Befreiung wieder um. Ein Leben lang war Jeremia dagegen aufgetreten und hatte vor Ägypten gewarnt;[180] jetzt, in hohem Alter,[181] widerfährt ihm, gegen seinen Willen, eine Deportation durch Angehörige seines eigenen Volkes, in ein fremdes, weit entferntes Land, das symbolisch das Gegenteil des von Gott geschenkten Landes darstellt. Unbeachtet endet sein Leben, und von seinem Grab wird nicht einmal gesprochen.[182]

*

Der obige Durchgang zeigt ein beeindruckendes Lebensbild von Jeremia. Die »biographischen« Notizen über ihn zeichnen eine Person, die *sehr viel Schweres und großes Unrecht* in der Erfüllung ihrer Aufgabe zu ertragen hatte. Im ganzen Alten Testament gibt es diesbezüglich keine vergleichbare Gestalt. Im Neuen Testament steht ihm, neben Jesus, der Apostel Paulus am

---

179 Zusätzlich handelt es sich um eine Missachtung von Dtn 17,16; dort wird dem »König« verboten, sein Volk nach Ägypten zurückzuführen.

180 S. die kritischen Bemerkungen diesbezüglich schon anfangs, in Jer 2,16.18.37, und öfter.

181 Rechnet man mit ca. 15 Jahren bei der Berufung in Jer 1 und mit der Ermordung Gedaljas 582 v. Chr., dann müsste Jeremia gut 60 Jahre alt gewesen sein – für die damalige Zeit etwa das Doppelte der durchschnittlichen Lebenserwartung.

182 Hier gibt es Ähnlichkeiten, aber auch Unterschiede zum Tod Moses: Auch dieser stirbt außerhalb des Verheißenen Landes, doch werden bei Mose immerhin Sterben und Grab erwähnt, während Jeremia sich gleichsam »spurlos auflöst«.

nächsten. Er spricht im zweiten Brief an die Korinther von den Leiden und Gefahren, die er in der Sendung auszuhalten hatte (2 Kor 11,23–33).

Jeremia ist nahezu durchgängig *Ablehnung und Anfeindungen* begegnet. Nur wenige Passagen berichten von Unterstützung für ihn.[183] Während das »Nicht-Hören« auf Propheten ein traditionelles Motiv ist,[184] sind Verfolgung, Feindseligkeiten und mehrfache Lebensgefährdung so massiv wie sonst bei keinem anderen Sprecher Gottes. Jeremia stellt innerhalb der Hebräischen Bibel das Extrem dessen dar, was einem Propheten widerfahren kann.

Wie steht es um Gottes am Anfang gegebene *Zusage des Beistands* und der Errettung? So hart auch die Kämpfe und die Auseinandersetzungen waren, in ihnen allen ist Jeremia nicht »untergegangen«, und Gottes Ankündigung aus Jer 1,18, »sie vermögen dir nicht (über) zu sein«, hat sich erfüllt. Bis zuletzt konnte Jeremia seine Sendung durchtragen, und immer wieder hat Gott ihn, auch mit Hilfe anderer Menschen, in Bedrohungen überleben lassen, ihm Unterstützung zukommen lassen und auch innerlich geholfen. Dies wird besonders greifbar im nächsten Punkt, der nach der

---

183 Dazu zählen z. B. das Einschreiten der Obersten in Jer 26,10–16, der Beistand Ahikams (Jer 26,24), der Einspruch von Elnatan, Delaja und Gemarja gegen das Vorgehen von König Jojakim in Jer 36,25 und die Errettung durch Ebed-Melech in Jer 38,7–13. Eine besondere Rolle kommt auch dem ab Jer 32,12 erwähnten Vertrauten Jeremias, Baruch, zu.

184 Vermutlich steht die Reflexion auf den Untergang Samarias im Hintergrund, im Speziellen 2 Kön 17,13–14. In Jer ist dieses Motiv insofern ins Extrem gesteigert, als es zum Ersten 40 Jahre Wirksamkeit umfasst, und zum Zweiten sich das Nicht-Hören auch noch nach der erwiesenen Bewahrheitung von Jeremias Verkündigung und nach dem mit dem Untergang Jerusalems ergangenen Gericht fortsetzt (s. Jer 42–44).

äußeren Dimension nun auch das innere Leiden des Propheten vorzustellen versucht.

3. Innere Nöte

Das erste Wort Jeremias ist bezeichnend für ihn. Es lautet im Hebräischen *ahach* und entspricht dem Deutschen »Ach!«, oder »Oje!«, »O Weh!« (Jer 1,6). Es kehrt, auch mit seiner Fortsetzung »Herr Jhwh«, in 4,10; 14,13 und 32,17 wieder und gibt schon gleich zu Beginn Jeremias Reden einen *klagenden Grundton*. An der ersten Stelle leitet es seinen Einwand ein, der sein vermeintliches Ungeeignetsein bzw. seine Unfähigkeit ausdrückt.

An der zweiten Stelle in Jer 4,10 verbindet Jeremia damit einen Vorwurf an Gott, er habe mit seiner Ansage von *schalom* »Friede, Heil« angesichts der realen, bedrohlichen Lage sein Volk schwer *getäuscht*. Erst später, in Jer 14,13, klärt sich, dass, was Jeremia Gott vorhält, eigentlich die Verkündigung der anderen, »falschen« Propheten ist. Dennoch liegen in Jer 4 ein Missverstehen und ein zumindest leichtes Zerwürfnis zwischen Gott und seinem Propheten vor.

Der Auftrag, einen recht und treu handelnden Menschen in Jerusalem zu finden (Jer 5,1), misslingt. Jeremia berichtet dabei von zwei Phasen. Das erste Fehlschlagen, mit den Geringen, den wenig gebildeten Menschen (v4), kann er sich noch erklären. Doch die *Enttäuschung* ist umso tiefer, als auch die »Großen«, jene die Gottes Weg und Recht kennen, sich bewusst dagegen stellen (Jer 5,5).

Als eine Folge dessen fühlt sich Jeremia etwas danach *von göttlichem Zorn erfüllt* (Jer 6,11). Noch müht er sich ab, ihn zurückzuhalten. Später, in der fünften Konfession, muss er bekennen, dass er es trotz aller Anstrengung nicht mehr vermochte (20,9). Hier wird eine Spannung im Innern des Propheten erkennbar: Er weiß und spürt die Berechtigung von Gottes Gericht, möchte es aber noch hinauszögern, aufschieben – doch es gelingt nur begrenzt, bis der Druck für ihn zu groß zum Aushalten wird.

Gott bestellt Jeremia in 6,27 zum Prüfer seines Volkes. Doch, wie die folgenden Verse 28–30 zeigen, bedarf es einer solchen Kontrolle angesichts des desaströsen Zustands der Gemeinschaft überhaupt nicht mehr. Das Resultat ist *gänzlich entmutigend* und lässt keine Hoffnung auf Besserung zu.

Mit 7,16, dem ersten *Verbot der Fürbitte*, kommt eine neue Dimension ins Spiel. Waren in der Vergangenheit Gott nahe Menschen und auch Propheten, wie Mose, Samuel, Amos …,[185] wiederholt für das Volk eingetreten, wird diese Möglichkeit der Fürsprache für die Gemeinschaft Jeremia untersagt, und zwar gleich dreimal, und damit grundsätzlich.[186] Jeremia wollte für Andere bitten und hat es auch getan (Jer 18,20), doch dieser Einsatz ist ihm jetzt verwehrt.[187] Es ist schwer auszuhalten, den Weg Vieler in den Untergang ansehen zu müssen und nichts dagegen unternehmen zu können.

---

185 Siehe, u. a., die Stellen in Ex 32; Num 14; 1 Sam 7,5; 12,23; Am 7,1–6.

186 Die weiteren Stellen sind Jer 11,14 und 14,11; dazu kommt noch Jer 15,1–2 als pointierter Abschluss dafür. Zu diesem für Jer speziellen Motiv siehe die grundlegende Untersuchung von B. Rossi, *L'intercessione* (2013).

187 Es gibt eine zeitliche Begrenzung dieses Verbots, wie aus der Einladung Gottes in Jer 33,3 und aus seinem Eingehen auf die Anfrage in Jer 42,1–7 sichtbar wird. Dies bedeutet, dass nach dem Untergang Jerusalems wieder Fürbitte möglich wird.

Wer das sprechende kranke, bekümmerte *Ich* in Jer 8,18 ist, kann nicht mit Sicherheit bestimmt werden; dies gilt im Prinzip auch wenige Verse später für 8,21–23, wo ein *Ich* von Trauer und Entsetzen über den Zusammenbruch der Gemeinschaft so getroffen ist, dass es *unaufhörlich weinen* will. Manches spricht dafür, darin den Propheten reden zu sehen.[188]

Klarer wird es wieder mit den Konfessionen ab 11,18. In der ersten bekennt Jeremia vor Gott, dieser habe ihm seine »Naivität« aufgehen lassen, im Bild des »zutraulichen Lammes« (v 19). »Wie ein Lamm zum Schlachten geführt« steht Jes 53,7 im vierten Lied vom Gottesknecht ganz nahe.[189] Der Vergleich mit dieser Gestalt hilft ihm zu verstehen, wie Menschen aus seiner Heimat ihm nach dem Leben trachten und die eigenen Angehörigen gegen ihn vorgehen (11,21 mit 12,6). Auf diesem Hintergrund *klagt er Gott und fragt ihn an*, warum er den Weg der Frevler so gelingen lasse (12,1–2).

Die zweite Konfession setzt in 15,10 mit einem Ausruf des Schmerzes ein: »Weh mir, meine Mutter, dass du mich geboren hast, einen Menschen des Streits und einen Menschen des Zanks mit dem ganzen Land!«. Jeremia spürt, mit allen in Auseinandersetzungen zu stehen, und wird darüber *seines Lebens leid*, wie die Klage an seine Mutter es ausdrückt.

In der Fortsetzung in Jer 15,15–18 *verschärft sich die Zerrissenheit* bezüglich seiner Existenz noch mehr. Vers

---

188 Es könnte aber auch Gott selber sein, der in Jer 9,2 als Sprecher ausgewiesen wird und von sich in 9,9 aussagt, weinen zu wollen. Auch inhaltlich nahe Stellen wie Jer 13,17, wo es auf den Propheten bezogen ist, und Jer 14,17, wo es auf Gott referiert, helfen nicht zu einer Entscheidung.

189 Wie oben (s. S. 110) ausgeführt, dürfte die Figur des Gottesknechtes in Jes die Darstellung Jeremias in Jer mitgeprägt haben.

15 spricht von Verfolgung und Schmach, v16 von Entzücken und Herzensfreude. Der nächste v17 beklagt Einsamkeit und Bitterkeit,[190] und gleich darauf sind Schmerzen und anhaltende Verwundung Auslöser für überzogene Anklagen gegen Gott.[191]

Mehrere innere Nöte Jeremias zeigen sich in der dritten Konfession (17,14–18). Zunächst spricht v15, im Zitat der Gegner, das Ausbleiben des Eintreffens des göttlichen Wortes an (vgl. dafür auch Jer 5,12). Jeremia hat etwas angekündigt, doch davon ist bis jetzt nichts sichtbar. Dann bringt v17 zwei gegensätzliche Erfahrungen mit Gott ein: Jeremia hat ihn bisher als »Zuflucht« erlebt und erhofft, doch tut sich ihm jetzt auf, er könnte für ihn auch zum »Schrecken« werden (s. dazu 1,17), und er bittet, dies möge nicht eintreten. Schließlich kommen in v18 nochmals seine Feinde in den Blick, mit den Motiven »Schande« und, erneut, »erschrecken«; Jeremia betet, es möge nicht ihn, sondern sie treffen.

In der vierten Konfession erreichen Jeremias Wünsche gegen seine Gegner ihre *größte Schärfe*. Angesichts des erlittenen Unrechts, Gutes mit Bösem vergolten bekommen zu haben (Jer 18,20), bittet er Gott, sie und ihre Familien umfassend zu zerstören und keinesfalls nachsichtig zu sein (18,21–23). Wer solche Gedanken hegt, muss zuvor ganz tief verletzt worden sein.

Die letzte Konfession (Jer 20,7–18) ist auf dem Hintergrund der Behandlung durch Paschhur am Beginn des Kapitels zu sehen (Jer 20,1–3; s. o. S. 133–134). Wie

---

190 Wörtlich »mit Grimm erfüllt«, vgl. die ähnliche Formulierung in Jer 6,11.

191 »Trugbach« und »unzuverlässige Wasser« suggerieren Untreue auf Seiten Gottes. Das erklärt, warum dieser in v19 so scharf reagiert und von Jeremia Umkehr fordert.

nach einem Schock bricht es ab v7 aus Jeremia heraus, in einer wechselnden Mischung von Anklagen, Aussichtslosigkeit, Zuversicht, Lob, Flüchen und Lebensüberdruss – so extrem wie nie sonst zeigen diese Verse auf kürzestem Raum das Chaos der Stimmungen und die *völlige Auflösung des inneren Halts* in einem Menschen. Jeremia hat in sich selbst keine Stabilität mehr, und alle seine Beziehungen sind in Frage gestellt.[192]

Ab 23,9 ist Jeremia *über andere Propheten zutiefst erschüttert*, wobei der Gegensatz zwischen »Jhwh und seinen heiligen Worten« und dem Verhalten der Bevölkerung, vor allem aber der Propheten und Priester anfangs hervorsticht (v10–11). Die weiteren Verse bis v40 zählen dann in der für die Hebräische Bibel größten Ausführlichkeit die Vergehen anderer Sprecher Gottes auf. Darin tun sich bei diesen Berufskollegen ein Abgrund an Falschheit und eine gänzlich verschiedene Ausrichtung als bei Gott und Jeremia auf, welche das Erzittern von v9 verständlich erscheinen lassen.

Der Gottesknecht bei Jes hatte den Eindruck, sich *vergeblich abgemüht* zu haben (Jes 49,4). Nachdem Jeremia sich 23 Jahre mit voller Kraft eingesetzt hatte, muss er die ähnliche Erfahrung machen (Jer 25,3); er findet kein Gehör.[193] Im folgenden Kapitel kommt die

---

192 G. Fischer, *Jeremia 1–25* (2005), 626.

193 B. Green, *Plans* (2013), 140 u. ö., spricht von Misserfolg (»failure«) bezüglich der Sendung Jeremias und legt ihn teils auch ihm zur Last; er habe zu »unnachgiebig« gepredigt. Eine solche Deutung verkennt aber mehreres: Erstens hat Jeremia öfter mit Verweis auf Gottes Gereuen zur Umkehr motiviert (z. B. Jer 26,3.13; 36,3). Zweitens hat der Widerstand gegen prophetische Kritik und gegen Herausforderung zu Veränderung in Israel lange Tradition; in gleicher Weise haben auch andere Propheten nicht Gehör gefunden (z. B. 2 Kön 17,13–14).

Konfrontation mit einem *Todesurteil* dazu (26,8); was es im Propheten an Angst oder anderen Gefühlen ausgelöst hat, findet mit keinem Wort Erwähnung, doch ist seine Reaktion in 26,12–15 sehr gefasst, klar und couragiert.

Wohl eher komisch und als *zu belächelnde tragische Gestalt* erscheint der ein Joch tragende Jeremia in Jer 27. Wiederum erfahren wir nichts, was dabei im Inneren des Propheten vor sich geht. Beschämung und Hilflosigkeit steigern sich noch, als der Gegenspieler Hananja in 28,10–11 das Joch zerbricht und Jeremia darauf im Moment nichts zu erwidern hat.

Auch in Jer 29 stehen Konflikte mit anderen Propheten, diesmal in Babel (v15), im Hintergrund. Jeremia *muss sich mehrfach behaupten*: gegen täuschende Kollegen und Wahrsager und »produzierte« Träume als Medium göttlicher Offenbarung (v8–9);[194] gegen Ahab und Zidkija mit ihren falschen Weissagungen und unmoralischem Verhalten (v20–23), und gegen Schemaja, der Jeremias »Botschaft der Inkulturation«[195] angreift und aus der Ferne Maßnahmen gegen ihn fordert (v24–32, s. schon oben bei 2.). Hier wird sichtbar, dass die erste Einnahme Jerusalems 597 diese anderen Propheten nicht zur Einsicht gebracht hat.

Ergreifend drückt Jeremia seine innere Not angesichts des anscheinend sinnlosen Ackerkaufs in seinem Gebet in 32,16–25 aus. Er setzt ein mit einem ausführlichen Lob Gottes (v17–22), schwenkt dann in v23 über zum Ungehorsam des Volkes und endet in v24–25 mit der Diskrepanz zwischen der aussichtslosen Lage der

---

194 Wörtlich, in einmaliger Formulierung am Ende von v8: »eure Träume, die ihr träumen lasst/macht«.

195 Vgl. v28 mit dem Inhalt von Jeremias »Brief« an die Exilierten in 29,5–7.

Stadt und dem an ihn ergangenen Auftrag. Aus diesem Abschluss wird deutlich, dass sogar der Prophet *Gottes Vorgehen nicht begreift*. Dies ist wohl die schönste Stelle für jenen Abstand, den Jeremia – bei aller Nähe zu Gott – diesem gegenüber immer noch hat. Doch erfährt er daraufhin eine ausführliche Antwort (v26–44), in der Gott ihm seine menschliches Denken übersteigenden Pläne mitteilt.

Gänzlich *eigenartig* ist Jer 35: In göttlichem Auftrag soll Jeremia die Rechabiter verführen, gegen die ihnen anvertraute Tradition der Alkoholabstinenz zu verstoßen (v2 mit v5). Erst die treue Reaktion dieser Gruppe und die ab v12 erfolgende Deutung Gottes vermag den tieferen Sinn dieser Handlung ans Licht zu bringen, der im Missverhältnis zwischen exakter Bewahrung menschlicher Bräuche durch die Rechabiter und der Missachtung sowie dem Ungehorsam gegenüber göttlichen Vorschriften bei der Bevölkerung von Juda und Jerusalem besteht (v12–17). Wie es Jeremia bei dieser Aktion, andere zu verlocken, ergangen ist, kommt nicht zur Sprache.[196]

In Jer 36,5 erklärt Jeremia Baruch gegenüber, »verhindert« zu sein und nicht selbst in den Tempel gehen zu können. Dies deutet eine Einschränkung an, deren Grund aber nicht genannt wird. Im selben Kapitel noch erfolgt die Zerstörung der Rolle und Jojakims Befehl zur Festnahme (36,23.26), was für den Propheten mit *Scheitern, Verlust von äußerst Wertvollem,*

---

196 Gottes »Verleiten« ist auch Thema in 1 Kön 22,19–23; Jer 20,7 und Ez 14,9, sowie im Hintergrund von Texten wie Gen 22,1–2; Ex 14,4; 1 Sam 18,10 und Jes 6,10; 45,7. Diese und andere Stellen wollen jedoch nicht Gott als »böse« darstellen, sondern nur besagen, dass auch dunkle Ereignisse noch von seinem Plan umfangen sein können und in irgendeiner, uns nicht gänzlich begreifbaren Weise, mit ihm zusammenhängen.

Verunsicherung und Lebensgefährdung verbunden war – in diesem Fall bedürfen Jeremia und Baruch des besonderen Schutzes Gottes, der sie »versteckt« (v26) und später das Verlorene mehr als ausgleicht (36,27–28 mit v32).

Jer 37–38 schildern, wie Jeremia sogar in den letzten Phasen der babylonischen Belagerung, als die Lage offensichtlich unhaltbar wird, *kein Gehör findet.* Zwar gibt es noch ein »retardierendes Moment« mit dem vorläufigen Abzug der Chaldäischen Truppen (Jer 37,5), doch Jeremia warnt vor falschen Hoffnungen (37,6–10). In dieser Zeit wird er auch fälschlich verdächtigt (37,11–16, s. oben S. 137).

Was für Jeremia *besonders bitter* ist, spricht er in seiner Frage in 37,19 an: Die Reden der anderen Propheten, die das drohende Unheil verharmlost haben, haben sich als unzutreffend erwiesen, und sie selbst haben sich nun aus dem Staub gemacht; ihm aber, dessen Ansagen sich jetzt als richtig herausstellen, glaubt man immer noch nicht, und die »Hardliner« unternehmen alles, ihn erst recht zum Schweigen zu bringen (38,4–6). Wie sehr die Wahrheit unerwünscht ist, zeigt König Zidkija damit, dass er den Propheten unter Todesdrohung zum Lügen zwingt (38,24–27).

Damit ist ein erster *Gipfelpunkt der Verkehrung* erreicht, der dann auch gleich unmittelbar zur Einnahme Jerusalems in Jer 39 überleitet. Wie Jeremia den Untergang der Stadt und die nachfolgende Zeit bis zur Ermordung Gedaljas er- und überlebt hat (Jer 39 und 41), findet keine Erwähnung.

Mit der Anfrage um fürbittendes Gebet[197] in 42,2 kommt Jeremia wieder in den Blick und erfährt *Beach-*

---

197 S. auch die ähnlichen Ansuchen in Jer 21,1–2 und 37,3; diese liegen allerdings zeitlich vor dem Fall Jerusalems.

tung und Wertschätzung, wie auch der folgende Dialog bis v6 zeigt. Doch die Reaktion auf die unerwünschte göttliche Antwort, sie sollen im Land bleiben und nicht nach Ägypten ziehen, schlägt ins Gegenteil um. Einige der Truppenobersten bezichtigen Jeremia in 43,2–3 »Betrug«[198] zu reden, nicht von Gott gesandt zu sein und von Baruch angestiftet worden zu sein. Damit wird der »wahre Prophet«, trotz der bisherigen Bestätigung seiner Sendung, wenig nach der eingetretenen Katastrophe erneut abgelehnt.

Es kommt noch dicker: In Jer 44 spitzt es sich zu einem letzten Disput zwischen Judäern und Jeremia in Ägypten zu um die Frage, was die Ursache für das hereingebrochene Unheil sei. Gegen Jeremia, der die Verehrung anderer Gottheiten dafür verantwortlich macht, kommt es zur *Verteidigung des Götzendienstes* durch alle Ausgewanderten und zur festen Absichtserklärung, entgegen der göttlichen Anweisung damit weiter fortzufahren (44,15–19). Damit ist Jeremias Sendung am Ende *völlig gescheitert;* es ist der absolute Tiefpunkt, und ihm bleiben nur noch letzte Gerichtsansagen (44,20–23.24–30).[199]

*

---

198 So wörtlich im Hebräischen (*schäqär*), damit genau dem Vorwurf entsprechend, den Jeremia zuvor anderen gegenüber erhoben hat.

199 Es folgt noch Jer 45, das aber auf das Jahr 605 angesetzt ist. Dort erscheint Baruch vor allem als um sich besorgt – im Kontrast zu Jeremia, der zwar auch sein Leid anspricht, aber viel mehr noch das Unheil der Gemeinschaft. Auch Jer 51,59–64 folgt noch später im Buch, liegt aber mit dem vierten Jahr von König Zidkija (ca. 594 v. Chr.) zeitlich früher.

Keinem Menschen ist zu wünschen, was Jeremia durch-gemacht hat. Vom Beginn weg, ab seiner Berufung in Jer 1, bis hin zum Ende seines Auftretens *häufen sich die Auswirkungen von schmerzlichen und bedrückenden Erfah-rungen* in einer sonst nicht zu findenden Bandbreite. Zwar ist einmal, in Jer 15,16, auch von inniger Freude die Rede, doch sonst dominieren Klagen, Erschütterung und düstere Stimmungen völlig.

Jer ragt darin heraus, dass es dieser »inneren Seite« des äußeren Leidensweges *erhöhte Aufmerksamkeit* schenkt. Erleben und Reaktionen eines Sprechers Got-tes kommen weit mehr als in anderen prophetischen Büchern zur Sprache.[200] Dies bedeutet auch eine neue Akzentuierung, insofern Jer das öffentliche Auftreten und Ergehen Jeremias mit den sie begleitenden geis-tigen und seelischen Empfindungen ergänzt und ver-tieft. Lesende erhalten damit ein »kompletteres« Bild vom Propheten, was zu einer größeren Nähe zu ihm führt und eine stärkere Identifizierung erlaubt.

Der Grund für die inneren Nöte Jeremias liegt nicht in ihm selbst. Es ist *Gott*, der mit seinen Aufträgen, Urteilen und Erwartungen die Gemeinschaft heraus-fordert und kritisiert, und damit seinen Propheten ins Gegenüber zur Gesellschaft und an deren Rand oder gar außerhalb ihrer stellt. Was Gott mit seiner Sendung von Jeremia verlangt, überschreitet die gewöhnlichen Grenzen menschlicher Belastbarkeit bei weitem und bedeutet eine Zumutung.[201]

---

200 Diese »Wendung nach innen« geht gut zusammen mit jener Wandlung in der Frömmigkeit, die M. Weinfeld, *Jeremiah* (1976), als »spiritual metamorphosis« beschrieben hat. Sie stellt das ei-gene persönliche Nachvollziehen des Glaubens über äußere Vollzüge.

201 Jeremia bringt dies auch in seinen Entgegnungen zur Sprache, besonders deutlich in Jer 15,17–18 und 20,7–9.

Das innere Leiden Jeremias zeigt über das Buch hinweg auch eine Veränderung. In der ersten Buchhälfte finden sich mehrfach Momente des *Widerstandes*, insofern Jeremia auch Gott anklagen kann, vor allem in den Konfessionen. Davon ist ab Jer 26 nie mehr die Rede; Jeremia scheint sich darin *ergeben* zu haben, was auch immer geschieht, zu tragen.[202]

4. Jeremias Reden und Auftreten

Nachdem mit dem Leidensweg Jeremias und seinen inneren Nöten die zwei ihn am meisten abhebenden Dimensionen seines Lebens in den Blick gekommen sind, gilt es nun, auch die »weniger spektakulären« Momente seines Wirkens anzuschauen. Sie zeigen ebenfalls ein *eigenes Profil*.

In der Berufung antwortet Jeremia[203] Gott dreimal (Jer 1,6.11.13), und jedes Mal geht Gott auf ihn ein und führt das Gespräch weiter. Danach bleibt der Prophet über lange Zeit hinweg »Hörer«. Erst in 4,10 meldet er sich wieder zu Wort (s. dazu oben S. 141) und reagiert damit auf die von Gott zuvor in v9 genannten »Priester« und »Propheten«.

Die nächste »sichere« Stelle für Jeremias Sprechen[204]

---

202 Typisch dafür ist der deutlich andere Ton in Jer 32: Jeremia drückt sein Nicht-Begreifen und fehlendes Einverständnis mit dem ihm erteilten Auftrag nur nach erfolgter Ausführung in einem Gebet aus, das überwiegend Lob ist und erst am Ende auf das Problem hinweist.

203 Wenn hier und im Folgenden »Jeremias« Reden und Auftreten vorgestellt wird, bezieht es sich immer auf die Darstellung durch den Autor des Buches. Dabei bleibt offen, wie weit dies historische Grundlagen hat.

204 Es ist allgemein in Prophetie öfter und auch bei Jer schwierig,

ist 5,3–5. Er spricht dabei vor Gott das enttäuschende Ergebnis der in v1 geforderten Erkundung an. Eine ähnliche Dynamik zeigt 6,9–11: Auf eine göttliche Aufforderung (v9) hin bekennt er seine Erfolglosigkeit und erhält daraufhin einen neuen Befehl (v10–11). Wiederholt führt Jeremia also *Gottes Aufträge getreu aus*, auch wenn er kein Gelingen dabei hat.

Möglicherweise drückt Jeremia in 8,21–23 seinen Wunsch nach intensiver Trauer über die Lage seines Volkes aus. Sein nächstes Reden[205] erfolgt in 11,5: »Amen, Jhwh!« Damit *bestätigt* er, das Schema von Dtn 27,15–26 übernehmend, *Gottes vorangegangenes Sprechen* in v3–5 und bekräftigt dessen Verfluchung eines Menschen, der nicht hört; auf dieser Basis konstatiert Gott dann den Bundesbruch (11,10) und kündigt die unausweichlichen Folgen an.

Die ab 11,18 folgenden und bis Jer 20 reichenden Konfessionen wurden schon mehrmals angesprochen (zuletzt oben S. 143–145). Sie zeigen eine deutliche *Steigerung des Austausches und der Auseinandersetzung* zwischen Jeremia und Gott. Parallel dazu kommt es auch sonst zu einer vermehrten Aktivität des Propheten in diesen Kapiteln.

Erstmalig erwähnt Jer 13 explizit ein *Handeln Jeremias*, und gleich mehrfach. Er führt Gottes Befehle nach Kaufen, Verbergen und erneutem Holen des Hüft-

---

die verschiedenen Stimmen und Äußerungen bestimmten Sprechern zuzuordnen. Hier beschränke ich mich auf jene Stellen, die mit größerer Wahrscheinlichkeit »Jeremia« zugeschrieben werden können; ausführlichere Diskussionen der verschiedenen Möglichkeiten finden sich in meinem und anderen Kommentaren.

205 Das »Gebet« in Jer 10,23–25 mit seinen Unterstellungen kann nicht Jeremia zugeschrieben werden; für die Gründe s. G. Fischer, *Gebete* (2010), 224–225.

schurzes genau aus (13,1–7). Wenig später, in 13,15–17, dürfte es wohl Jeremia sein,[206] der die Gemeinschaft anredet und auffordert, »Gott die Ehre zu geben«.

In Jer 14,13 unternimmt Jeremia einen *Versuch, das dritte Verbot der Fürbitte* und Gottes Unheilsandrohung von zuvor (v11–12)[207] unter Verweis auf die falsche Verkündigung der anderen Propheten *zu umgehen*. Dies kann als ein Beleg für seine spätere Aussage angesehen werden: »Gedenke, dass ich vor dir gestanden bin, Gutes über sie zu reden, um deinen Zorn von ihnen abzuwenden!« (18,20). Doch Gott lässt sich nicht mehr umstimmen, wie seine Reaktion in 14,14–18 zeigt.

Es ist möglich, dass die *lobenden Anrufungen* Gottes in Jer 16,19–20 und 17,12–13a von Jeremia stammen, sicherlich aber wieder die Bitte um Heilung und Errettung in 17,14. Ihre Formulierung mit der Doppelung der Verben zeigt sehr schön die beiden zueinander gehörenden Dimensionen von menschlich bittender Erwartung (»Heile!, Rette!«) und göttlich geschenkter »Erfüllung« (»werde ich geheilt, werde ich gerettet«) auf.

Das nächste Kapitel 18 berichtet wieder eine Handlung Jeremias. Auf göttlichen Befehl sucht er das Haus des Töpfers auf und sieht diesen bei seiner Arbeit (v3–4). Die anschließende Deutung durch Gott enthüllt den tieferen Sinn und weckt angesichts der Formbarkeit und möglichen Umkehr noch Hoffnung (18,5–10). Erneut, wie schon in Jer 1,11–16, sind *Jeremias Wahrnehmung und Gottes Botschaft miteinander verschränkt.*

---

206 Dies legt sich nahe, weil dreimal von »Jhwh« sowie zweimal über Gott mit »er« gesprochen wird und das »ich« in v17 am ehesten auf den Propheten zu beziehen ist.

207 Hier begegnet erstmalig in Jer die sogenannte *Plagentrias* zusammen, nämlich »Schwert, Hunger, Pest«.

Mit Jer 19,14–15 kommt es zu einer *entscheidenden Veränderung*: Diese Stelle berichtet zum ersten Mal, dass Jeremia eine ihm erteilte Botschaft ausrichtet. Bis dahin hatte immer Gott geredet und ihm viel mitgeteilt, was er verkünden solle; doch wurde Letzteres nie explizit[208] ausgeführt. Die Notiz, dass Jeremia »vom Tofet kam«, lässt annehmen, er habe dort, wie befohlen (19,10), den Krug zerbrochen und damit symbolisch bereits vollzogen, was er nun in v15 im Vorhof des Tempels verkündet.

Die markante Wende, die damit in Jer erfolgt, wird auch an der unmittelbar folgenden Reaktion Paschhurs (20,1–2) sowie an der dramatischen Zuspitzung von Jeremias Lage sichtbar, wie sie in der fünften Konfession zum Ausdruck kommt (beginnend in 20,7). Ab jetzt *häufen sich die Auftritte*, und damit auch die Auseinandersetzungen, das Leiden und die Gefährdungen des Propheten.

Das durch Paschhur erlittene Unrecht findet gleich eine Antwort in 20,3–6. Im Namen Gottes[209] sagt Jeremia ihm ein schreckliches und Erschrecken auslösendes[210] Geschick an, bis hin zum Tod in der Fremde. Auch darin steht Gott, wie versprochen, *an Jeremias Seite*. Dieser muss nicht alles einfach »schlucken«; mit Gott kann er sachlich, treffend und gezielt reagieren.

Die erste berichtete[211] erbetene Befragung Gottes,

---

208 Die Drohung der Menschen in Anatot (Jer 11,21) setzt wohl voraus, dass Jeremia dort verkündigt hat.

209 Dies ist ganz entscheidend, insofern Jeremias Reaktion nicht aus »persönlichem Beleidigtsein« heraus erfolgt, sondern von Gott her stammt: siehe den zweimaligen Verweis auf Jhwh in 20,3–4.

210 Die erstmalige Nennung von Babel hier in Jer, noch dazu gleich dreimal in v4–6, hat wohl auch diesen Effekt.

211 Die zeitliche Reihenfolge ist, wie oben (s. S. 60) beschrieben,

durch König Zidkija in 21,1–2 an Jeremia ergangen, beantwortet dieser unmittelbar in v3–7. Der Verweis auf Gottes Reden in v4 und in v7 lässt annehmen, der Prophet sei *dem Ansuchen nachgekommen* und habe die Angelegenheit Gott vorgelegt. Die Antwort ist das Gegenteil des Erwarteten (s. das Ende von v2); Gott selber verbündet sich mit den Feinden und wird gegen sein eigenes Volk kämpfen. Jeremia übernimmt hier die Aufgabe eines Vermittlers göttlicher Orakel (vgl. 1 Kön 22,5; 2 Kön 22,13); dies zeigt seine hohe Autorität bei König und Vornehmen.

Jer 24 folgt mit dem *Schema*: (a) göttliche Anfrage an Jeremia bezüglich einer Vision – (b) dessen Antwort – (c) Deutung des Geschauten durch Gott – dem Modell in Jer 1,11–12 (und 1,13–16), ist aber wesentlich mehr entfaltet. Wie in Jer 1 und 18 antwortet Jeremia korrekt und liefert Gott damit Ausgangspunkte für seine Botschaft.[212]

Dieses *Miteinander* Jhwhs und seines Propheten wird noch deutlicher in Jeremias Rede an das Volk ab 25,3, in der er anfangs von seinem anhaltenden Misserfolg berichtet. Mitten in seinem Reden, spätestens in der zweiten Hälfte von 25,6, bei »und reizt mich nicht …!«, wechselt das Sprecher-Ich zu Gott, der bis 25,14 Subjekt des Redens bleibt. Im selben Kapitel kommt es erneut zu einer »Zusammenarbeit« beim Gerichtsbecher, den Jeremia aus der Hand Gottes auf dessen Geheiß nimmt und allen Nationen zu trinken gibt (v17; s. dazu oben S. 34).

---

nicht eingehalten. Jer 21 sollte eigentlich erst nach Jer 29 oder noch später kommen.

212 Gott greift die Motive »gute/schlechte Feigen« jeweils zu Beginn seiner Deutungen in 24,5.8 auf, zusätzlich später noch einmal ähnlich in 29,17.

Mit Jer 26 beginnt eine *neue Phase* in der Beschreibung der Wirksamkeit Jeremias. Weit mehr als zuvor dreht sich vieles um ihn, seine Auftritte und Reden häufen sich noch. Bis Jer 40 gibt es nur wenige Kapitel, in denen ihm nicht eine wesentliche Rolle zukommt; nur in Jer 30–31 und 33 ist er nicht aktiv handelnd oder sprechend, doch auch dort Empfänger ausgedehnter göttlicher Mitteilungen.

Aus diesen fünfzehn Kapiteln greife ich nur einige Momente heraus, weil sie teilweise schon in den zwei vorangegangenen Teilen (Leidensweg, und innere Nöte, S. 132–151) besprochen wurden. Jer 26 gilt manchen[213] als Parallele zur Tempelrede in Jer 7, doch gibt es *massive Unterschiede*, u. a. am Ende von v2 in der Aufforderung, kein Wort der göttlichen Mitteilung zu unterdrücken, und in v3 mit der Ankündigung, bei Umkehr werde Gott sich des angedrohten Unheils gereuen (und es nicht ausführen). Gänzlich verschieden aber sind die ab 26,7 berichteten Reaktionen, bei denen Jeremias eindrucksvolle Entgegnung in v12–15 herausragt (s. o. S. 134–135).

Jer 27 schildert, wie Jeremia den vorausgegangenen Auftrag (v2–11) in Bezug auf König Zidkija und das Volk *sinngemäß umsetzt und persönlich weiterführt* (27,12–15.16–22). Was Gott durch die fremden Boten deren Königen ausrichten lässt, kehrt weitgehend ähnlich in der Botschaft an Zidkija wieder.[214] In der Rede an Priester

---

213 Zum Beispiel F.-L. Hossfeld / I. Meyer, *Prophet* (1973), 48.

214 Es finden sich gleiche Formulierungen, wie z. B. »den Hals in das Joch des Königs von Babel bringen« (v11; v12 im Plural, v8 mit dem Verb »geben«), »ihm dienen« (v6; v12), die Aufforderung, nicht auf die Propheten zu hören (v9; v14), das Zitat »Nicht sollt ihr dem König von Babel dienen!« (v9; v14), dessen Qualifizierung mit: »… denn Trug sind sie euch prophezeiend« (v10; v14).

und Volk (ab v16) nimmt Jeremia die vorausgehenden Warnungen vor den anderen Propheten (v9–10, gesteigert in v14–15) auf und wendet sie konkret auf das Tempelinventar (mehrfach in v16–22) und auch auf die 597 mit König Jojachin Exilierten an (v20).

Dies bildet den Anknüpfungspunkt für Hananjas Gegenansage in 28,2–4. Jeremias Antwort darauf in v5–9 ist, trotz ihrer Kürze, in ihrer Gelassenheit, Ausgewogenheit und mit ihrem weiten Horizont ein *Meisterstück einer Rede*.[215] Jeremia ist innerlich so frei, dass er am Beginn in v6 seinem Gegenspieler zustimmen kann und dessen Ansage doppelt als Wunsch an Gott aufnimmt. Mit v7 bittet er höflich um Aufmerksamkeit und leitet damit die bisherigen Erfahrungen und Erkenntnisse bezüglich Prophezeiungen ein. Er unterscheidet zwei Typen: Die Hauptgruppe in der Vergangenheit (»Propheten« im Plural in v8) hat Unheil angesagt. Wer jedoch *schalom* »Frieden, Heil!« verkündet (»Prophet« im Singular in v9), bei dem muss sich die Echtheit seiner Botschaft am Eintreffen bewahrheiten.

Hananja lässt sich auf so einen feinsinnigen Diskurs nicht ein und greift zur Gewalt, indem er das Joch vom Hals Jeremias zerbricht (28,10). Dieser ist zunächst wehrlos und geschlagen, erhält dann aber Unterstützung von Gott (v12–14) und kann in seinem Namen Hananja das gebührende Urteil sprechen (v15–16), dessen baldiges Eintreffen ihn als *wahren Propheten* bestätigt.

Mit Jer 29 erreicht Jeremias Wirken eine *neue Dimension*. Er tritt als Absender eines »Briefes« auf, der sich an die im Jahre 597 mit König Jojachin Verschleppten in

---

215 Die unnötige doppelte Einführung mit »Und der Prophet Jeremia sagte« in v5 und v6 gibt ihr besonderes Gewicht.

Babel wendet (v1–3). Damit erreicht er eine Ausstrahlung, die weit in die Ferne reicht – wie auch die im selben Kapitel erfolgende »Gegenwehr« Schemajas bezeugt (ab 29,24). Anders als erwartet, und auch entgegen seiner eigenen bisherigen Verkündigung, schreibt Jeremia jetzt von *schalom*, gleich dreifach (29,7), und verknüpft dabei das Wohlergehen der Exilierten mit dem ihrer »Feinde« dort im fremden Land, die auch für ihre Verluste und ihre schwierige Lage verantwortlich sind.

Die *Trostrolle* Jer 30–31 steigert das Moment des Schreibens (30,2), hat aber weder Datierung noch Adressaten, und gilt somit grundsätzlich. Auch im folgenden Kapitel 32 gibt es erneut ein *Schriftstück*, gleich in doppelter Ausführung (v10–14);[216] doch zuvor noch gibt das längere Zitat des Königs Zidkija in v3–5 indirekt Jeremias Verkündigung wieder,[217] der die sichere Einnahme der Stadt durch die babylonischen Truppen und die Auslieferung Zidkijas ansagt und deswegen gefangengesetzt wurde (v2).

Ab 32,6 folgt eine Art *Selbstbericht*, ähnlich wie schon in 13,1–7 und kurz in 18,3. Jeremia schlüpft dabei selber in die Erzählerrolle. Dadurch können Lesende aus der Perspektive des Propheten diese Abfolge wahrnehmen: göttliche Information an Jeremia (v6–7) – Eintreffen des Vorhergesagten (v8) und Erkennen des Propheten, dass

---

216 Nach damaligem Brauch wurden zwei identische Kopien angefertigt. Die eine blieb »offen« und damit jederzeit lesbar; die andere, »versiegelte«, war verschlossen und diente zur Kontrolle bei Manipulation des offenen Dokumentes oder in Streitfällen. Dasselbe gilt auch für die »zwei Tafeln« am Sinai (Ex 24,12 u. ö.).

217 Man kann darin eine Vorwegnahme von Jer 34,2–5 sehen. Sie ist erneut »selektiv«, insofern Zidkija den positiven Teil von dort, v4–5, in Jer 32 nicht aufgreift.

der Auftrag wirklich von Gott kommt (letzter Satz von v8)[218] – gehorsame Ausführung des Kaufbefehls (ab v9), mit offizieller Dokumentierung, öffentlich vor Zeugen, und Befehl zur Archivierung an seinen Vertrauten Baruch (v14). Die damit verbundene Deutung in v15, als ein Hoffnungszeichen, dass auch in Zukunft wieder Kaufgeschäfte getätigt werden im Land, deckt sich mit Gottes Antwort später in 32,43–44 und nimmt diese schon hier vorweg.[219]

Jer 34,6–7 schildern, wie Jeremia das zuvor (v1–5) erhaltene göttliche Wort für König Zidkija diesem in der Belagerungssituation auch ausrichtet – die negativen Folgen für ihn kamen im vorletzten Absatz bereits zur Sprache. Mächtige lassen sich nicht gerne *auf ihre Grenzen und Schwächen hinweisen.* Im selben Kapitel erhält Jeremia, mit doppelter Einleitung betont (v8 und 12), Gottes Reaktion auf die Rücknahme der Freilassung der Sklaven mit abschließendem ausgedehntem Gerichtswort (34,17–22) mitgeteilt.

In 35,3 setzt wieder ein Selbstbericht Jeremias ein. Dabei versucht er, Gottes eigenartigen vorangegangenen Befehl (v1–2), die Rechabiter zum Trinken von Alkohol zu verleiten, umzusetzen (s. dazu oben S. 147).

---

218 Dies ist angesichts der Zweifel, die Jeremia selbst bezüglich dieser Aktion hat und gleich anschließend im Gebet zum Ausdruck bringt, ein entscheidender Punkt.

219 Es ist zu vermuten, dass Gottes in v7 berichtete Anweisung an Jeremia auch bereits diese Erklärung enthielt, sie vom Erzähler aber der Kürze der Schilderung wegen dort nicht eigens gebracht wurde. Sonst gäbe Jeremia in v15 von sich aus eine positive Deutung, die er anschließend durch die Anfrage in seinem Gebet (v16–25) nie erwähnte und in Zweifel zöge. Und für Gottes Antwort ergäbe sich, dass er, ganz zum Ende der Wende zum Guten (klar ab 32,37), in v43–44 die Auslegung seines Propheten übernähme, aber nur sehr begrenzt (nur auf »Felder« bezogen, gegenüber »Häuser, Felder, Weinberge« in v15).

Bei der Auswertung dieses Ereignisses gibt es einen deutlichen Unterschied: Die negative Beurteilung der Bevölkerung Judas und Jerusalems erfolgt als Information an Jeremia (v12–17), während der Prophet selber den Rechabitern *direkt die göttliche Verheißung ausrichtet* (35,18–19). Darin spiegelt sich die Wertschätzung für sie.

Jer 36 führt die Linie des *Schreibens von Prophetie noch eine Stufe weiter*. Gott befiehlt Jeremia, die ihm über einen langen Zeitraum mitgeteilten Worte[220] aufzuzeichnen in eine *Schriftrolle*, mit dem Ziel, dass eine Umkehr des Volkes seine Vergebung erreichen könnte (v2–3). Den Auftrag setzt der Prophet indirekt um, indem er Baruch als Schreiber verwendet und ihm diktiert (v4). Auch die anschließende Weitergabe erfolgt mittelbar, über Baruch, der an einem geeigneten Tag das Aufgeschriebene im Tempel vorliest (v5–10). Damit wird die Weitergabe göttlicher Offenbarung völlig, sowohl räumlich als auch zeitlich, von der Anwesenheit des Propheten entkoppelt, was in diesem Fall auch ein Schutz vor der einsetzenden Verfolgung ist (v26). Nach der Zerstörung der Rolle schildert 36,32 deren erneute Anfertigung auf göttliches Geheiß (v27).

König Zidkija richtet in 37,3 eine *Gebetsbitte* an Jeremia, der bis zur Belagerungspause offenbar noch uneingeschränkte Bewegungsfreiheit hatte (v4–5). Die darauf erfolgende Antwort Gottes (ab v6) lässt vermuten, der Prophet habe sie erfüllt, und ihr Inhalt sei der

---

220 Die Angaben in Jer 25,1–3 lassen für denselben Zeitpunkt auch hier in Jer 36,1 zusammen mit der neuerlichen Erwähnung König Joschijas in v2 ebenso die Frist von 23 Jahren annehmen; damit ist die nun entstehende Schriftrolle wesentlich umfangreicher anzusetzen als die Trostrolle zuvor mit gerade zwei Kapiteln.

dauernde Abzug der babylonischen Truppen gewesen. Doch Gott macht klar, dass dies eine Illusion und Selbsttäuschung ist (37,9).

Das weitere Geschick Jeremias in Jer 37–38 ist großteils schon oben (S. 137 und 148) zur Sprache gekommen; lohnend ist noch das genauere Eingehen auf die *letzte Unterredung mit König Zidkija* in 38,14–26. Angesichts der bisherigen Erfahrungen mit ihm[221] benennt Jeremia gleich anfangs in v15 zwei Probleme: Er muss mit seiner Ermordung rechnen, und alles Reden ist wegen der fehlenden Hörbereitschaft des Königs ohnehin aussichtslos. Zidkijas Zusage der Verschonung in v16 löst die erste Schwierigkeit.[222]

Daraufhin legt Jeremia, positiv beginnend, dem König in v17–18 die Alternative zwischen Rettung durch Übergabe oder Untergang für die Stadt und seine eigene Person bei Fortsetzung des Widerstandes vor. Auf das Angsteingeständnis des Königs in v19 bezüglich des Sich-Ergebens geht Jeremia sofort in v20 ein[223] und ermutigt ihn zum Hören, aufbauend mit der Motivation des Überlebens. Länger aber (v21–23) malt Jeremia dem König das Szenario aus, das ihm bei einer Verweigerung der Kapitulation blüht. Geschickt setzt er dabei mit einem Zitat das Reden von Frauen (v22) ein,[224] bei denen sein Ansehen sinken würde, und endet mit der

---

221 S. zuletzt 37,17, das wie vorhergegangene Warnungen und Empfehlungen (z. B. 34,2–5) ohne entsprechende Reaktion bleibt.

222 Die Morddrohung wenig später in v24 zeigt, dass auf sein Reden nicht viel Verlass ist.

223 38,19: »… dass sie mich nicht in ihre Hand geben« – v20: »Sie werden dich nicht [in ihre Hand] geben.«.

224 Vgl. dazu 1 Sam 18,6–9, wo solches Reden das Zerwürfnis zwischen König Saul und David auf Grund der unterschiedlichen Anerkennung auslöst.

pointierten, einmaligen Formulierung: »… und diese Stadt wirst du[225] mit Feuer verbrennen«. Jeremia erscheint als ein *Meister im Reden*, der trotz eigener Bedrängnis und Gefangenschaft einfühlend und weiterführend argumentiert und im letzten Moment noch zu retten versucht.

Nach der Einnahme Jerusalems »sitzt er mitten im Volk« (39,14), ähnlich dann auch kurz später wieder in 40,6, dort unter den »Zurückgelassenen im Land«. Dazwischen, in der Begegnung mit dem babylonischen Oberst Nebusaradan, erscheint Jeremia *zögernd*. Er wird in seiner Verkündigung durch den feindlichen Feldherrn bestätigt (40,2–3), kann sich aber in 40,4 bei der ihm zur Wahl vorgelegten Alternative zwischen Wegziehen mit Nebusaradan nach Babel oder Bleiben im Land nicht (so schnell?) entscheiden; das Zaudern beendet Nebusaradan in v5, indem er Jeremia ein Verweilen bei Gedalja nahelegt und ihn wohlwollend sowie mit Proviant versorgt entlässt.

In der schwierigen Situation nach der Ermordung Gedaljas treten Verantwortliche und Volk an Jeremia heran mit der Bitte, von Gott den rechten Weg mitgeteilt zu bekommen (Jer 42,1–3). Der Prophet geht in v4 dreifach darauf ein: Mit »Ich habe gehört« bestätigt er sein Aufnehmen ihrer Rede, und danach seine Bereitschaft, sich wie gewünscht an Gott zu wenden. Schließlich verspricht er, eine erfolgende göttliche Antwort vollständig weiterzugeben. Die drei Momente zusammen zeigen eine Person, die *sachlich, korrekt und effektiv denkt, redet und handelt.*

---

225 Nur hier ist der König Subjekt des Verbrennens, was seine Verantwortung hervorhebt; s. demgegenüber die üblichen Formulierungen in 38,17 (im Passiv) und v18, mit den Chaldäern als Subjekt.

Die nach zehn Tagen ergehende Auskunft (v7) leitet Jeremia wie versprochen in 42,9–22 weiter. Es ist seine *längste Rede*. Nach der Einleitung (v9) spricht der erste Teil (v10–12) für den Fall des Bleibens im Land vielfach göttliche Unterstützung zu.[226] Der zweite Teil (v13–18) geht in die Gegenrichtung. Wenn die Judäer in Ungehorsam (v13) nach Ägypten hinunterziehen, in der Erwartung, dort verschont zu sein (das Zitat in v14), dann täuschen sie sich, wie der Rest von Gottes Antwort in v16–18 deutlich macht.[227] Im dritten Teil (v19–22) verstärkt Jeremia persönlich, was er ausgerichtet hat, mit mehreren scharfen Warnungen. Dabei erinnert er an das gegebene Versprechen (Ende v20, mit v5–6), erspürt sensibel das Begehren nach Wegziehen (Ende von v22) und nimmt die ablehnende Reaktion bereits in v21 vorweg. Diese erfolgt dann auch unmittelbar anschließend in Jer 43.

In Jer 44 gibt es nochmals eine lange Auseinandersetzung, diesmal in Ägypten.[228] Gott teilt Jeremia Gerichtsworte über die Ausgewanderten mit (44,1–14), die dieser offensichtlich weitergegeben hat (v15). Auf

---

226 Dicht gehäuft finden sich Schlüsselmotive: in v10 die Verbliste (s. Jer 1,10), hier vierfach positiv, weil auch die Verben der Zerstörung verneint sind, und zusätzlich die Wendung »sich des Unheils gereuen« (s. 26,3); in v11 die doppelte Aufforderung zur Furchtlosigkeit, verbunden mit Beistands- und Rettungszusage (vgl. 1,8 und 15,20, dort an den Propheten gerichtet); in v12 zweifach »Erbarmen« (z. B. 31,20) in singulärer Verschränkung von Gott und babylonischem König.

227 Wiederum gibt es Anspielungen auf frühere Formulierungen: für die Plagentrias in v17 s. 14,12; für »Fluch, Entsetzen, …« in v18 vgl. 29,18, usw. Eine Steigerung liegt darin vor, dass es überhaupt »keine Entronnenen« (v17) mehr gibt. Doch wird 44,28 von einem kleinen Rest sprechen, der übrig bleibt.

228 Für die besondere Bedeutung von Jer 44, als letztem Disput Jeremias mit seinem Volk, s. oben S. 149.

die unverblümt den Götzendienst verteidigende Antwort (v16–19) entgegnet Jeremia in zwei Stufen. In der ersten (44,20–23) *widerlegt* er die vorgetragene Auffassung und zieht eine Verbindung von den illegitimen Rauchopfern und dem Ungehorsam gegenüber Gott zum über Juda ergangenen Gericht. Die gesteigerte und längere zweite Stufe (v24–30) sagt den bewusst an der Verehrung der »Königin des Himmels«[229] Festhaltenden den *Untergang an*, verbunden mit einem bestätigenden Zeichen (v29–30). Mit doppelter Hör-Aufforderung (v24.26), deutlichen Worten und klarem Aufbau beendet Jeremia sein Reden.

Chronologisch früher anzusetzen ist seine *persönliche Antwort an Baruch* in 45,1, in Übermittlung der göttlichen Reaktion in v2–5. Sie zitiert zuerst dessen Sprechen (v2–3), konfrontiert dann sein Sorgen um sich (die ersten zwei Sätze in v5) mit der allgemeinen Unheilslage (v4, und dritter Satz von v5) und schließt mit einer Zusicherung (Ende von v5). Erneut finden sich, wie in Jer 26,12–15 und 28,6–9, auf knappem Raum verdichtet mehrere Motive.

Die letzten Worte Jeremias im Buch kommen in 51,59–64. Sie sind aber zeitlich auf etwa 594 zu datieren und damit ebenfalls vor der Rede in Jer 44 gesprochen. Sie ergehen an Seraja, den Bruder Baruchs,[230] und betreffen ein *Gerichtsurteil über Babel* (v61–64). Zugleich mit der mündlichen Weitergabe werden sie schriftlich aufgezeichnet (v60), dass sie dort am Ort verlesen wer-

---

229 44,25 und auch schon v17, mit weitem Bogen zurück zu Jer 7,18; während dort, in Israel, vermutlich Aschera oder Astarte gemeint ist, könnte im ägyptischen Kontext die Göttin Isis im Blick sein.

230 Die Abstammung über zwei Generationen zurück deckt sich mit der des Vertrauten Jeremias, s. Jer 32,12.

den und in der symbolischen Handlung des Versenkens im Fluss den Untergang dieser Stadt andeuten können (v63–64). Zwar nicht zeitlich, wohl aber literarisch geht das abschließende Reden des Völkerpropheten in die weite Ferne. Sein Spruch über die damals größte Weltmacht beendet treffend sein Auftreten insgesamt.

*

Am Eingang des Buches gibt es eine lange Phase, in der *kein öffentliches Auftreten* Jeremias berichtet wird. In dieser Zeit dominiert Gott, der seinem Propheten viel mitteilt, in immer neuen Ansätzen,[231] und dieser wendet sich gelegentlich an ihn (z. B. 4,10; 5,4; 6,10). Erst mit Jer 13 wird die erste Ausführung einer Handlung geschildert, und die erste mitgeteilte Verkündigung[232] erfolgt noch später, in 19,14–15.

Sowohl Auftreten wie Reden Jeremias *steigern sich dann zusehends*. In Jer 26–40 ist er fast durchgehend eine zentrale Gestalt, die an den bedeutsamen Entwicklungen wesentlich beteiligt und in sie eingebunden ist. Auch das Sprechen nimmt zu, mit einer Dynamik hin auf die abschließenden, zeitlich spätesten Reden in Jer 42 und 44.

Mit wenigen Ausnahmen (z. B. 51,59) ist ein Großteil dieser Texte auf *zwei Zeitpunkte* konzentriert. Der erste ist das Schlüsseldatum 605 v. Chr., das das Buch ab 25,1

---

231 Siehe die Beginne von Einheiten, teils mit eigenen Einleitungen wie in Jer 2,1; 3,6; 7,1; 8,4 …

232 Das heißt nicht, Jeremia habe zuvor nichts von dem Empfangenen weitergegeben (vgl. Bemerkungen wie Jer 6,10 und 11,21). Auf der Buchebene dagegen wird das direkte Auftreten verzögert.

markant durchzieht[233] – dabei erscheint Jeremia als der, der die Bedeutung und Tragweite dieses Ereignisses erfasst hat und weitblickend die Folgen auch für das eigene Volk erkennt und nennt. Der andere Moment betrifft die letzte Zeit der Belagerung Jerusalems in den Jahren 588–587. Darin zeigt sich Jeremia als jene Gestalt, die klar das komplexe Geschehen und die verschiedenen Richtungen und Positionen wahrnimmt. Mit den Aufforderungen zur Annahme der babylonischen Oberherrschaft[234] und, bis zuallerletzt vor der Einnahme, zum Überlaufen und zur Kapitulation (Jer 37–38), hatte er in dieser schwierigen Zeit den rechten Weg gewiesen, der Rettung und Überleben bedeutet hätte, aber kein Gehör gefunden.

Beeindruckend ist Jeremias Nähe und *Vertrautheit mit Gott*. Sie hat ihren Ursprung von Gottes Seite her schon vor der Empfängnis (Jer 1,5), setzt sich fort in den Dialogen in Jer 1; 4–6 und ab Jer 11, dort vor allem in den Konfessionen bis Jer 20. Trauer und Weinen über den desolaten Zustand des Volkes vereinen beide (8,23–9,10). Bei den Visionen in Jer 1 und 24 sowie dem beim Töpfer Geschauten in Jer 18 greifen Wahrnehmung des Propheten und Gottes Deutung ineinander, in 25,3–7 geht sogar das Sprechen Jeremias in das Gottes über. Öfter ergänzen sie einander, etwa bei den Kombinationen von göttlichen Mitteilungen und prophetischer Weitergabe in Jer 27; 42 und 44. An keiner einzigen Stelle wird erkennbar, dass Jeremia einem Auftrag Gottes nicht nachgekommen wäre,[235]

---

233 S. dazu oben S. 60–61.
234 Vor allem Jer 27–28, mit dem Stichwort »Joch«.
235 Selbst wo nicht explizit die Ausführung berichtet wird, ist eine solche anzunehmen; andernfalls hätte Gott, nach den Konventionen der Hebräischen Bibel (s. etwa das Buch Jona), reagiert.

selbst wenn dies für ihn gefährlich wurde (z. B. in Jer 26 und 38).

Die Konfessionen im ersten Buchteil sind schon sprachliche Kunstwerke und stellen eine neue Dimension der Gebetssprache dar. Ähnliches gilt für Jeremias Sprechen im zweiten Buchteil, das durch *Aufbau, Rhetorik, Inhalt und Adressatenorientierung* beeindruckt. Seine Reden, seien sie kurz (Jer 26,12–15; 28,5–9; 42,4) oder lang (Jer 38,17–23; 42,9–22; 44,21–23.24–30), sind immer klar, wahr, zur Sache und auf eine gute Lösung abzielend. Er nimmt sich kein Blatt vor den Mund, tritt entschieden und prägnant gegen Falschheit, Inkonsequenz, Unrecht und Götzendienst auf; kein Wunder, dass er sich damit unbequem macht und Verfolgung sowie Leiden die Folge sind (s. oben S. 132–141).

Damit tritt eine Gefährdung nicht nur seines Lebens, sondern auch der Weitergabe der Botschaft ein. Das Jeremiabuch stellt sich diesem Problem, indem es *in verstärktem Maße auf »Schreiben«* setzt und damit die Worte Gottes von der konkreten Anwesenheit des Propheten ablöst. Dies beginnt in Jer 29 mit einem Brief, setzt sich in Jer 30–31 mit der Trostrolle und in Jer 32 mit der Kaufurkunde fort, gelangt in Jer 36 mit der doppelten Anfertigung der Schriftrolle zu einem Höhepunkt und findet in Jer 51 den Abschluss mit dem im Euphrat zu versenkenden Untergangsurteil über Babel. Zusätzlich tritt an die Seite Jeremias mit Baruch (ab Jer 32) ein Vertrauter, der ihn vertreten kann. Das Schreiben bedeutet nicht nur eine Loslösung der Verkündigung vom unmittelbaren, augenblicklichen, zeitlich beschränkten Auftreten des Propheten; die schriftliche Fixierung führt auch zu einer anhaltenden, länger gesicherten

---

Jer 26,2 und 42,4 sprechen überdies ausdrücklich die vollständige Weitergabe der göttlichen Botschaften an.

Weitergabe der göttlichen Botschaft und zu ihrer größeren Verbreitung.

5. RÜCKBLICK

Das Jeremiabuch zeichnet ein *außergewöhnliches Porträt* eines Propheten. Dies gilt sowohl für das Ausmaß als auch für die Weise der Darstellung seines Lebens. Nur wenige Personen erhalten ähnlich viel Aufmerksamkeit; zu ihnen zählen Jakob, Mose und David. Es gibt aber keine Gestalt der Hebräischen Bibel, von der wir so viel erfahren wie von Jeremia, was das »Innenleben« betrifft.

Dennoch *fehlen manche Ereignisse*, die wichtig scheinen: Von der »Joschijanischen Reform«, fünf Jahre nach der Berufung Jeremias[236] und sicherlich eine entscheidende Weichenstellung in der Geschichte und für den Glauben Israels, findet sich so gut wie keine Spur. Eine ähnliche »Leerstelle« ist die Kapitulation von König Jojachin im Jahre 597; kein Wort berichtet, wie es Jeremia damals ergangen ist.[237] Nur im Nachhinein und indirekt (z. B. Jer 24,1) erfahren wir davon.

Deutlich größeres Gewicht erhalten *Gottes Mitteilungen* an den Propheten. Vor allem in der ersten Buchhälfte nehmen sie den breitesten Raum ein. Über lange Zeit hinweg erscheint Jeremia so als »Hörer des Wortes«.[238] Er selbst bezeugt in Jer 15,16 mit »essen«, wie

---

236 2 Kön 22,3 erwähnt für die Reform das 18. Jahr dieses Königs; Jer 1,2 mit 25,3 setzen mit dessen 13. Jahr ein.

237 Gleiches gilt auch für die Einnahme Jerusalems 587: Der Autor gibt sie als Erzähler in Jer 39 und 52 aus seiner Perspektive wieder; wie Jeremia dieses einschneidende Ereignis erlebt hat, kommt in Jer nicht vor. Die Notiz in Jer 39,14 schildert seine Freilassung und damit nur, was *an ihm* geschehen ist.

238 Kein anderes Buch hat so viele Wortereignisformeln (»und das Wort Jhwhs erging an …«) wie Jer; sie stehen ab 1,2 in verschie-

sehr er Gottes Reden innerlich, ganz in sich aufgenommen und darin höchste Erfüllung gefunden hat. Aus diesem »Empfangen« erwächst sein Verkünden.

Dieses erfolgt im Buch *reichlich spät*. Jeremias Handeln, Auftritte und Reden setzen – als berichtete – erst ab Jer 13 bzw. am Ende von Jer 19 ein. Damit entsteht innerhalb von Jer eine Art »lange Vorbereitungsphase«, in der sich viele Botschaften und Aufträge Gottes »anhäufen«; die symbolische Handlung vom Zerbrechen des Kruges in Jer 19 ist dann so etwas wie der Auslöser, mit dem sich die Spannung entlädt und die auch prompt zum ersten direkt geschilderten, massiven Konflikt führt, mit Paschhur in Jer 20.

Diese »Verzögerung« in der Verkündigung ist nicht als Ungehorsam oder Aufschub von Seiten Jeremias zu deuten; sie ist eher ein *literarisches Mittel*, um die Spannung im Buch zu erhöhen und den Hintergrund des prophetischen Auftretens zu zeigen: Auf diesem »Boden« der vorausgehenden göttlichen Informationen und Aufträge ruhen Jeremias Sendung und die damit verbundenen Auseinandersetzungen auf. Sie zeigen den Lesern des Buches auch von allem Anfang an, dass er ein »wahrer Prophet« ist.

Die geschilderten *Konflikte sind extrem*. Sie übersteigen in ihrem Umfang, ihrer Massierung und ihrer Schärfe alles, was sonst von Propheten berichtet wird.[239] Jeremia kommt mehrfach in Todesgefahr. Er erfährt Unrecht und Ablehnung, wird verkannt und erscheint als

---

denen Varianten, insgesamt 36 x. Auch hat Jer die höchste Anzahl von Belegen für »hören« (158 x) in der Bibel.

239 Zu vergleichen wären noch das Buch Ijob mit dessen Hauptgestalt sowie, was Mose zu erdulden hat; doch bei Letzterem verteilen sich die Feindseligkeiten und Drohungen auf verstreute Textbereiche in den zwei Büchern Exodus und Numeri.

lächerlich.[240] Als Außenseiter steht er einer Mehrzahl von Berufskollegen gegenüber, die die Lage der Gemeinschaft ganz anders analysieren[241] und ebenfalls göttliche Autorität für ihre Worte beanspruchen (z. B. 23,25; 28,2). Die Verfolgung setzt schon im Jahr 605 v. Chr. ein; in der Endphase der Belagerung Jerusalems, vor dessen Einnahme 587, erreicht sie ihren Höhepunkt.

Mit den äußeren Kämpfen geht ein *innerliches Leiden* einher. Was Jeremia an Gefährdungen und Schwierigkeiten erlebt, greift auch sein Innenleben an – das stärkste Zeugnis dafür sind die Konfessionen. Diese ›Bekenntnisse‹ zeigen ein feines Gespür für seelische Prozesse. Mit dieser gesteigerten Aufmerksamkeit dafür erreicht das Jeremiabuch ein neues Niveau für Prophetie, insofern es die Sendung der göttlichen Sprecher in vertiefter, stärker ganzheitlicher Weise beschreibt. Jeremias Leiden gewährt Einblick in das persönliche Erleben und Ringen eines Gesandten Gottes, und es wird so fruchtbar für ein umfassenderes, angemesseneres Verstehen des Prozesses prophetischer Verkündigung, und auch der Person Jesu (vgl. Mt 16,14).[242]

Was Jeremia durchmacht, ist gleichfalls ein *Spiegelbild des Leidens Gottes*. Dass Gott »verlassen« (ab Jer 1,16) und »vergessen« (ab 2,32) sowie das Volk ihm untreu wurde (Jer 3), und dass er kein Gehör fand (7,23–28), liegt voraus. In abgeschwächter und abgewandel-

---

240 S. dazu, neben dem Tragen des Jochs (Jer 27–28), das spöttische Zitat »Grauen ringsum!« in Jer 20,10, wohl in Aufnahme seines Wortes aus Jer 6,25, sowie sein Erwähnen von Schmach und Schande in 15,15; 20,8.

241 Typisch dafür sind die Ansagen von *schalom* »Friede, Heil!«, wie in Jer 4,10; 14;13; 23,17, und gedoppelt in 6,14 // 8,11.

242 Besonders das Matthäus-Evangelium zeigt eine große Nähe zu Jer, wie M. Knowles, *Jeremiah* (1993), ausführlich aufzeigt.

ter Form aber trifft solche abschätzige Behandlung auch seinen Sprecher, ohne dass dieser Gründe bei seiner Person dafür erkennen kann.[243]

Die *enge Nähe zu Gott* prägt Jeremia auch sonst. Das lange »Zuhören« zu Beginn, die häufigen und vertrauten Zwiegespräche, das gehorsame Ausführen aller Aufträge, das »Ineinander« im Reden (vgl. 25,3–7) … all das sind Anzeichen, dass man fast von einer »intimen Beziehung« sprechen könnte. Jeremia selbst verwendet in 20,7 sogar das Wort »verführen«, das auch, wie bei vertraulichen Beziehungen ebenso möglich, Grenzen des Einverständnisses und der Harmonie andeutet. Dazu gehört gleichfalls das dreimalige Untersagen von Fürbitte, mit dem Gott, zumindest zeitweilig, seinen Propheten in dessen Sendung beschränkt.

Die innige Vertrautheit Jeremias mit Gott übertrifft, was wir von anderen Propheten erfahren. Auch dies passt zu seiner Porträtierung als *Nachfolger des Mose*, der innerhalb der Tora gleichsam als »Du Gottes« angesehen werden kann.[244] In Empfang und Weitergabe göttlichen Sprechens stehen beide einander nahe, ebenso in mehrfacher Ablehnung und Todesdrohungen von Seiten des Volkes.[245]

Doch gibt es auch *Unterschiede*: Während Moses Weg aus Ägypten in Richtung Verheißenes Land führt, verläuft die Bewegung bei Jeremia gerade umgekehrt: aus

---

243 Ein Beispiel ist der Beginn der zweiten Konfession, wo Jeremia in 15,10 mit »selber ausleihen« und »von anderen leihen« zwei häufige Fälle für Konflikte nennt – diese aber treffen bei ihm nicht zu.

244 G. Fischer, *Mosebild* (2000), 90.

245 S. die Widerstände gegen Mose in Ex 2,14; 5,21; 6,9; 14,10–11, das Murren der Israeliten ab Ex 15,24, bis hin zum Plan, ihn und Aaron zu steinigen (Num 14,10).

dem Gelobten Land nach Ägypten. Eine wesentliche Differenz besteht auch in der *internationalen Ausstrahlung* bei Jeremia, beginnend schon mit seiner Bestellung in Jer 1,5. Immer wieder, und viel stärker als bei Mose, ist das Exil ein Thema.[246] Jeremia schreibt sogar den Verschleppten (Jer 29) und geht weit ausführlicher als jeder andere Prophet auf die dafür verantwortliche Nation, Babel, ein (Jer 50–51). Ebenso kommen häufig andere Völker in den Blick.[247] Mit dieser großen Offenheit und seinem Interesse für ausländische Nationen, ihre Menschen und ihr Geschick setzt sich Jer auch markant von sonst zu beobachtenden fremdenfeindlichen Strömungen ab, wie sie etwa in den Büchern Esra oder Nehemia durchscheinen.

Am stärksten aber hebt Jeremias *Ohnmacht* ihn von Mose ab; er hat wenig zu bestimmen, Letzterer fast alles. Jeremia fand zeit seines Lebens kaum Gehör, Mose dagegen ist ab Ex 3 durchgehend Autorität, auf die zu hören ist. Wer sich gegen ihn aufzulehnen wagt oder seine Sonderstellung angreift, musste mit schweren Folgen rechnen.[248]

Aus all diesen Bemerkungen ergeht klar, dass das Jeremiabuch das Bild des Propheten, nach dem es benannt ist, *sehr eindrücklich, selektiv und in Vielem unüblich gestaltet*. Da es die einzige Quelle für das »Leben« des Propheten ist, sind wir auf es angewiesen und haben keine Chance, sie zu vergleichen oder dahinter zurück-

---

246 Allerdings blickt auch Mose »schon voraus« auf diese Zeit, etwa in Dtn 4,26–30 und 28,63–68.

247 Jer übertrifft darin alle anderen prophetischen Bücher: G. Fischer, *Horizonte* (2013), 314–318, sowie ders., *Blick* (2015). – Das war mit ein Grund für die Wahl des Titels dieses Buches.

248 Beispiele sind die Episoden mit Mirjam und Aaron in Num 12 sowie mit dem Aufstand von Korach, Datan, Abiram und anderen in Num 16.

zugehen. Weder können wir mit Sicherheit behaupten, dass all diese Angaben stimmen und historisch zutreffen, noch können wir nachweisen, dass sie »erfunden« sind. In jedem Fall aber vermittelt Jer ein außergewöhnliches Porträt eines Propheten, das innerhalb der Bibel einmalig ist und sogar als Vergleich für Jesus dient.

Der »Jeremia«, den uns das nach ihm benannte Buch präsentiert, ist eine *Über-Figur*, eine Art *Super-Prophet*. Schon im ersten Kapitel erscheint er in einer Vielzahl von Rollen und Aufgaben (s. S. 16–29), die wie eine Zusammenfassung von Motiven anderer großer Gestalten aussieht: Mose, der Gottesknecht bei Jesaja, Amos, … Im Lauf des Buches entfaltet und steigert sich dies noch: Leiden in einem für Diener Gottes im Alten Testament höchsten Maß; die Auszeichnung, »wie Gottes Mund« zu sein (15,19); eine Fülle und – als längste Schrift – ein Umfang bei den zu übermittelnden Worten Gottes wie sonst nie in der Bibel; eine Kenntnis vieler anderer biblischer Bücher, die oft gezielt aufgenommen und kombiniert werden, usw. Der Jeremia von Jer ist ein außergewöhnlich herausragender Sprecher Gottes.

D BOTSCHAFT UND
THEOLOGIE DES BUCHES

»Mit ewiger Liebe habe ich dich geliebt,
deswegen habe ich dir Verbundenheit bewahrt«
(Jer 31,3)

Bisher haben wir nur wenig direkt Aufmerksamkeit dem geschenkt, was das Jeremiabuch und sein Prophet *inhaltlich* zu sagen haben. Nun soll auch die Botschaft von Jer stärker in den Blick kommen. Da Jer das längste Buch der Bibel ist, kann es hier nur um eine Auswahl gehen, eine Art »Blütenlese«, die einige[249] wichtige, schöne oder besondere Aussagen vorstellt.

Dabei möchte ich zuerst (1.) dem Buch entlang vorgehen, entsprechend den auf S. 67–76 gezeigten Unterabschnitten. Danach sollen, stärker systematisch, noch kurz bedeutsame Themen zusammengefasst (2.) und die Theologie von Jer (3.) angesprochen werden.

1. Ein Durchgang durch Jer

1.1 »Verworfenes Silber« – Jer 1–6

Jer 1 – Ouvertüre zum ganzen Buch
und auch zum ersten Block, wurde als programmatische Einleitung bereits ausführlich besprochen (s. S. 16–27). Dieses Kapitel setzt sich, da es in Prosa ist, auch vom Folgenden in Poesie (ab Jer 2) deutlich ab. Das be-

---

249 Der Umfang hier erlaubt nur eine ganz geringe Zahl von Aussagen vorzustellen. Für Details und Gesamtauslegung verweise ich auf die Kommentare.

tonte doppelte »bevor« in Jer 1,5 gibt *Gottes erwählendem Zugehen den absoluten Vorrang*, noch vor dem Beginn der eigenen Existenz des Propheten.[250] Jer 1,5–10 folgen dann dem »Berufungsschema«,[251] wobei ein starker Akzent auf das *Reden* fällt. Jeremia spricht es im Einwand in v6 an, und Gott nimmt es in seiner Antwort in v7 und in der Berührung des Mundes samt deren Deutung in v9 auf.

Jer 2 – Gottes Rechtsstreit mit seinem Volk
Das Stichwort »rechten« in v9 und 29 macht deutlich, dass es sich um eine *rechtliche Auseinandersetzung* zwischen Gott und Volk handelt. Gott wirft der Gemeinschaft vor, die »Liebe der Brautzeit« (v2) aufgegeben zu haben. Die gestörte Beziehung lässt sich auch in den Zitaten des Volkes erkennen (z. B. 2,20.23.25.27.31.35). Es hat kein Interesse mehr an der früheren intimen Nähe zu Gott, sondern »sucht Liebe« (v33, vgl. auch v25) jetzt bei »Anderen«. Damit sind sowohl Gottheiten[252] als auch fremde Nationen (s. 2,16.18.36) gemeint.

Diese Abwendung ist Gott *rätselhaft* und löst Fragen bei ihm aus. Er hinterfragt sein Verhalten (2,5.31) und auch das des Volkes (v11.14.17 …). Die Menschen dagegen fragen nicht nach ihm (v6.8), obwohl sie vielfach die negativen Folgen des Abfalls von Gott erfahren (ab

---

250 Auch die Zeitverhältnisse in Jer 1,1–2 geben Gottes Wort Priorität: »Worte Jeremias« gibt es nur, nachdem an ihn »Jhwhs Wort ergangen *war*«.

251 W. Richter, *Berufungsberichte*, 1970, 138: Andeutung der Not; Auftrag (Jer 1,5); Einwand (v6); Zusicherung des Beistands (v[7–]8); Zeichen (v9).

252 »Baal« in 2,8, »Götter« in v11.28, »Baale« in v23, »Holz« und »Stein« in v27.

Abb. 5: Weibliche Gottheit. Die Abbildung zeigt eine sogenannte ›Pfeilerfigurine‹, wie sie zu Hunderten in Juda für die Königszeit belegt ist. Jer klagt das Volk an, »andere Götter« zu verehren (Jer 1,16 u. ö.), »Holz« und »Stein« wie göttliche Eltern anzurufen (Jer 2,27, mit ironischer Vertauschung) und den Kult der »Himmelsgöttin« zu pflegen (Jer 7,18; 44,15–19).

v14). Was Israel getan hat, ist letztlich unverständlich, wie der Kontrast von v13 zwischen »Quelle lebendigen Wassers« und »rissigen Zisternen« belegt. Es verkehrt völlig seine Existenz, macht aus ihm einen Sklaven (v14) und aus der Edelrebe etwas Entartetes (v21).

Jer 3,1–4,4 – ein Angebot der Umkehr

Trotz der Abkehr seiner Gemeinschaft erlaubt Gott ihr eine Rückkehr und fordert sie dazu auf (3,12.14.22). Dabei *übertritt* er selbst eine Bestimmung der Tora, wie sie in Dtn 24,1–4 dargelegt ist und in Jer 3,1 kurz andeutend eingespielt wird: Wenn eine entlassene Frau eine Beziehung mit einem anderen Mann eingeht, darf der frühere Partner sie nicht zurücknehmen. Das ist hier noch verschärft durch das Verhalten der Frau (v1–3), das in krassem Gegensatz zu ihrem Pochen auf der Beziehung in 3,4–5 steht. Angesichts ihrer Untreue erscheint das unverschämt.

Jer 3,6–11 greifen das Motiv des *Verhältnisses zwischen den beiden* »Schwestern« Israel und Juda auf, das sich ganz ähnlich mit Samaria und Jerusalem, bzw. Ohola und Oholiba in Ez 16,46–52 und Ez 23 findet. Alle diese Texte beurteilen in provozierender Weise das Verhalten Jerusalems als schlimmer als das des Nordreiches, das wegen seines bekannten Götzendienstes sonst allgemein als schlecht galt.

V16–17 sind das erste Beispiel der *geistlichen Verwandlung*,[253] die in Jer unter mehreren Aspekten angezielt wird. Jerusalem ersetzt hier das wichtigste Kultobjekt im Tempel, die Bundeslade. Dorthin kommen nicht nur das eigene Volk, sondern »alle Nationen«, und sie wenden sich ab von ihrer inneren Verstockung.[254]

3,19 zeigt Gottes Sehnsucht, vom Volk mit *Vater!* gerufen zu werden. Damit fängt er die »falschen« Anre-

---

253 M. Weinfeld, *Jeremiah* (1976), sprach von »spiritual metamorphosis«; s. dazu oben S. 150, Anm. 200.

254 Hintergrund für diese Formulierung in Jer 3,17 dürfte Dtn 29,18 sein, wo jemand sich insgeheim im Herzen gegen den Bund mit Jhwh anderen Göttern zuwendet.

den zuvor auf, jene von 2,27, wo so ein »Holz« – gemeint ist ein Kultpfahl – angesprochen wurde, und jene von 3,4, wo dieselbe Anrede im Gegensatz zum untreuen Verhalten stand. Jer 31,9 wird an späterer Stelle besagen, dass diese Eltern-Kind-Beziehung wiederhergestellt wird.

Gottes aus Hos 14,5 wiederholtes Versprechen in 3,22, die »Abwendungen zu heilen«, löst ein *Bekenntnis der Gemeinschaft* aus (bis v25). Sie sehen ihre früheren Vergehen ein, stehen zu ihrer Schuld und wollen sich wieder zu Gott hinwenden. Dieser erlaubt die eigentlich »verbotene« Rückkehr (s. 3,1) und verbindet sie in 4,1–4 mit einer Segenszusage sowie Aufforderungen zu neuem Verhalten.[255]

Jer 4,5–31 – Jerusalems bevorstehender Untergang
Das Motiv »Unheil von Norden«, als Gottes in Jer 1,14–16 *angekündigtes Gericht*, kehrt nun wieder (4,6.12, u. a.). Es wird enorm ausgebaut und mit vielen Aspekten geschildert. Dabei wechseln Blicke auf das Volk mit solchen auf den angreifenden Feind und mit Deutungen des Geschehens.

Besonders eindrücklich sind die *verschiedenen Reaktionen*: 4,5–6 schildern Aufforderungen zur Flucht vor einem bevorstehenden Krieg, v8 dagegen eher Trauer und Klage, v19 inneren Schmerz, und v30–31 schließlich, als Höhepunkt, das sinnlose Sich-schön-Machen der »Tochter Zion« kurz vor der Ermordung durch ihre Liebhaber.

---

255 Jer 4,2 »Nationen werden sich in ihm segnen« greift die Zusage an Abraham aus Gen 22,18 auf. Die Forderung nach »Neubruch« in Jer 4,3 dürfte Hos 10,12 entstammen, und Jer 4,4 weitet die Herzensbeschneidung aus Dtn 10,16 aus.

Der Eindruck, dass der *Untergang unausweichlich* ist, wird noch verstärkt durch die Schau in v23–26. Die darin geschilderte Zerstörung erreicht kosmische Ausmaße und kommt damit einer Umkehrung der Schöpfung gleich. Die Beschreibung des Angreifers, mit »Löwe« (v7), »Wolken« und »Sturmwind«, »Adler« und »Pferden« (v13) unterstreicht diese Dimension. Auch die gehäuften Imperative, elf hintereinander alleine schon am Beginn in v5–6, lassen die Situation als äußerst bedrohlich erkennen.

Im *Zentrum* des Kapitels steht v14, mit der besonderen Kombination von Befehl, Ziel und Frage: »Wasche von Bosheit dein Herz, Jerusalem, damit dir geholfen werden kann! Wie lange sollen weilen in deiner Mitte Gedanken deiner Stärke / deines Unheils?« Die Aufforderung zeigt den Weg aus dem Unglück und verbindet ihn mit einer Motivation. Die anschließende Frage zeigt, auch in ihrer Doppeldeutigkeit, das Problem auf, das es zu überwinden gilt, und weist den ersten konkreten Schritt dafür.

V20 erwähnt »Zelte« und »Zeltdecken«. Der Hintergrund dafür dürfte Jes 54 (bes. v2) sein, das die von Gott geschenkte Wende für die »Frau Zion« beschreibt.[256] Hatte Gott dort erklärt, Angriffe gegen sie kämen nicht von ihm her (Jes 54,15), so *kontert Jer*, mit Gott als Sprecher: »Ich bringe Unheil« (4,6), »Jetzt will auch ich, ich Urteile über sie sprechen« (4,12). Zusätzlich nennt er das Volk »dumm« und »unverständig« (v22), in Umkehrung zu Dtn 4,6, doch in Entsprechung zu Dtn 32,6.28.

---

256 G. Glaßner, *Vision* (1991), dagegen sieht Jes 54 als von Jer abhängig. In jedem Fall gibt es so viele Verbindungen, dass eine literarische Beziehung anzunehmen ist.

Jer 5 – Kein Einziger übt Recht

Wie schon in Jer 3 erweist Gott sich als *äußerst groß-zügig*. In extremer Steigerung zu Gen 18,32 ist er bereit, bei einer recht tuenden Person der ganzen Gemeinschaft zu vergeben (Jer 5,1), doch sie findet sich nicht. Stattdessen gibt es Auflehnung dagegen, ihm dienstbar zu sein, im Bild von »Joch« und »Stricken« in v5.[257] Angesichts der schweren Vergehen (v6–8) stellt Gott die rhetorischen Fragen in v9.29; es wird klar, dass er so ein Verhalten nicht tolerieren kann.[258] Trotzdem will er das Volk nicht völlig vernichten (v10.18).

Das Fehlverhalten des Volkes ist *umfassend*, und es betrifft viele, auch die einflussreichen Gruppen: v5 die »Großen«, v13 und 31 die Propheten, an letzterer Stelle ebenso die Priester. V11 spricht von »treulos handeln«, im Hebräischen sogar gedoppelt, v12 vom Leugnen Gottes, mit dem Zitat: »Er ist nicht.«. Die Fortsetzung: »Nicht kommt Unheil über uns ...« erhellt das in dem Sinn, dass diese Menschen meinen, Gott sei nicht imstande, das angekündigte Unheil auch zu bewirken.

Gegen diese falsche Überzeugung spitzt Gott Jeremias Bestellung von 1,9 zu, indem er seine Worte in dessen Mund nun in 5,14 »zu Feuer« macht, das das Volk wie Holz verzehrt. Auch schickt er ein Volk aus der Ferne, das ebenfalls Zerstörung über die Gemeinschaft bringt (v15–17). Gott löst damit einen Prozess der Besinnung aus (v19); auf die Frage der von den Fol-

---

257 Das Motiv drückt den Wunsch aus, unabhängig sein zu wollen, und kehrt pointiert Jer 2,20 um, wo Gott mit denselben Worten auf seine frühere Befreiung des Volkes hinweist.

258 Mit »heimsuchen« ist »ahnden« gemeint; die übliche Übersetzung mit »rächen« ist zu verstehen als »gerechten Ausgleich nehmen« (s. dazu oben bei S. 76 mit Anm. 75).

gen Getroffenen soll Jeremia ihnen die Verehrung anderer Gottheiten als Grund vorhalten.

Ab v21 werden *weitere Vergehen* genannt. Beim Volk fehlt die Hochachtung vor Gott (Stichwort »fürchten«, v22 und 24), obwohl er als Beherrscher des Meeres und Spender von Regen, als Voraussetzung für Ernten, alle Anerkennung und Ehre verdienen würde. Die Herzen sind »widerspenstig und rebellisch« (v23), manche stellen wie Vogelfänger ihren Mitmenschen hinterlistig nach (v26–27), und die Schwachen erhalten nicht Recht gesprochen (v28). Diese untragbaren Zustände, an denen auch die religiös verantwortlichen Gruppen beteiligt sind (v30–31), lösen nicht Abscheu aus, im Gegenteil: »Mein Volk liebt es so.« Die abschließende Frage aber nach dem »Ende« bleibt offen und deutet so an, dass es Probleme geben wird.

Jer 6 – Eine unbrauchbare Gemeinschaft
V1–8 schildern den Angriff auf Jerusalem. Dabei wird die Tochter Zion in Aufnahme des Fluchs aus Dtn 28,56 als »verweichlicht« beschrieben. *Gott selber geht gegen sie vor*,[259] mit Hilfe der Feinde, die sich selbst durch den Einbruch der Nacht nicht vom Angreifen abhalten lassen. Auch v22–23 nennen sie und charakterisieren sie als »grausam«, damit bisherige Darstellungen (4,16–17; 5,15–17) überbietend. Der Vergleich mit dem Wasserbrunnen dient dazu, Jerusalem als von Bosheit sprudelnd zu zeichnen (6,7). Am Ende mahnt Gott es in v8 eindringlich, Zurechtweisung anzunehmen.

Doch wie die folgenden Verse zeigen, *fruchtet diese Warnung nichts*. Am deutlichsten sind v16–17, wo Gottes Aufforderungen, auf den guten Weg und die

---

259 In v2 persönlich: »ich vernichte«, in v4 und 6 mit Aufforderungen zum Krieg.

Stimme der Wächter zu achten, abgelehnt werden. Auch schon sein Befehl zur Nachlese am Rest Israels, vermutlich an Jeremia gerichtet (v9), brachte kein Ergebnis (v10–11a); daraufhin bleibt Gott nur noch, zum Ausgießen des Grimms aufzufordern (v11b). V24–26 schildern einige der Folgen, dort als Reaktionen auf den erbarmungslosen Feind.

Öfter reflektiert Jer auch auf die *Ursachen des Untergangs* und benennt sie, wie hier in v13–14. Eine Wurzel der Übel liegt in der allgemein verbreiteten Profitgier: »Von ihrem Kleinsten bis zu ihrem Größten, sie alle sind nur auf Gewinn aus.«.[260] Die andere Ursache besteht im beschönigenden Zudecken durch Propheten und Priester: »Und sie möchten heilen den Bruch meines Volkes leichthin, sagend: ›Heil! Heil!‹ – wo doch kein Heil (da) ist!« Das fehlende Ernstnehmen von Missständen und Unrechtssituationen ist wie eine Krankheit, die unbehandelt immer schlimmer wird. Angesichts solcher Zustände hat Gott selbst an speziellen, kostbaren Opfergaben, wie z. B. »Weihrauch aus Saba«,[261] kein Interesse mehr (v20).

V27 bringt noch eine Erweiterung des Aufgabenspektrums für Jeremia. Er wird als »Prüfer«, Kontrolleur, für sein Volk eingesetzt. Das Ergebnis ist katastrophal (v28–29); nicht einmal ein langer Schmelzprozess[262] vermag noch Wertvolles herauszulösen. So lautet das Endresultat der Prüfung und des ersten langen poetischen Blocks (Jer 2–6): »Verworfenes Silber«

---

260 Die Übersetzung ist frei; im Hebräischen ist die Wurzel »Gewinn« gedoppelt, als Partizip und Nomen.

261 Vermutlich eine pointierte Umkehrung von Jes 60,6, der einzigen anderen Stelle dafür.

262 Die äußerst knappen Angaben, hier in v29, werden verständlich, wenn man Ez 22,17–22 als Hintergrund kennt (s. S. 112–113).

(v30) – diese Gemeinschaft ist zu nichts mehr zu gebrauchen.

1.2 Der weinende König der Nationen – Jer 7–10

Der zweite Block bringt wieder die Abfolge Prosa (Jer 7,1–8,3) und Poesie (ab 8,4). Erstere enthält konkrete Anklagen Gottes, Letztere beschäftigt sich mehr mit den Reaktionen, ergänzt und vertieft die Vorwürfe. Als ein Hauptthema kann die Frage: *Was gibt Sicherheit?* angesehen werden. Dabei geht die Dynamik vom falschen Vertrauen auf den Tempel (7,4) über die Kenntnis Gottes (9,23) zu Jhwh selbst, als dem einzigen Gott; auf ihn ist immer Verlass (10,1–16).

Jer 7,1–8,3 – Diesen Ort wie Schilo machen
Von der Anweisung in 7,2 wird dieser Text oft als *Tempelrede* benannt. Auch die dreifache Wiederholung, im Hebräischen Ausdruck höchster Steigerung, in v4 mit »Der Tempel Jhwhs!« und die häufige Erwähnung des »Hauses, über dem mein Name gerufen ist« (ab v10), unterstreicht diese Ausrichtung auf *Gottes Heiligtum in Jerusalem.*

Doch im Kontrast zu dieser Orientierung steht das *Verhalten der Menschen.* Das vielfache Übertreten des Dekalogs (v9) bedeutet ein Verletzen der grundlegenden Bedingungen des Bundes mit Gott (Ex 19–20); wer solche Vergehen begeht und dennoch im Tempel Schutz sucht, verwendet ihn als »Räuberhöhle« (v11); Jesus wird diesen nur hier im Alten Testament zu findenden Ausdruck seinerseits aufnehmen (Mk 11,17).

Auf so eine Missachtung des Bundes kann Gott nicht untätig bleiben. Er droht in v12.14, indem er provozierend mit *seinem Heiligtum früher in Schilo*[263] vergleicht,

---

263 Jos 18,1 erwähnt, dass die Israeliten dort das Zelt der Begeg-

das er ebenfalls zerstören ließ. Dazwischen findet sich in v13 erstmalig die »Unermüdlichkeitsformel« (auch wieder v25); Gott hat alles unternommen, sein Volk zu warnen, doch es hat nichts geholfen. So bleibt ihm nur, sie »wegzuwerfen« von seinem Angesicht (v15).

Die schwere Verletzung des Bundes geht in v16–20 weiter und löst gleich zu Beginn das erste Verbot der Fürbitte aus, das mit drei Imperativen am ausführlichsten formuliert ist.[264] V18 schildert dann, wie *eine ganze Familie im Götzendienst vereint* ist, Kinder, Väter und Frauen, hier für die »Königin des Himmels«.[265] Eine andere Form der Verehrung fremder Gottheiten findet sich in v30–33. Die dort erwähnte Opferstätte »Tofet« im Hinnomtal liegt wenig südlich und in Sichtweite von Jhwhs Tempel und wird mit Kinderopfern in Verbindung gebracht (v31; auch 19,4–6.12–13). Wo so mit unschuldigen wehrlosen Kleinen verfahren wird, vergeht auch jegliche Hochzeitsfreude: siehe das Motiv in v34, das in 16,9; 25,10 und positiv aufgelöst in 33,11 wiederkehrt.

Angesichts der Vergehen der Menschen hat Gott kein Interesse mehr an seinem Kult. Mit der ironischen Aufforderung zur Vermischung der Opfer in v21 provoziert er sie wieder, und er stellt pointiert dagegen, dass ihm *Hören* das einzig Entscheidende ist (v22–23). Dies ist ein zweiter Aspekt der »geistlichen Verwandlung«, der sich mit Aussagen auch sonst berührt (1 Sam 15,22; Am

---

nung aufschlugen. In 1 Sam 4 holen sie von dort die Bundeslade für den Kampf gegen die Philister, verlieren aber; in diesem Zusammenhang mag auch Schilo untergegangen sein.

264 Jer 11,14 hat zwei, 14,11 nur eine Befehlsform.
265 Die genaue Identifizierung dieser Göttin bleibt offen. Es kann sich um Astarte, Aschera, oder auch Ischtar handeln, an der anderen Stelle in Jer 44,17 im ägyptischen Kontext auch um Isis.

5,22.24; Hos 6,6; Jes 1,11–17; Ps 40,7–9). Israel aber ist, trotz unaufhörlicher Bemühung von Seiten Gottes und seiner Propheten (v25),»das Volk, das nicht auf die Stimme Jhwhs, seines Gottes, hörte« (v28). Dies kommt einer Grabinschrift gleich, und 8,1–3 redet ausführlich von Toten und sogar von Todessehnsucht.

Jer 8,4–9,25 – Trauer über den Untergang
Gott rätselt in 8,4–5 mit seinen Fragen über die *unverständliche Abwendung* des Volkes. Während sogar Zugvögel gewisse Regeln treulich beobachten, hält sich das Volk nicht an Gottes Recht (v7). Ein Grund ist die Verblendung, mit der sie sich selbst für »weise« halten (v8–9, im Gegensatz zu 4,22; 5,20), während wahre Weisheit im Einsehen der Gründe für den Untergang (9,11) und im rechten Rühmen bestehen würde (9,22–23). Das Pochen auf den Besitz von »Jhwhs Tora« steht im Widerspruch zu ihrer gleichzeitigen Verkehrung (»Betrug«, zweifach Schreibern/Schriftgelehrten angelastet in 8,8) und zur Unkenntnis seines Rechts (zuvor v7).

8,10–12 sind eine Doppelung zu 6,12–15 und verstärken damit jene Analyse und Ansage. Neu ist die Bezeichnung »Tochter-mein-Volk«, die auch in v19.21–23 wiederkehrt und die *Hilfs- und Schutzbedürftigkeit* der Gemeinschaft unterstreicht.[266] Im Unterschied zur Fortsetzung in Jer 6 zeigt 8,14–17 hier, dass die Gemeinschaft langsam das nahende Unheil realisiert; ab v18 erfolgen dann, fast kaleidoskopartig, viele Reaktionen, wobei nicht immer klar ist, wer spricht. 8,18 steht 4,19 nahe und könnte vom Volk oder vom Propheten (wie vermutlich auch v21–23) stammen. In 8,19 wird die Gemeinschaft zitiert, und Gott antwortet mit einer Ge-

---

266 Grundlegend für die Rollen und Bezeichnungen von Frauen in Jer ist Häusl, *Bilder* (2003).

genfrage, auf die v20 eine resignierte Reaktion durch ein »Wir« erfolgt, die aber nicht auf Gottes Frage eingeht und sie somit offenlässt.

Die Verweise auf Gott als Sprecher in 9,2.5.8 lassen in v1–10 eine Identifizierung des »Ich« mit ihm zu. Er hält es mit seinem Volk nicht mehr aus und *möchte wegziehen*, sogar die Wüste dieser »Festversammlung von Treulosen« (so wörtlich in v1, vgl. 5,11) vorziehend. Das Stichwort »Zunge« bringt in v2.4.7 eine Dynamik, vom Spannen wie einen Bogen in v2 zur Belehrung im Betrügen (v4) bis dahin, dass sie als »schlachtender Pfeil«[267] hinterlistig tötet (v7). Damit beschreibt Gott, wie alle gegeneinander vorgehen, selbst Freunde und Geschwister (v3–4), und so sogar auf eng verbundene Menschen kein Verlass mehr ist.

Mit v8 greift Gott auf die Fragen aus 5,9.29 zurück, doch reagiert er in v9 gänzlich anders mit *Weinen*. Jer ist das einzige Buch der Bibel, das von Gott weinen aussagt. Dieses innere Gerührtsein, das auch äußerlich in Tränen Ausdruck findet, kehrt für ihn wieder in 14,17 und 48,32, dort sogar für Moab. Mit der innerlichen Bewegtheit Gottes führt Jer einen Zug weiter, den auch Hosea hat (z. B. Hos 11,8); das Weinen jedoch steigert es dazu hin, dass darin Gottes Hilflosigkeit, (vermeintliche) »Schwäche« und innerer Zwiespalt offenbar wird.

Die *Frage nach dem ›Warum‹* des Zugrundegehens in 9,11 beantwortet Gott selbst ab v12 mit teils schon bekannten Motiven, wie »nicht hören«, »Verstocktheit des Herzens« und »gehen hinter den Baalen« (v13, vgl. 3,17

---

267 Das Hebräische überliefert zwei Formen: Ursprünglich geschrieben (im *Ketib*) steht »schlachtend«, der Lesevorschlag (*Qere*, ein Partizip Passiv) kann als »geschlachtet«, im Sinn von »abgewetzt« gedeutet werden.

und 2,23), und bekräftigt anschließend seine Entschlos-
senheit zum Gericht (v14–15). Daraufhin bleibt nur das
Betrauern des Untergangs. Dazu werden *Klagefrauen*
gerufen, die das Jammern darüber auch an ihre Töchter
weitergeben sollen (v16–21).[268]

In einer Art Inklusion zu 8,8–9 greift 9,22–23 das
Thema »Weisheit« auf und zeigt, dass das wahre Rühmen in der *Erkenntnis Gottes und seines gnädigen, treuen
und gerechten Handelns* begründet liegt. Die beiden folgenden Verse 24–25 bringen eine zweite Gegenüberstellung, diesmal von »Vorhaut« und »Herz«, und deuten damit an, was die eigentliche Beschneidung (s. 4,4)
wäre; diese fehlt aber in Israel.

*Jer 10 – Jhwh, der einzige Gott und ewige König
der Nationen*

9,23 hat mit seiner Rede von Gott vorbereitet, was nun
in 10,1–16 entfaltet wird. Diese Verse sind großartig in
ihrem kunstvollen Aufbau, mit viermal doppelt wechselnden Perspektiven, zwischen den Göttern samt jenen, die sie verehren (v2–5.8–9.11.14–15), und Jhwh mit
den sich zu ihm Bekennenden (v6–7.10.12–13.16). In
diesen mehrfachen Kontrastierungen wird der *unend-
liche Abstand* erkennbar, der zwischen dem biblischen
Gott und den anderen Gottheiten[269] besteht. Das Wortspiel im aramäischen v11 bringt dessen Folge prägnant
auf den Punkt: Wer nicht das Universum gemacht hat,
hat keinen Anspruch auf Göttlichkeit und soll deswegen vergehen.

---

268 Dies ist die längste Stelle für Klagefrauen in der Bibel.
269 Sie werden weitgehend charakterisiert über ihre Abbildungen
     und deren Erstellung, was ein Ungleichgewicht erzeugt zu Gott
     als Sprecher hier (v1) und den Bekenntnis-Aussagen über
     Jhwh, sogar zu ihm selbst im Gebet v6–7.

Das erste Bekenntnis in 10,6–7 mit dem rahmenden »Niemand ist wie du!« kann als Antwort auf die doppelte Frage in Ex 15,11 »Wer ist wie du?«[270] begriffen werden. Die Unvergleichlichkeit Gottes liegt zuerst einmal in seiner Größe, auch als *König der Nationen*. Diese einmalige Formulierung steht in Beziehung zu Jeremias Sendung als Prophet für die Nationen (1,5) und ist ebenso der Grund, dass ihm Ehrfurcht gebührt (s. auch 5,22.24).

Die nächsten Aussagen über Jhwh loben ihn als »Gott der Treue«,[271] »lebendigen Gott« – im Unterschied zu den unbelebten und zum Handeln unfähigen Göttern – und als »ewigen König«, der die Welt und die Völker beherrscht (v10, in Weiterführung von v7). Als Kontrast zum Versagen der anderen Gottheiten preisen v12–13 dann Jhwh als *Schöpfer der Welt und Herrn der meteorologischen Phänomene*; alle Fruchtbarkeit hängt von ihm als Spender des Regens ab. Zuletzt, und beziehungsmäßig als Höhepunkt, nennt v16 seine enge Verbindung mit Israel, als dem »Stamm seines Erbes«. Es ist zum Staunen: Der universale, einzige Gott hält innigen und andauernden Kontakt mit diesem bisher so rebellischen, dummen und undankbaren Volk.

Die eben angesprochene Spannung vermag vielleicht die Fortsetzung in 10,17–18 zu erklären. Ungehorsam und Versagen der Gemeinschaft können gerade vom Treue und Wahrheit liebenden, lebendigen Gott *nicht übergangen werden*. Er schleudert sie weg (in

---

270 Die hebräische Form für »wie du« verbindet ganz eng mit dem Schilfmeerlied. Statt als Frage ist es auch möglich, die Formulierung als Ausruf zu interpretieren, wie die Fortführung nahelegt; s. dazu G. Fischer / D. Markl, *Exodus* (2009), 168–169.

271 Das hebräische *ämät* ist offen auch für eine Übersetzung als »Gott der Wahrheit« bzw. »wahrer Gott«.

Steigerung zu 7,15), doch er hat ein Ziel: »… damit sie finden« (Ende von v18). Das nicht genannte Objekt des Findens lässt offen, was es ist. Von Jer selbst bietet sich 29,13–14 an, Gottes Versprechen, dass ihn Suchende dabei Erfolg haben, weil auch er auf sie zugeht und »sich finden lässt«.

Mit 10,19 kommt wohl wieder die Gemeinschaft als sprechendes »Ich« zu Wort, wie sich aus dem Vergleich mit 4,19–20 nahelegt. Ihre Äußerung ist hier länger und zieht wahrscheinlich auch in v23–25 hinein, die sich *betend an Gott wenden*. Dabei klingen allerdings Misstöne mit; diese sind genauer anzusehen:

V23 kann gleichsam als Versuch einer »Entschuldigung« verstanden werden, in dem Sinn, dass Menschen für ihr Tun nicht zur Verantwortung gezogen werden können. Die Bitte um Zurechtweisung in v24 greift zwar Gottes Anliegen aus 6,8 auf, will sie aber gleich doppelt einschränken – hier scheint, wer Tadel und Strafe verdient hat, noch selbst das Ausmaß dessen festlegen zu wollen. V25 schließlich verlangt von Gott, seinen Zorn an anderen Völkern auszulassen, mit dem Hinweis, sie würden ihn nicht kennen – genau das trifft aber noch verstärkt auf die Gemeinschaft zu: »… sie weigern sich, mich zu kennen«, hatte Gott in 9,5 von ihnen gesagt. Insgesamt erweisen sich 10,23–25 als ein *eigenartiges, Fehleinschätzungen und Zumutungen enthaltendes Gebet*. Die Fortsetzung in Jer 11 wird diesen Eindruck bestätigen.

1.3 Das unaufhaltbar werdende Gericht – Jer 11–20

Der dritte große Block des Jeremiabuches wird vor allem durch die fünf sogenannten »Konfessionen« geprägt (s. dazu oben S. 143–145). In ihnen bringt Jeremia seine Erfahrungen und Empfindungen im Zusammenhang mit der Sendung vor Gott ins Gespräch. Das gibt diesem Abschnitt einen *stärker dialogischen* und mehr persönlich berührenden Charakter als bisher.

Eine mögliche Untergliederung (s. S. 68–69) sieht drei Teile darin, von denen der erste (Jer 11–13) und der dritte (Jer 18–20) jeweils auch wie die früheren Blöcke mit Prosa-Texten beginnen. Über alle Kapitel hinweg erfolgt eine *Progression*, die auf das Zerbrechen des Kruges in Jer 19 und die erste Gefangensetzung Jeremias samt dessen letzter Konfession in Jer 20 zuläuft.

Jer 11–12 – Der gebrochene Bund und Gottes innere Distanzierung

In drei Stufen entfaltet Gott, wie es mit dem Volk wirklich steht, und macht damit deutlich, warum er auf das Gebet zuvor am Ende von Jer 10 nicht eingeht. Die erste Stufe (11,2–5) klärt die *Grundlagen*: Die Befreiung aus der harten Sklaven-Existenz in Ägypten, angedeutet mit dem »Eisenschmelzofen« (v4; Dtn 4,20 aufnehmend), und das Geschenk eines überaus fruchtbaren Landes, »fließend von Milch und Honig« (v5; erstmalig in Ex 3,8) sind gebunden an das gehorsame Einhalten der Vereinbarungen des Bundes (»hören die Worte des Bundes«, v3.6). Wer sich nicht daran hält, lädt Fluch auf sich, und dieser Darlegung Gottes stimmt Jeremia nach dem Schema von Dtn 27,15–26 zu.

Darauf geht Gott in Jer 11,6–8 zur *Anwendung* über: Obwohl er sich über Generationen hinweg unermüdlich bemüht hat (v7), ist er nur auf Ablehnung gestoßen (v8). Im dritten Schritt (ab v9) kommt es zur *Deutung und Gerichtsansage*. Die Wendung »Verschwörung finden« ist parallel zu 2 Kön 17,4, wo König Hoschea mit dem assyrischen Oberherrn bricht und damit den Untergang des Nordreichs einleitet. In ähnlicher Weise konstatiert Gott hier in v10 den Bruch des Bundes mit

190

ihm[272] und kündigt ab v11 die Konsequenzen des Vertragsbruchs an. Beim kommenden Unheil werden ihnen weder ihre vielen Götter (v12–13) noch Jeremia (v14) helfen können.

Was Gott seinem Volk antut, *geht ihm selber nahe.* 11,15–17 sind weitgehend poetisch und zeigen seine persönliche Betroffenheit – zunächst in Fragen. Es fällt ihm schwer, in seinem Tempel das falsche Verhalten der Gemeinschaft, hier als »mein Geliebter« bezeichnet, auszuhalten. Das können auch Opfer nicht ändern (vgl. Jer 7,21–22). Das anschließende Bild vom prächtigen Ölbaum, der ein Raub der Flammen wird, unterstreicht den großen und schmerzhaften Verlust.

11,18–12,6 gelten als *erste Konfession* Jeremias, mit zweimaligem Wechsel im Reden zwischen ihm und Gott. Die unmittelbaren Zusammenhänge davor und danach erstellen eine »Solidarität im Leiden« zwischen ihnen beiden. Auf die erste Klage des Propheten (v18–20) spricht Gott ihm Unterstützung zu (v21–23); beim zweiten Dialog (ab 12,1) dagegen fordert er mit seiner Antwort in 12,5–6 Jeremia eher noch in dem Sinn heraus, dass er mit weiter zunehmenden Schwierigkeiten in seiner Sendung zu rechnen hat.

Mit »mein Haus« und »Liebling« greift Gott in 12,7 auf 11,15 zurück und führt es weiter. Wie Jeremia[273] erlebt auch Gott den Bruch mit denen, die ihm am nächsten stehen sollten. In 9,1 wollte er weggehen, hier in 12,7 hat er es nun gemacht. Die Feindseligkeiten der

---

272 Damit herrscht ein vertragsloser Zustand, der in Jer sehr lange anhält. Erst 31,31 wird mit der Ankündigung des »Neuen Bundes« diese bedrohliche Situation auffangen. Im Unterschied dazu sagt Gott z. B. in Ez 16 schon einen Vers nach der Feststellung des Bundesbruchs (v59) wieder einen Bund an (v60).

273 Zuvor in 12,6 *»Haus* deines Vaters«.

Gemeinschaft in v8 haben es so weit gebracht, dass er nun *Hass* gegen sie empfindet[274] und sie deswegen preisgegeben hat, was v9–13 weiter entfalten.

12,14–17 kommt auf die *Nachbarvölker* zu sprechen. Gottes Vorgehen gegen sein Volk (»Erbe« v14, in Aufnahme von v7.9) haben sie dazu benützt, für sich zu profitieren, und sie tragen Mitschuld an dessen Untergang (v16: es »gelehrt, bei Baal zu schwören«). Sie erhalten dasselbe Gericht wie Israel und Juda, aber ebenso eine neue Chance in v15–16. Das Erbarmen des »Königs der Nationen« (10,7) gilt auch fremden Völkern.

Jer 13 – Der verdorbene Hüftschurz

Die *erste symbolische Handlung* im Buch erfolgt mit einem Hüftschurz, dem am engsten anliegenden Kleidungsstück, als Ausdruck der großen, unmittelbaren Nähe von Gott und Volk (v11). Jeremia hat ihn am Euphrat oder aber im En Fara in der Nähe seiner Heimat einzugraben (v4–5); nach längerer Zeit im Wasser ist er zersetzt (v6–7) und dient so als Anschauungsbeispiel dafür, wie es mit der Überheblichkeit Judas und Jerusalems[275] und auch dem anderen Gottheiten dienenden Volk ein Ende nehmen wird (v9–10). Dabei wäre seine Berufung gewesen, für Gott vielfach zur Ehre zu sein (v11); die Trias »zu Name, Lob, Schmuck« nimmt Dtn 26,19 auf, die schönste und ausführlichste Stelle für die wechselseitige Bundesbeziehung.

In v12 verwendet Gott ein *Sprichwort*, vermutlich von gerne Trinkenden, und sieht voraus, dafür Bestätigung von ihnen zu erhalten. »Jeder Krug soll mit Wein

---

274 Vermutlich steht Hos 9,15 dafür im Hintergrund.

275 Die Steigerung »großer Hochmut« für die Hauptstadt in v9 hebt ihr Vergehen noch hervor.

gefüllt werden!« erfährt aber in v13–14 eine andere als die erwartete Auslegung – die Trunkenheit wird zum schonungslosen[276] Zerschlagen führen, was dann in Jer 19 symbolisch erfolgen wird.

V15–16 führen die Themen Hochmut und Ehre von v9–11 weiter und verknüpfen sie mit einer Warnung. Jeremia spricht in v17 von seiner tiefen Betroffenheit (vgl. 8,21–23), wenn es wegen Ungehorsams zur Exilierung kommt. Mit den Stichworten »Herde« und »gefangen wegführen« leitet er den folgenden Abschnitt v18–27 ein (s. v19–20) und spielt darin im Bild der misshandelten Frau auf *Jerusalems Schicksal* an.[277] Die Fragen in v23 nach einer möglichen Veränderung der genetisch bestimmten Hautfarbe und -zeichnung deuten die Unfähigkeit zur Änderung des Verhaltens an und wurden als Beleg für den »anthropologischen Pessimismus«[278] von Jer gewertet; sie gilt allerdings nicht grundsätzlich, wie auch die Frage am Ende von v27 erkennen lässt, die eine Besserung Jerusalems erwartet.

Jer 14–15 – Der Untergang ist nicht mehr aufzuhalten
14,1–6 sind der Ausgangspunkt für diese Einheit. Die Erwähnung von »Dürren« (v1), im Plural, deutet auf eine *lebensbedrohliche Situation* hin. Sie ist einerseits real zu verstehen, wie der zerrissene Erdboden (v4) und das Verhalten der Tiere (v5–6) anzeigen. Sie weist aber

---

276 Dreifach betont, und damit die intensivste Steigerung für »ohne Mitleid/Erbarmen« in der Bibel.

277 Von feministischer Seite hat vor allem Jer 13,26 Kritik erfahren, weil dort Gott als Vergewaltiger erscheint. Gerlinde Baumann, *Liebe* (2000), und andere können aber zeigen, dass es sich um eine *Bildrede* handelt, es also nicht real zu verstehen ist. Freilich bleibt diese Redeweise, wie auch andere in Jer, provokant und eine Zumutung, und sie bedarf der kritischen Diskussion.

278 Dieser Ausdruck stammt von H. Weippert, *Wort* (1979), 344.

auch eine tiefere Ebene auf, die »vertrocknete« Beziehung zu Gott.

Sie kommt im Gebet des Volkes in v7–9 zur Sprache. Zwar klagen sie sich ihrer Vergehen an, doch die von ihnen für Gott verwendeten Ausdrücke in v8–9 *unterstellen ihm unbegründete Distanzierung und Schwäche.* »Fremder«, »Wanderer« und »hilfloser Held« sind allesamt einmalige Bezeichnungen für Gott und können angesichts dessen, was das Volk ihm angetan hat, nur als Beleidigung angesehen werden.

Gott reagiert dementsprechend kalt in v10. Seine Reaktion erfolgt »bezüglich dieses Volkes«, nicht zu ihm, wie das Reden in 3. Person über »sie« deutlich macht. Jer 2,23–25 steht dabei im Hintergrund. Die zweite, direkt an Jeremia gerichtete Antwort in v11–12 bringt nach dem dritten Fürbittverbot (zuvor 7,16; 11,14) erstmalig die *Plagentrias* »Schwert, Hunger und Pest«. Sie steht für gewaltsame Auseinandersetzungen und deren Folgen und mag mit Ez 5,12.17 zusammenhängen.

Auf Jeremias »Entschuldigung« des Volkes unter Verweis auf die Verführung durch *andere Propheten* in Jer 14,13 (vgl. 4,10) erklärt Gott in v14–18, dass jene Berufskollegen Jeremias »Trug« verkünden, nicht von ihm beauftragt sind und in Anbetracht des allgemeinen Sterbens nichts mehr zu sagen haben werden (Ende von v18). Dazwischen erwähnt v17 zum zweiten Mal nach 9,9 Gottes Weinen; diesmal soll Jeremia es dem Volk ausrichten und damit diesem Gottes innere Betroffenheit bezeugen.

Das zweite Gebet der Gemeinschaft in v19–22 ist wieder, wie das erste in v7–9, eine eigenartige *Mischung von Eingeständnissen und Zumutungen.* Die Fragen in v19 und die Aufforderungen in v21 zeigen immer noch fehlende Einsicht und stehen im Gegensatz zu ihrem

Tun. Selber haben diese Menschen den Bund gebrochen (11,10), hier aber soll Gott es nicht machen. Er soll sie nicht verwerfen, sie jedoch haben es getan (15,6).

15,1–9 bringen die *endgültige Ablehnung* des Betens des Volkes. Sogar die zwei großen Fürbitter in der Vergangenheit, Mose und Samuel, würden zusammen nichts mehr erreichen (v1). Mit Schuld daran trägt auch König Manasse (v4), was seine negative Beurteilung von 2 Kön 21,12–16 aufnimmt.[279] Vom hereinbrechenden Unheil werden ebenfalls Frauen und Kinder betroffen (Jer 15,6–9).

Die *zweite Konfession*, v10–21, enthält erneut einen doppelten Dialog (vgl. 11,18–12,6). Eigentlich wendet sich Jeremia in v10 klagend an seine Mutter, Antwort erhält er aber von Gott ab v11, wobei v13–14 die Gemeinschaft mit »du« anreden und darin das Urteil von zuvor (v2–9) weiterführen. Danach bekennt Jeremia in v15–18 seine innere Zerrissenheit, zwischen Leid und Freude; seinen Vorwurf der Unzuverlässigkeit an Gott am Ende kontert dieser mit der Umkehrforderung in v19 und mehrfachem Zuspruch bis v21.

Jer 16 – Der »Single« Jeremia als Zeichen
Ehe- und Kinderlosigkeit, wie sie von Jeremia hier in 16,2 gefordert werden, stehen eigentlich gegen Gottes Anweisung schon zu Beginn der Schöpfung (Gen 1,28). Sie sind hier *äußerstes Zeichen* für den völligen Zerfall der Gemeinschaft. Zusätzlich ist das Verbot der Bekun-

---

279 Dort steht auch die Wendung »die Ohren gellen« (v12), auf die Jer 19,3 zugreift. Jer 15,4 ist ein Beleg dafür, dass Jer manchmal deuteronomistisches Gedankengut und deuteronimistische Bewertungen übernimmt. Doch geht es darüber hinaus, u. a. in der Reichhaltigkeit seiner Analysen der Schuld und in seinem Suchen nach einer Lösung der Krise in einer vertieften, »persönlichen« Beziehung mit Gott.

dung von Beileid im Trauerfall ein Hinweis auf den Entzug des göttlichen Erbarmens (v5) und das Fehlen jeglicher Solidarität, selbst bei Todesfällen (v6–7).

Die Rückfrage nach den Gründen des Unheils (v10) findet eine Antwort in der fortgesetzten und *größeren Schuld* der jetzigen Generation gegenüber der früheren (v11–12). Sie hat das Exil zur Folge (v13), das aber – paradoxerweise (s. das einleitende »Darum«) – zu einem neuen, das alte noch überbietenden Heilshandeln Gottes führt: Die Befreiung damals aus Ägypten wird überboten durch die Rückholung aus den Ländern der Verschleppung (v14–15, mit Parallele in 23,7–8).

Zuvor aber ist die *Schuld noch abzutragen* (16,16–18).[280] Das eben beschriebene Handeln Gottes löst in v19–20 ein lobendes Bekenntnis zu Gott aus, der in v21 eine weitere Vertiefung der gewonnenen Erkenntnis bezüglich der Nichtigkeit der anderen »Götter« und seiner Stärke und Schutz verleihenden Macht verspricht.

Jer 17 – Auf Jhwh vertrauen

Jer 17 setzt ganz massiv ein mit der *Sündengravur auf der ›Tafel des Herzens‹*[281] der Menschen und ihrer tief emotionalen Beziehung, vergleichbar der zu eigenen Kindern, zum Götzendienst (v1–2). Dies deutet eine praktisch untilgbare falsche Ausrichtung an, die alles Denken und Handeln prägt. Die zwei folgenden Verse wiederholen die Ansage der Folgen aus 15,13–14.

---

280 Das »doppelte Ersetzen« in v18 nimmt auf die Bestimmungen betreffend Diebstahl in Ex 22,1–3.6–8 Bezug und hat eine Parallele in Jes 40,2.

281 »Tafel« dürfte hier eine bildhafte Sprechweise sein, die einen kontrastierenden Vergleich mit den Tafeln vom Sinai (Ex 24,12 u. ö.) erstellt.

Das Stichwort »Herz« kehrt wieder in den nächsten beiden kleinen Einheiten. Zunächst stellt Gott den *Gegensatz beim Vertrauen* in v5–8 vor. Wessen »Herz von Jhwh abweicht«,[282] ist verflucht und gleicht einem unfruchtbaren Gewächs in der Wüste (v5–6).[283] Wer dagegen voll auf Jhwh setzt,[284] gleicht einem dauernd mit reichlich Wasser versehenen und Früchte tragenden Baum (v7–8) – ein Bild, das Ps 1,2–3 für den sich an Gottes Tora orientierenden Menschen übernimmt.

V9–11 sprechen wertvolle Erfahrungen an, zunächst – gleichsam als Fortsetzung zu v5, dem »vertrauen« auf Menschen – die *unauslotbaren Abgründe des menschlichen Innenlebens*: »Verkehrter als alles ist das Herz, und unheilbar.«[285] Der Einzige, der in es Einblick hat, ist Gott (v10; vgl. schon 11,20, sowie 20,12); er rechnet neben dem Verhalten (den »Wegen«) auch den Ertrag (die »Frucht«, in Aufnahme von v8) mit ein. Dazu zählt aber nicht unrechtmäßig erworbener Reichtum (v11).

Gott schenkt den ihm vertrauenden Menschen Fruchtbarkeit (v7–8), kennt unser Innerstes (v10) und

---

282 Diese Wendung nimmt das Königsgesetz von Dtn 17,17 auf; König Salomo ist ein Beispiel dafür (1 Kön 11,2–4).

283 Möglicherweise steht dies bewusst im Kontrast zu den beim Götzendienst genannten »grünen Bäumen« in v2.

284 Die Formulierung mit »vertrauen« ist doppelt: zuerst als Verb, für jeweiliges Tun, und dann noch als Nomen, für die entsprechende Haltung.

285 Auch dies scheint, wie 13,23 und auch 17,1, das »pessimistische Menschenbild« von Jer zu bestätigen. Doch handelt es sich wieder um eine zugespitzte Aussage, die als negativer Kontrasthintergrund für ihre positive Auflösung durch die göttlichen Zusagen in Jer 24,7 und 31,33 dient. Außerdem können einem das eigene Leben und der Umgang mit anderen zeigen, wie wenig Verlass manchmal auf Menschen, und gar sich selber, ist.

rettet damit vor den Gefahren, auf wenig Sicheres (andere Menschen v5; das eigene Herz v9) zu bauen. Auf diesem Hintergrund bricht das Lob für ihn in v12–13 aus, das Motive von früher (u. a. »abweichen« v5; »Quelle lebendigen Wassers« 2,13) aufgreift. Daran schließt sich in v14–18 die dritte Konfession an, in der Jeremia folgerichtig mit vielen Bitten seine Hoffnung allein auf Gott setzt.

Scheinbar zusammenhangslos beschäftigen sich v19–27 dann mit der *Heiligung des Sabbats*. Sie besteht vor allem darin, an diesem Tag »keine Lasten« durch die Tore Jerusalems oder aus den Häusern zu tragen (v21–22), was vermutlich auf schwere oder vielleicht auch gewerbsmäßige Arbeit hindeutet; für die Einhaltung des Sabbats stellt Gott reichliche, und sogar ewige Belohnung in Aussicht (v25–26). Der Verzicht auf Erwerb und auf eigene »Produktivität« am siebten Tag ist ein *konkretes Umsetzen* des Gottvertrauens. Von daher gibt es eine innere Verbindung mit den vorausgehenden Abschnitten dieses Kapitels.

Jer 18 – Jeremia beim Töpfer

Das Leben ist ein Gleichnis, und ebenso sind es manche alltägliche Erfahrungen. Jeremia beobachtet auf Gottes Auftrag hin in v2–4 beim Töpfer das Auffangen eines Misslingens. Gott verwendet dieses Erlebnis für seine Deutung in v6. Dabei vergleicht er sich mit diesem Handwerker[286] und seinem Tun; aus v4 ist dafür abzuleiten: Gott *gibt nicht auf*, wenn etwas scheitert. Er *müht sich*, wie bei körperlicher Arbeit. Und er möchte etwas *Schönes gestalten* (»recht in den Augen«). All dies gilt

---

286 Das hebräische Wort für »Töpfer« ist das Partizip von »bilden, formen«. Dasselbe Verb gebrauchte Gen 2,7 für Gottes Erschaffung des Menschen.

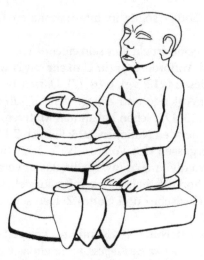

Abb. 6: Töpfer. »Er war machend ein Werk auf der Scheibe«
(Jer 18,3, wörtlich »auf den zwei Steinen«), vermutlich eine der
ersten Erwähnungen für diese Technik.

auch für seine Beziehung zu Israel und zu allen Menschen.

Eine zweite Anwendung findet die Beobachtung beim Töpfer in v7–10. Ähnlich kontrastierend wie 17,5–10 setzt Gott hier, die Verbliste aus 1,10 aufgreifend, das Verhalten von Völkern gegenüber. Lässt sich eine Nation warnen und kehrt um, kann *Gott sich des angedrohten Unheils gereuen*[287] und es zurücknehmen (v7–8). In der Gegenrichtung darf kein Volk eine positive Zusage als Freibrief für beliebiges Handeln auslegen (v9–10). Beides zusammen unterstreicht die gestalterische

---

287 Gott universalisiert darin seine Mose gegebene Zusage in Ex 32,12.14. Seine »Reue« ist Ausdruck seiner Lebendigkeit und Anteilnahme an den Menschen, vgl. dazu die Studie von J.-D. Döhling, *Gott* (2009).

Freiheit Gottes sogar in internationalen Dimensionen.[288]

Leider beeindruckt dies sein eigenes Volk nicht. Drohung und Aufforderung zur Umkehr in v11 werden zurückgewiesen (v12; vgl. 6,16–17). Darauf bleiben Gott nur noch Anklage und *Ansage des endgültigen Untergangs* in v13–17. Neben bekannten Motiven, z. B. dem Fragen unter den Nationen (v13; ähnlich 2,10–11) oder dem »Vergessen des Volkes« (v15; 2,32) finden sich neue, etwa die Fragen in v14, die das unverständliche und unerhörte Verhalten Israels herausstellen, oder die »ewigen Gezische« und Gottes Zeigen seines Rückens in v16–17.

Die Verschärfung des Konfliktes spiegelt sich auch in v18–23, der *vierten Konfession*. Jeremias Gegner vertrauen auf Menschen, Priester, Weise und Propheten (v18), die sich allesamt bisher schon als unzuverlässig erwiesen haben (vgl. 2,8; 9,22, und öfter). Sie beachten seine Worte nicht, womit ihm Ähnliches wie Gott widerfährt (s. v11–12), und vergelten ihm sein Einstehen für sie mit Mordplänen (v20 mit 23). Dies lässt ihn Gott bitten, ihnen und ihren Angehörigen den Untergang herbeizuführen. Es sind die stärksten Wünsche in dieser Richtung im Buch.[289]

---

288 Auch darin erweist er sich als »König der Nationen« (Jer 10,7).

289 Aus christlicher Sicht erscheint Jeremias Gebet, und besonders die Aufforderung, »ihre Schuld nicht zu vergeben« (v23), »überholt« und unangebracht. Auch das Erbitten von schlimmen Folgen für Kinder und Frauen (v21) lässt sich schwer rechtfertigen. Doch aus der Perspektive Gottes, dessen vielfache Einladungen, zuletzt auch in 18,6–11, ausgeschlagen wurden, kann jetzt nur noch das Gericht über alle Schuldigen erfolgen. Diesem Kontext entsprechend stimmt Jeremia hier mit Gottes Sicht überein und betet sogar darum.

Jer 19 – Der zerbrochene Krug

Jer 19 zeigt eine Dynamik gegenüber dem vorangegangenen Kapitel: Dort war der Ton noch formbar; hier aber ist er fertig gestaltet und gebrannt, als *baqbuq*, ein Krug mit schlankem Hals (v1, vermutlich ein Wortspiel im Hebräischen mit *baqaq*, »leeren, vereiteln«, am Beginn von v7). Er dient dazu, dass Jeremia *symbolisch* mit seinem Zerbrechen (v10; vgl. auch 13,[12–]14) die Zerstörung Jerusalems und seiner Einwohner (v12–13) andeutet und in Gang setzt.

Gott begründet dies ab v3 mit einigen aus Jer 7 bekannten Elementen (Kinderopfer, Tofet, Leichen als Fraß für Tiere, kein Platz zum Begraben), führt sie aber auf eigene Weise weiter und spielt zusätzlich prägnante Wendungen aus anderen Texten ein. Dazu gehören »die Ohren gellen« (v3; nur noch 1 Sam 3,11 und 2 Kön 21,12, bei Manasse) und das »Essen der eigenen Kinder in Belagerung und Bedrängnis« (v9, in Auf-

Abb. 7: Baqbuq. Die Benennung des Kruges dürfte lautmalerisch sein, weil beim Ausgießen durch die enge Öffnung ein glucksendes Geräusch entsteht.

nahme des Fluchs aus Dtn 28,53–55). Die kombinie-
rende Verdichtung der Motive spiegelt, dass die Ver-
dorbenheit *viele frühere Vergehen in sich vereint* und deswegen nicht länger geduldet werden kann.

Dies macht das *erste berichtete Auftreten* Jeremias in
19,14–15 verständlich (s. o. S. 154), und ebenso die sich
daran anschließende Festnahme und Folter durch
Paschhur in 20,1–6 sowie die intensive Reaktion des Propheten in der letzten Konfession 20,7–18; beide Texte
wurden schon besprochen (s. S. 133–134 und 144–145).
Mit diesem düsteren Abschluss endet der Block Jer 11–
20. Mehrfach hatte Gott versucht, das Unheil noch abzuwenden, doch das Volk war nie darauf eingegangen.

1.4 Das Versagen der Verantwortlichen – Jer 21–24

Nachdem in Jer 19–20 klarwurde, dass der Untergang
mit Sicherheit kommen wird, vertieft der nächste Block,
Jer 21–24, dies weiter in mehrere Richtungen. Dabei sind
Könige, Hirten und Propheten dominant; lange und wie-
derholt werden ihre Schwächen und Fehler dargestellt.
Doch finden sich auch mehrfach Hoffnung vermittelnde
Texte, die einen Weg zum Überleben und eine Verände-
rung zum Guten aufzeigen.

Jer 21 – Ein Vorblick auf das Ende
Der erste genauer anzusetzende zeitliche Anhaltspunkt
im Buch in 21,1–2 führt bereits fast an das Ende des in
Jer 1,1–3 gespannten Berichtszeitraums, in die Phase
der Belagerung Jerusalems 588–587 v. Chr. Mit seiner
Anfrage erwartet König Zidkija Gottes Rettungshan-
deln. Die durch Jeremia ab v3 vermittelte göttliche Antwort dagegen geht in die Gegenrichtung: Jhwh selbst
wird, in Umkehrung früheren Tuns, *sein eigenes Volk angreifen* und schlagen. Die Verkehrung der klassischen

Formulierung »mit starker Hand und ausgestrecktem Arm« in den Adjektiven sowie die Trias »Zorn, Grimm und große Wut«[290] für die göttliche Erregung in v5 unterstreichen seine Entschiedenheit und seinen Einsatz dabei.

Für das Volk gibt es in 21,8–10 eine eigene Botschaft: Sie können *wählen* zwischen Überleben und Sterben. Ersteres wird möglich durch das Überlaufen zu den babylonischen Truppen, Letzteres wird das Schicksal derer sein, die Widerstand leisten und in der Stadt ausharren.

Zwei kleine Sprüche in v11–12 und 13–14 leiten über zum folgenden Kapitel. Der erste spricht mit »Haus David« die judäische Königsdynastie an und fordert von ihren Vertretern eine regelmäßige, frühe[291] Rechtsprechung (vgl. 22,3.15). Der zweite redet poetisch verhüllt von Jerusalem, das ironisch als »Talbewohnerin« und »Felsen der Ebene« adressiert und in seiner illusorischen Überzeugung der Unangreifbarkeit zitiert wird (v13).

Jer 22 – Ein Panorama von Königen

Die erste kleine Einheit, v1–9, ist an den »König von Juda« gerichtet, ohne einen bestimmten Namen zu nennen, und damit allgemein. Jeremia soll dafür in seinen Palast gehen und ihn zur *Einhaltung des Rechts* unter verschiedenen Aspekten[292] mahnen (v3). Dafür

---

290 Die exakt gleiche Formulierung findet sich außerhalb von Jer nur in Dtn 29,27 und erklärt dort, dass Gott Fluch über das Land gebracht hat, weil die Menschen den Bund mit ihm verlassen und sich anderen Gottheiten zugewandt hatten. Diese Stelle wird hier eingespielt.

291 Die Zeitangabe »am Morgen« im Zusammenhang mit Recht hat Parallelen in 2 Sam 15,2 und Zef 3,5.

292 »Recht und Gerechtigkeit tun« zeichnet Gott (9,23), Joschija

verspricht er ihm, in Aufnahme von 17,25, den Bestand der Dynastie, Ansehen und ein gedeihliches Miteinander innerhalb der Gesellschaft (v4). Nichteinhaltung (ab v5) dagegen werde zu einem Untergang führen, der als abschreckendes Beispiel dient (s. die beiden Zitate in v8–9).

Nach dieser grundsätzlichen Einleitung folgen, mit der Ausnahme Zidkijas, alle noch nach *Joschija* regierenden Könige. Dieser »gute« König wird mit Namen in v11.18 sowie indirekt in v10 als »Toter« und in v15 als »dein Vater« erwähnt. Bedauernswerter als er ist sein Nachfolger Joahas, hier in v11 Schallum genannt, der als Gefangener des Pharao Necho nach Ägypten kommt und dort stirbt (v12).

Länger gehen v13–19 auf dessen Bruder Eljakim / *Jojakim* ein und klagen bis v17 sein unrechtes Handeln sowie seine Prunk– und Gewinnsucht an. Die Folge dessen wird die fehlende Trauer bei seinem Tod und eine unehrenhafte Bestattung sein (v18–19), von denen aber sonst nirgends etwas berichtet wird.[293]

Im Unterschied dazu sind gleich drei Berge in v20 zu besteigen, um die *Kunde vom Schmerz* über den Niedergang möglichst weit zu verbreiten. Die »Liebhaber« benennen vermutlich jene Fremden, die Israel von der Verehrung seines Gottes abbringen. Die Hörverweigerung in v21 ist ein typisch jeremianisches Motiv (siehe u. a., 7,24.26–28; vgl. zudem 6,16–17; 18,12).

Ironische Beschreibungen der angeblich »hohen« Lage Jerusalems in v23 (»auf dem Libanon«, »nisten

---

(v15 hier) und David aus (2 Sam 8,15); »den Beraubten retten« fordert wie in 21,12 das Aufstehen gegen Unterdrücker; die Trias der sozial Schwachen hat ihre Wurzeln in Ex 22,20–21; Dtn 14,29 u. ö.

293 Die Notiz in 2 Kön 24,6 enthält aber keinen Hinweis auf das, was hier in Jer 22,18–19 angedeutet wird.

auf Zedern«) stehen wie in 21,13–14 im Gegensatz zu dem Geschick, das die Stadt trifft.

Als letzter König kommt der tragische Konja / *Jojachin* ab v24 in den Blick. Er muss zusammen mit anderen die Folgen der Auflehnung seines Vaters Jojakim gegen die babylonische Oberherrschaft mit der Exilierung auf Lebenszeit büßen und erscheint wie ein Verworfener (v26–28). Mit ihm geht die davidische Dynastie zu Ende (v30).[294] Der dreifache Vokativ in v29 (vgl. dazu das dreimalige »Tempel Jhwhs« in 7,4) stellt die intensivste Form eines Anrufs dar, mit dem das Land[295] zur Wahrnehmung dieses außergewöhnlichen Geschehens aufgefordert wird.

Jer 23 – Hirten und Propheten

Mit »Hirten« redet Jer 23,1–4 von *Leitern der Gemeinschaft* in drei Stufen.[296] Die bisherigen Verantwortlichen haben versagt (i; v1–2). Deswegen übernimmt Gott in einem nächsten Schritt selbst deren Aufgabe (ii; v3) und verspricht für die Zukunft erneut menschliche Führer, die aber ihrem Auftrag besser nachkommen als die ersten (iii; v4).

Daran schließen sich gut zwei kleine Sprüche an, zunächst die Verheißung eines Herrschers in der Nach-

---

294 Jer 33,17.21 relativieren dies damit, dass Gott dennoch »dem David« immer jemand auf seinem »Thron« nachfolgen lässt; wer diejenigen sind, bleibt aber offen. Ebenso rechnen Jer 23,5–6 // 33,14–16 mit einer Fortsetzung der davidischen Herrscherlinie. Wahrscheinlich sind diese Ansagen zu verstehen von Jer 30,9 her, wo mit »David« ein *zukünftiger* idealer Herrscher (und nicht jener am Beginn der Monarchie in Juda) gemeint ist.

295 Möglich wäre auch »die Erde«, was die Betroffenheit universal ausweiten würde.

296 Vermutlich ist Jer 23 dabei von Ez 34 inspiriert; es kommt einer stark komprimierten Kurzfassung davon gleich (s. S. 113).

folge Davids, der wirklich dem *Ideal eines Königs* entspricht und Gerechtigkeit[297] erfahrbar werden lässt (v5–
6, ausgeweitet in 33,14–16). Danach folgt in 23,7–8,
übernommen aus 16,14–15, die Wiederholung der Verheißung des neuen Exodus aus dem Exil, die Gottes
Ankündigung der Rückführung von v3 aufgreift und
bestätigt.

Die längste zusammenhängende Kritik an Propheten in der Bibel erfolgt in v9–40. An ihre Adresse ergehen *viele Vorwürfe*, u. a.: Sie stützen Übeltäter (v14),
verkünden selbst Erfundenes (v16–17.31–32), sind nicht
autorisiert (v21), stehlen einander Formulierungen
(v30) und führen so das Volk in die Irre (v13.16, und
öfter).

Als *Gegenbild dazu* erscheinen Jeremia, der von diesen falschen Berufskollegen tief betroffen ist (v9), und
Gott, der auf deren Anmaßungen scharf reagiert. Der
Vergleich von »Stroh« und »Korn« in v28 macht den
Abstand und Unterschied zwischen den prophetischen
Träumereien (v25.27.32) und dem göttlichen Wort deutlich. Im dreifachen »Siehe, ich will an die Propheten …«
in v30–32 erklärt Gott seine Gegnerschaft zu ihnen
und kündigt ihnen mehrfach Gericht an (v12.15.19–
20.39–40).

Gott stellt sich ab v33 auch gegen die Verwendung
des hebräischen Ausdrucks *massah* »Ausspruch/Last
(-spruch)« zum Ausweis prophetischer Worte, wie er
z. B. ebenfalls in Jes 13,1; 15,1; Hab 1,1 oder Sach 12,1

---

297 Die hebräische Wurzel *zadaq* »gerecht« ist dreifach gesetzt,
     dazu noch am Ende als »Name« betont herausgehoben. Eine
     Identifizierung mit dem lautlich ähnlich klingenden König Zid-
     kija legt sich nicht nahe, weil dessen Amtsführung nach dem
     Zeugnis der biblischen Texte dem nicht entsprach. Außerdem
     rahmen Gerichtsworte über Zidkija den Block Jer 21–24 zu Be-
     ginn (21,1–7) und am Ende (24,8–10).

verwendet ist. Manche Propheten haben ihn miss-
braucht, um damit für ihre Sprüche göttliche Herkunft
zu beanspruchen; tatsächlich aber, so wirft Gott es ihnen vor, den doppelten Sinn des Wortes verwendend,
sind sie für ihn *zur Last* geworden (v33.36).

Jer 24 – Die Vision der zwei Feigenkörbe

Jer 22,24–30 hatte das tragische Geschick Jojachins in
den Blick genommen. Er und die mit ihm 597 v. Chr.
nach Babel Exilierten erhalten in Jer 24 eine *neue, andere
Bewertung.* In der Deutung der Vision identifiziert Gott
sie mit den »sehr guten Feigen« (v5) und macht ihnen in
v6–7 ganz starke Zusagen. Sie beinhalten persönliche
Zuwendung, Rückkehr, Aufbau (mit den Verben aus
1,10), vor allem aber die Gabe eines Herzens, das Gott
zu erkennen vermag. Damit heilt Gott die Probleme, die
in 9,5 und 17,1 angesprochen waren, und ebnet den Weg
für eine stimmige Bundesbeziehung (»mein Volk« – »ihr
Gott« in 24,7).

Im Gegensatz dazu stehen König Zidkija, die mit
ihm 597 in Jerusalem Verbliebenen sowie die nach
Ägypten Ausgewanderten (v8). Sie gleichen den »sehr
schlechten Feigen« (v3) und werden zum *negativen Pa-
radebeispiel* für Unheil, Spott und Schmach werden, wie
v9 mit insgesamt sechs Ausdrücken in höchster Steigerung[298] besagt.

Jer 24 enthält mit dieser »Umwertung« einen Schlüssel für das gesamte Jeremiabuch. Unheil und Gerichtsansagen gelten solange, wie jemand die Folgen des falschen Verhaltens noch nicht getragen hat. Mit dem
Moment, in dem *durch Leiden und Not*, wie Verschleppung, Leben in der Fremde, Verlust von Angehörigen,

---

[298] Jer 29,18 bringt fünf der hier verwendeten Ausdrücke, 42,18
und 44,12 haben noch vier.

Erfahrung der Abhängigkeit, usw., eine Art »Ausgleich« für das frühere Unrecht entsteht und die Menschen »umkehren« (Stichwort am Ende von v7), öffnet sich der Weg zu neuem Heil. Jene dagegen, die auf dem bisherigen schlechten Weg weitermachen ohne Einsicht in die Notwendigkeit von Veränderung, erwartet erst noch das Gericht. In diesem Sinn leitet 24,8–10 passend zum zentralen Kapitel Jer 25 über, das schon ausführlich besprochen worden ist (s. S. 32–36).

1.5 Heil aufblühend inmitten des Untergangs – Jer 26–35

Der zweite Buchteil setzt mit einem Block ein, der in gewisser Weise noch »offen« ist. Er lotet den Weg des Volkes in *zwei Richtungen* aus. Auf der einen Seite stehen Erzählungen, die Uneinsichtigkeit, Fehlverhalten und Realitätsferne, wenn nicht gar -verweigerung, zeigen (Jer 26–28; 34). Auf der anderen Seite gibt es eine Fülle von hoffnungsvollen Ansagen, wie nie sonst im Buch (vor allem Jer 29–33). Diese Spannung ist ein weiterer Beleg für das Arbeiten mit Polen und Kontrasten in Jer, und sie fordert Lesende heraus, selber zu urteilen, zu entscheiden und Position zu beziehen.

Jer 26 – Prophetenschicksale

Gegenüber der »ersten Tempelrede« in Jer 7 bringt 26,3 mit Gottes *Gereuen des Unheils bei Umkehr* etwas Neues; es greift dabei seine Zusage aus 18,8 auf. Doch die Wahrnehmung der Zuhörer Jeremias konzentriert sich auf die Ansage des Untergangs (v9, mit v6) und führt dazu, dass diese sein Leben bedrohen (v8.11; s. oben S. 134–135).

Jeremia findet Rettung durch mutige Verteidigung (v12–15) und den Verweis auf einen Vorgänger. Eine

Gruppe sehr angesehener Leute (die »Ältesten des Landes«) zitiert den *Propheten Micha*, der ca. 100 Jahre früher ähnlich Unheil über Jerusalem und den Tempel verkündete (v17–19, Mi 3,12 aufnehmend) und von König Hiskija damals am Leben gelassen wurde.

Doch die Zeiten haben sich geändert: Als Gegenfall dazu fügen v20–23 das Schicksal des *Propheten Urija* an, der eine vergleichbare Botschaft wie Jeremia hatte. Die Verfolgung durch König Jojakim löst bei ihm Furcht und Flucht nach Ägypten aus (v21), die ihm aber nichts nützt. Der König lässt ihn zurückholen und tötet ihn (v22–23). Mit den drei Beispielen Jeremia, Micha und Urija zeigt Jer 26 die Gefährdung von Propheten auf, die Kritik an der Gesellschaft wagen und Folgen für Unrecht ankündigen.

Jer 27–28 – Unter Nebukadnezars Joch!

Jeremias Tragen eines Jochs und dessen internationales Versenden (27,3) dient zur anschaulichen Vermittlung einer Botschaft. Der universale Gott (v5) hat dem babylonischen König Nebukadnezar, als seinem Diener,[299] für eine begrenzte Zeit die *Herrschaft über alle Völker* anvertraut (v6–7). Es handelt sich also um eine vermittelte Regentschaft, die im Namen und Auftrag Gottes auszuüben ist.[300] Wer sich ihr nicht beugt, muss mit der Plagentrias rechnen (v8; s. 14,12).

Sehr parallel ist die Botschaft an das eigene Volk, zunächst an König Zidkija adressiert (v12–15). Eine zweite Mitteilung, ab v16, hat stärker den *Tempel und*

---

299 Zu dieser provozierenden Ehrenbezeichnung für ihn, die bereits 25,9 erstmalig vorkam, s. G. Fischer, *Mein Diener* (2004), 6–8.

300 Von daher wird auch die Kritik an seinem gewalttätigen Vorgehen in Jer 50,17–18 und 51,34–35 verständlich.

dessen Geräte im Blick und berührt einen heißen Punkt der Auseinandersetzung mit anderen Propheten. Die 597 v. Chr. verschleppten Kultgegenstände (vgl. 2 Kön 24,13) wurden von manchen zurückerwartet; Jeremia dagegen kündigt die Wegschaffung aller noch verbliebenen Kultgeräte sowie auch von Säulen, bronzenem »Meer« und Gestellen an (v19–22). Jer 52,17–23 wird diese Ansage einlösen und damit Jeremia als wahren Propheten bestätigen. – Zu Jer 28, das diese Thematik fortführt, s. oben S. 135 und 146.

Jer 29 – Wie mit dem Exil umgehen?

Wie Jer 24 beschäftigt sich Jer 29 mit den 597 v. Chr. zusammen mit König Jojachin Verschleppten. Kein anderes Kapitel in Jer nimmt sie so intensiv in den Blick; da auch sonst kein Abschnitt in Jer das Geschick der später, 587 bzw. 582 v. Chr. Exilierten beschreibt, ist Jer 29 der einzige Text, der *Einblick in deren Situation* und die dort laufenden Diskussionen gibt.[301]

Klar erkennbar ist eine Konfrontation zwischen Propheten in Babel und Jeremia. Erstere scheinen, wie Schemajas Forderung nach Einschreiten gegen ihn anzudeuten scheint (v25–28), für *Nicht-Anpassung* und die Erwartung einer baldigen Rückkehr in die Heimat plädiert zu haben.[302]

Demgegenüber ermutigt Jeremia mit seinem Brief die Exilierten, ihre Zeit in der Fremde sinnvoll zu ge-

---

301 Hier besteht ein Unterschied zum Ezechielbuch, das viel stärker das Leben der Exilierten zum Thema macht.

302 Die anderen Erwähnungen von Propheten dort in Babel in 29,8–9.15.21–23 lassen keine inhaltlichen Rückschlüsse zu. Einzig v16–20, das vielfach an Jer 24 anschließt und es voraussetzt, könnte indirekt als Zurückweisung einer Position interpretiert werden, die auf ein Zurückkommen nach Jerusalem hofft.

stalten und der dortigen Bevölkerung wohlwollend zu begegnen (v5–7). Die *Aufforderung zum Gebet für die Bewohner von Babel* bezeugt eine Haltung, die Feindschaft überwindet und angetanes Leid hintanstellen kann, und steht ganz in der Nähe des Neuen Testaments (vgl. Mt 5,44).

29,10–14 erläutern weitere Hintergründe für eine solche Botschaft: Der »Zwangsaufenthalt« in der Fremde dauert nur eine begrenzte Zeit, 70 Jahre (v10, mit 25,11–12). Gott hegt »Gedanken des Heils« (v11) und wird sich von den ihn suchenden Menschen finden lassen (v12–14a).[303] Zuletzt greift »das Geschick wenden« in v14 auf eine andere Ankündigung Moses zu, diesmal Dtn 30,3, das ebenfalls das Ende des Exils in den Blick nimmt. Diese fünf Verse 10–14 sind die *erste längere Heilsansage* in Jer und unterstreichen durch ihre Adressierung an die Exilierten das oben zu Jer 24, dort am Ende, Gesagte.

Jer 30–31 – Die Trostrolle

Diese zwei Kapitel[304] gehören zusammen und schildern *Heil in einer Fülle* wie nirgends sonst in Jer. Die »Wende des Geschicks« in 30,3.18; 31,23 greift 29,14 auf und wendet sie auf vielfältige Not an. Sechs Gedichte (von 30,4 bis 31,22) schildern jedes Mal die Umkehrung von

---

303 »Suchen, finden, mit ganzem Herzen fragen« in v13 nehmen Moses Ansage aus Dtn 4,29 auf. Er hatte dort mit diesen Worten die mögliche Beendigung des Exils angekündigt; in Jer 29 kündigt Gott das Eintreffen dieses Versprechens an. »Finden« löst die offene Ankündigung aus Jer 10,18 ein.

304 Jer 30–31 sind von Inhalt und Funktion her der dichteste Text von Jer. Diese Reichhaltigkeit kann hier in keiner Weise angemessen besprochen werden; für eine detailliertere Auslegung verweise ich auf G. Fischer, *Jeremia 26–52* (2005), 115–184, sowie meine Habilitation *Das Trostbüchlein* (1993).

unheilvollen Situationen; ab 31,23 führen mehrheitlich prosaische kleine Abschnitte diese Wende zum Positiven konkret aus.

Das *erste Gedicht* (30,5–11) setzt ein mit Schrecken und Angst; sie wandeln sich in Befreiung von Abhängigkeit und Gottesdienst (v8–9). Das *zweite Gedicht* (30,12–17) schildert im Bild von Krankheit und Verwundungen die trostlose Lage Zions; das ändert sich ab v16, und v17 beantwortet die in 8,22 offengebliebene Frage nach der ausbleibenden Heilung.

30,18–31,1, das *dritte Gedicht*, setzt eingangs Zerstörung und eine geringe Bevölkerungszahl voraus; nun aber wird wieder aufgebaut, das Volk die frühere Größe erreichen und auch durch seinen Herrscher mit Gott eng verbunden sein.[305] Im *vierten Gedicht* (31,2–6) spricht Gott den Überlebenden seine intensive, ewige Liebe zu (v3), was die »Jungfrau Israel« wie einen Sieg feiert (v4).[306]

Das *fünfte Gedicht* (31,7–14) spricht von der Rückkehr aus dem Exil und der neuen Freude beim Kommen zu Gott auf dem Zion; dies führt zu einem Vergehen von Trauer und Kummer sowie zu innerer Befriedigung (v13–14). 31,15–22 als *letztes Gedicht* bringen mehrfach einen markanten Abschluss: Zuerst gebietet Gott dem untröstlichen Trauern der Stamm-Mutter Rahel, die den Verlust ihrer Kinder beweint, Einhalt mit Verweis auf »Hoffnung und Zukunft« (v15–17, Letzteres als Aufnahme von 29,11). Danach geht Gott auf Ephraims[307]

---

305 S. dazu die zweimalige »Bundesformel« in 30,22 und 31,1.

306 »Tamburin, ausziehen, Reigentanz« sind Motive der Siegestanzlieder, wie sie in Ex 15,20; Ri 11,34; 1 Sam 18,6 begegnen.

307 »Ephraim«, als jüngeres Kind Josefs, steht in manchen prophetischen Texten für das Nordreich oder Teile davon; hier aber bildet es zusammen mit Rahel und Jakob (s. 31,9) eine »Sym-

Schuldbekenntnis und Umkehrwunsch mit einem Eingeständnis seiner ihm selbst unbegreiflichen innerlichen Bindung an dieses ungehorsame Kind ein (v18–20). Schließlich zeigen v21–22 ein neues Verhältnis der Geschlechter zueinander: Nach ihrer Umkehr kann die Jungfrau Israel den »Helden / starken Mann« umfangen, stützen, aufbauen.[308]

Was all diese poetischen Ansagen an Folgen haben, führt der Rest der Trostrolle aus. So spricht 31,24 vom *gemeinsamen Wohnen* von Stadt- und Landbevölkerung, von Sesshaften und Nomaden. 31,29–30 greift das auch in Ez 18,2 erwähnte Sprichwort auf und widerlegt es. Die Überlebenden müssen nicht denken, sie hätten die Folgen der Vergehen der Vorfahren zu tragen; sie sind frei, *ohne Belastung* durch die vergangene Schuld anderer.

Die größte Fortwirkung von Jer hat das Wort vom *Neuen Bund* in 31,31–34 entfaltet. Innerhalb von Jer »heilt« er den schon lange anhaltenden vertragslosen Zustand durch den Bundesbruch des Volkes (11,10) und die bisher mangelnde Erkenntnis Gottes (v34, gegenüber der Verweigerung in 9,5). Das Schreiben der Tora in das Innere, auf das Herz der Menschen (v33), fängt die Sünden-Gravur von Jer 17,1 auf und überbietet

---

bolfamilie«, bei der die mittlere Generation fehlt und die in allen drei Fällen durch das Motiv der Bevorzugung der Jüngeren verbunden ist.

308 Die aktive Rolle der Frau beschließt die sechs Gedichte und bildet eine Rahmung zu deren Beginn, wo in 30,6 Männer als schwach und schreckerfüllt gezeichnet waren. Das Verhältnis der beiden Geschlechter, die systematisch in den Gedichten abwechseln (s. dazu oben S. 87), wird so wieder ausgeglichen, und vielleicht ist damit auch eine Aufhebung von Gottes Spruch zur Frau in Gen 3,16 angezielt. Für die Deutung dieses rätselhaften Schlusssatzes von 31,22 s. B. Bozak, *Life* (1991), 103–105.

gleichzeitig das äußerliche Beschriften von Steintafeln mit den göttlichen Gesetzen am Sinai (Ex 24,4; 31,18). Dazu vermag es noch die falsche Orientierung aller im Volk (»von ihrem Kleinsten bis zu ihrem Größten«, v34, als Umkehrung zu 6,13) aufzufangen und in eine gute Richtung umzulenken. Diese Verheißung vom Neuen Bund wurde nie innerhalb des Alten Testaments aufgenommen, ist aber zentral für das Neue Testament geworden (Lk 22,20; 1 Kor 11,25; Hebr 8,8–12, u. a.).

Die nächste kleine Einheit, 31,35–37, ist wieder poetisch und sichert Israel *fortwährenden Bestand* zu, parallel zum Bestehen der kosmischen Ordnungen. Dabei hebt Gott in v37 das anlässlich des Untergangs Samarias in 2 Kön 17,20 gefällte Urteil (»verwarf die ganze Nachkommenschaft«) wieder auf. Zuletzt (31,38–40) erfährt die Stadt Jerusalem eine *enorme Ausweitung* und Veränderung ihres Status, als »heilig für Jhwh« und ewig bestehend.

Jer 30–31 ist wahrlich eine *Trostrolle*. Während Gott »trösten« zuvor dem Propheten untersagt hat (16,7) und mitleidslos vorgeht (13,14), handelt er hier voll Erbarmen und tröstet selbst (31,13.16–17.20). Sind sonst Frauen oft Leidtragende und weniger geachtet, kommt ihnen in den Gedichten hier eine mindestens ebenbürtige Rolle und große Wertschätzung zu. Und das Sehnen der Müden, Matten, Darbenden, und sogar der Priester wird im Tiefsten gestillt (»Seele«, für Verlangen, in 31,14.25).

Jer 32 – Die Aufarbeitung einer scheinbar »sinnlosen« Handlung

Jeremias Ackerkauf in Anatot kurz vor dem Untergang Jerusalems war gehorsame Ausführung eines göttlichen Hinweises (v7), bereitete dem Propheten aber *innerlich Schwierigkeiten*. Diese kommen in seinem anschließenden Gebet zur Sprache (v16–25), das nach anfänglicher Klage (»Ahach, Herr Jhwh!«, wie seine ersten Worte in 1,6) ausführlich Gott preist (v17–22). Darin greift Jeremia mehrere frühere Texte auf.[309] Obwohl Gott also vielfach wunderbar in Natur und Geschichte gehandelt hat, bleibt seinem Propheten der befohlene Ackerkauf rätselhaft (v25).

Die lange Antwort Gottes (ab v26) bestätigt zunächst Jeremias Einschätzung sowohl der unmittelbar bevorstehenden Einnahme der Stadt als auch bezüglich des Ungehorsams des Volkes. Doch darauf, auch eingeführt

Abb. 8: Siegel von Berekjahu/Baruch. Die ›Bulla‹
(= der Siegelabdruck) gibt in althebräischer Schrift den
Namen des Vertrauten Jeremias wieder, der ihm beim Ackerkauf
assistiert und ihn auch in Jer 36 vertritt. Die drei Zeilen lauten:
לברכיהו בן נריהו הספר »dem Berekjahu [gehörig],
Sohn des Nerija, der Schreiber«. Sein Name bedeutet:
»Jahu [= Jhwh] hat gesegnet.«, bzw. »Gesegneter« [= Baruch].

---

309 Es bestehen teils exklusive Verbindungen in v17 mit Hiskijas Gebet in 2 Kön 19,15 und Gottes rhetorischer Frage in Gen 18,14, in v18 mit dem Dekalog (Ex 20,6), der fünften Paränese (Dtn 10,17) und in v21 mit dem »Kleinen Credo« (Dtn 26,8), usw. Zusätzlich gibt es in der Antwort Gottes Bezüge zwischen Dtn 28,63 und Jer 32,41; Dtn 5,29 und Jer 32,39, sowie Jos 23,15 und Jer 32,42 (s. o. S. 106 mit Anm. 121).

mit einem paradoxen »darum« in v36 (vgl. 16,14 und 30,16), ergehen ab v37 *viele heilvolle Zusagen*. Manche von ihnen kehren frühere Gerichtsworte um oder gleichen bisherige Defizite aus: Gottes Kämpfen gegen sein Volk »mit Zorn, Grimm und großer Wut« (21,5) führte zwar auch zur Vertreibung (32,37); jetzt aber macht die Sammlung der Gemeinschaft aus diesen Ländern das rückgängig. Die Furcht vor Gott (v39–40) wendet die bis dahin fehlende Hochachtung (z. B. 5,22.24). Der »ewige Bund« (v40) vertieft den Neuen Bund von 31,31 bezüglich seiner zeitlichen Erstreckung; er sollte nicht mehr gebrochen werden. Gottes Freude an seinem Volk und sein Bestreben, ihm Gutes zu tun (v41), heben den Fluch von Dtn 28,63 auf. Mit all dem belehrt Gott Jeremia darüber, dass er entgegen dem Augenschein völlig ungeahnt und unerwartet aussichtslose Situationen zum Heil wandeln kann.

Jer 33 – Sprießendes Heil
Die erfreulichen Ansagen der vorangegangenen Kapitel erreichen hier eine weitere Blüte. Gleichsam in einem »zweiten Anlauf« (v1) und nun mit persönlicher Ermutigung (v3) *ergänzt Gott weiter*, was er der der Vernichtung entgegengehenden Stadt (v4–5) danach an Gutem tun will. Damit bestätigt er nochmals eigens sein zuvor Gesagtes.

»Genesung und Heilung heraufführen« (v6) greift 30,17 auf und verstärkt es. In ähnlicher Weise weitet »Fülle von Frieden und Treue / Wahrheit« 29,11 aus. Die Schicksalswende für Juda und Israel (v7) ist aus 30,3 vertraut,[310] das »Reinigen« von Schuld in v8 dagegen

---

310 Jer 30,3 allerdings bietet dafür die einmalige Formulierung »mein Volk Israel und Juda«, beide Volksteile bewusst zu einer

neu. »Freudenname, Lob und Schmuck« in v9 erfüllen nun endlich Gottes Erwartung, die in 13,11 noch leer geblieben war, und steigern sie mit zusätzlichem »Freude«. Die früher verstummten frohen Stimmen (7,34; 16,9; 25,10) sind jetzt wieder zu hören, und dazu kommen noch solche, die Gott preisen und Dank(-Opfer)[311] in den Tempel bringen (33,11). Die in 30,19 und 31,27 versprochene Vermehrung wird zweifach aufgenommen, in 33,10–11 für Menschen und in v12–13 für die Tiere. So entsteht insgesamt das Bild einer *neu aufblühenden, fröhlichen und gläubigen Gemeinschaft*.

Der Rest des Kapitels, ab v14, ist nur hebräisch überliefert, geht aber auf einen wichtigen weiteren Aspekt ein, nämlich die *Leitung des Volkes*. Dazu übernimmt v14–16 zunächst die Verheißung aus 23,5–6, doch mit der signifikanten Änderung, den Symbolnamen »Jhwh, unsere Gerechtigkeit« hier auch Jerusalem zuzuerkennen.[312] Von zuvor (v15) und von der Fortführung in v17–18 her, mit einer kontinuierlichen Nachfolge für »David« und die Priester, die Leviten,[313] bleibt der Hauptakzent aber auf der politischen und religiösen Führung der Gemeinschaft. V19–26 bekräftigen den ewigen Bestand beider Leitungsebenen mit kosmischen

---

Einheit zusammennehmend. So variiert Jer 33 öfter in seinen Aufnahmen bekannter Motive deren Wortlaut.

311 Sie wurden schon in 17,26 zusammen mit anderen Opfern bei Befolgung des Sabbats verheißen.

312 Vgl. damit auch andere Stellen, in denen Jerusalem neu bewertet wird und höheres Ansehen gewinnt, z. B. Jer 3,17 und 31,40.

313 Das Verhältnis dieser beiden Gruppen war Veränderungen unterworfen. V22 erwähnt nur mehr die Leviten, was darauf hindeuten mag, dass ihre Bedeutung bis zur Zeit der Abfassung von Jer zugenommen hatte. Möglicherweise spiegelt sich in ihrer Hervorhebung auch, gleichsam als Kontrastbild, die weitgehend negative Beurteilung der Priester in Jer.

Vergleichen (s. auch 31,35–37) und gegen verächtliche Redeweisen (v24).

Jer 34 – Eine andere Freilassung

Jer 34 ist in die Zeit der Belagerung Jerusalems datiert (v1.6–7). Manche vermuten, dass König Zidkija die hier berichtete Freilassung aller Diener (v8–10) zur Steigerung der Wehrfähigkeit vornahm. Dies geschah im Einverständnis aller Betroffenen: V8 erwähnt einen Bund mit dem ganzen Volk, v10 dazu noch die Fürsten. Doch ohne Nennung eines Grundes wird diese *Maßnahme in v11 zurückgenommen* – ein Anlass dafür könnte der zeitweilige Abzug des babylonischen Heeres gewesen sein, von dem in 37,5–11 die Rede ist und dessen Ende möglicherweise in 34,22 mit »zurückbringen« angedeutet wird.

Gottes Reaktion erfolgt umgehend. Zunächst *lobt* er das Vorgehen der Freilassung (v13–15), in dem er die einschlägigen Bestimmungen von Ex 21 und Dtn 15 verwirklicht sieht; damit handelt in seinen Augen die jetzige Generation besser als die Vorfahren (Ende v14, mit v15). Auf die Rücknahme der Maßnahme (v16) *antwortet er entsprechend mit einer anderen Form von Freilassung*: Gott lässt »Schwert, Hunger und Pest« (die aus 14,12 bekannte Plagentrias) ›frei‹. Zudem kündigt er den dafür Verantwortlichen in v18–20 an, auf eine Weise zu sterben, die mit dem Bundesschluss zusammenhängt. Vorausgesetzt dabei ist der nur noch in Gen 15,9–18 belegte Ritus des Zerteilens von Tieren; das Hindurchschreiten zwischen ihnen bedeutet, dass man für den Fall des Übertretens des Bundes mit dem gleichen Schicksal zu rechnen hat. Dies wird die Bundesbrüchigen und auch König Zidkija treffen (v20–21).

Jer 35 – Eine beispielhafte Gemeinschaft

Der seltsame Befehl, die Rechabiter gegen ihre Überlieferung zum Alkoholgenuss zu verleiten, hat einen Hintersinn. Sie mussten zwar ihre Tradition, in Zelten zu wohnen, wegen des Einmarschs der babylonischen Truppen aufgeben (v7.10–11), halten sich aber auch unter den erschwerten Bedingungen treu an jene Vorschriften ihres Stammvaters Jonadab, des Sohnes Rechabs, die noch einzuhalten möglich sind. Damit sind sie ein *Vorbild für treuen Gehorsam*, und zugleich für dessen Anpassung an veränderte Umstände.

Dies dient Gott als *Vergleichspunkt für seine Kritik* an der Bevölkerung Judas und Jerusalems. Die Rechabiter befolgen menschliche Bestimmungen; sein Volk dagegen hält sich nicht an göttliche Anweisungen, trotz größten Einsatzes von seiner Seite und seiner Diener (v14–15 »unermüdlich« zweimal hintereinander), mit Mahnungen und Verheißungen. Selbst »rufen« ist ohne Antwort geblieben (v17). Damit bestätigt sich das »Nicht-Hören« von 7,28 erneut.

1.6 Doppelter Untergang – Jer 36–45

Der letzte große, auf das Geschick Jerusalems und Judas ausgerichtete Block ist chronologisch am unkompliziertesten. Jer 36 und 45 rahmen mit der Ansetzung auf 605 v. Chr., dazwischen gibt es eine stimmige Abfolge mit *zwei Schwerpunkten*: Jer 37–39 behandeln die Zeit unmittelbar vor sowie bis zur Einnahme der Hauptstadt und erreichen damit erstmalig das mit der Exilierung in 1,3 genannte Enddatum. Danach sind Jer 40–44 noch eine Art »Zugabe«, die einige Jahre darüber hinausgeht und zeigt, dass aus dem ersten Untergang keine Lehren gezogen wurden und Gottes Worte durch seine Propheten weiterhin kein Gehör finden.

Jer 36 – Gottes Wort ist nicht zu zerstören
Das Kapitel mit der Zerstörung der Rolle bringt auch neue Aspekte bezüglich der Botschaft. Das doppelte »vielleicht«, in v3 für Gott und in v7 bei Jeremia, zeigt die sie *beide vereinende Hoffnung auf Umkehr*. Dass sie in Bezug auf manche, wenn auch nicht auf den König, nicht vergeblich war, bezeugt die Betroffenheit der Fürsten (v16.25).

Gott lässt sein Wort nicht untergehen. Der Befehl in v28 zur Neuanfertigung der Rolle bedeutet eine Art »Auferstehung« und *Weiterleben für seine Verkündigung*, trotz Widerständen und vorläufiger Vernichtung. Das Wort an Jojakim (v30–31) zieht überdies den Verantwortlichen zur Rechenschaft und spricht ihm das Urteil.

Jer 37–38 – Kein Weg führt an Babel vorbei!
Die beiden Kapitel vor der Einnahme der Stadt unterstreichen mehrfach, dass *der babylonischen Herrschaft nicht zu entkommen ist:*[314] Die Belagerungspause ist nur vorübergehend, und selbst wenige, sogar verwundete, zurückkehrende Chaldäer würden die Stadt noch zerstören können (37,5–10). König Zidkija gegenüber wiederholt Jeremia, dass er keine Chance hat, dem babylonischen König zu entgehen (37,17; auch schon 21,7; 32,4; 34,3).[315] Die einzige jetzt noch bestehende Rettung liegt im Überlaufen (38,2; bereits 21,9) bzw. in der Kapitulation durch den König (38,17).

---

314 Diese Botschaft erging mehrfach früher, besonders eindringlich und bildhaft in Jer 27, auch angedeutet mit dem symbolischen Tragen des Jochs.

315 Von all jenen »Propheten«, die nicht mit dem Kommen Nebukadnezars rechneten (vgl. 27,9.14), ist jetzt, wo das Gegenteil eingetreten ist, keine Spur mehr vorhanden. Darauf weist Jeremia in 37,19 hin.

Abb. 9: Siegelabdruck eines ›Königssohnes‹. Die Bulla erwähnt
»Jerachmeel, Sohn des Königs«, dem König Jojakim in Jer 36,26
den Auftrag gibt, Jeremia und Baruch zu ergreifen. Wiedergabe
der althebräischen Inschrift in der später üblichen
hebräischen Quadratschrift: לירחמאל בן המלך
Der Name Jerachmeel bedeutet »Gott erbarmt sich«.

Jer 39 – Überleben inmitten des Untergangs
Der erste Bericht von der Einnahme Jerusalems (v1–10)
geht über in die Befreiung Jeremias aus dem Wachhof
(v11–14). Noch in jene Zeit der Gefangensetzung darin
ist eine *Verheißung an Ebed-Melech* datiert (v15–18). Damit sichert Gott dem, der sich mutig für die Rettung seines Propheten aus der Zisterne eingesetzt hatte (38,7–13),
nun seinerseits Überleben zu. Dies lässt erkennen, dass
bei Gott gute Taten nicht vergessen werden und den
entsprechenden Lohn erhalten (vgl. 17,10). – Gleiches
gilt für Baruch in Jer 45. Er, der als Vertrauter Jeremias
Mühen auszuhalten und auch Verfolgung (36,26) zu erdulden hatte, erhält dieselbe Zusicherung des Überlebens wie Ebed-Melech (»dir dein Leben zur Beute«,
45,5 // 39,18).

Jer 40–41 – Wo ist Gott?

Die äußerst kritische Zeit nach der Zerstörung Jerusalems 587 v. Chr. ist in Jer 40–41 im Blick. Vermutlich handelte es sich um fünf Jahre (s. o. S. 59), in denen Gedalja als Statthalter bis zu seiner Ermordung durch Ischmael waltete. Das *einzige ›religiöse‹ Element* in diesen beiden Kapiteln ist in der Rede Nebusaradans an Jeremia enthalten. Er deutet den Untergang Jerusalems als Eintreffen von Gottes Ankündigungen (40,2–3). Gott selbst spricht nie in dieser Zeit, und auch von Jeremia wird kein Wort berichtet. Dies erweckt den Eindruck, das Weiterleben der im Land Verbliebenen sei überwiegend »säkular« ausgerichtet. Darauf deuten auch die beschwörenden Worte Gedaljas in 40,9–10 hin, die nirgends auf Gott hinweisen.

Jer 42–44 – Untergang in Ägypten

Die über Jeremia von Jhwh erbetene Auskunft ist eindeutig: Ein Verbleiben im Land wird *gelingen mit Gottes Unterstützung* (42,10–12). Auswandern dagegen wird ein Weg in den Ruin und die völlige Auflösung (42,13–18). Die auch noch von Jeremia eigens betonte Warnung (42,19–22) nützt nichts; es kommt zum Zug nach Ägypten.

Dort deutet Jeremia mit der symbolischen Geste im Sand vergrabener Steine an, dass die geflohenen Judäer auch an jenem Ort in der Ferne *Nebukadnezars Herrschaft nicht entgehen* können (43,8–13). Der babylonische König wird Ägypten ebenfalls besiegen und ihm Schaden zufügen.[316]

---

316 43,12–13 enthalten zusätzlich das Motiv des Gerichts an den »Göttern Ägyptens«, deren Häuser (= Tempel) zerstört werden. Dies ist eine weitere Realisierung des in Ex 12,12 angekündigten göttlichen Vorgehens gegen sie.

Nach dieser allgemeinen Ansage geht Gott in Jer 44 noch spezieller auf die ausgewanderten Judäer ein. Zunächst (v2–6) rekapituliert er das Geschick Jerusalems und die Gründe dafür. Dann (v7–10) konfrontiert er die nach Ägypten Geflohenen damit, dass sie die *Vergehen der Vorfahren* fortsetzen und damit ihre Existenz und ihr Ansehen gefährden (s. besonders v8 mit v3: »reizen, räuchern anderen Göttern«). Schließlich (v11–14) erfolgt die Gerichtsansage: Fast alle werden dort in Ägypten umkommen, und nur ganz Wenigen[317] wird es gelingen, nach Juda zurückzukehren, das zum Land der Sehnsucht werden wird.

Auch diese Warnung nützt nichts, wie die Antwort des Volkes zeigt (v15–19). Darauf reagiert Jeremia zuerst mit eigenen Worten (v20–23) und sodann mit der Mitteilung der *allerletzten Botschaft Gottes an sein Volk* (v24–30). Sie greift die Erklärung zur absichtlichen Weiterführung des Götzendienstes auf (v25 mit v17)[318] und spricht auf dieser Grundlage den Judäern in Ägypten das Urteil (ab v26). Die Auslieferung des Pharao Hofra an seine Feinde wird bestätigendes Zeichen dafür sein (v29–30); dieser ägyptische König unterlag ca. 570 seinem General Amasis und wurde vom eigenen Volk umgebracht. – Zu Jer 45 vgl. oben am Ende von Jer 39.

---

317 44,14 spricht eingangs von keinen Überlebenden des »Überrestes Judas«. Das Ende des Verses rechnet dann aber doch mit (einigen) »Entkommenen«, ähnlich wie auch 44,28. S. dazu ebenfalls die Hoffnung für dem Schwert Entronnene in 31,2.

318 Dabei besteht eine Verschärfung, insofern Gott in v25 vierfach die Wurzel »geloben« verwendet und ironisch zur Erfüllung der Gelübde auffordert.

1.7 Das Geschick anderer Völker – Jer 46–51

Wie in einigen anderen prophetischen Büchern, und trefflich passend zur »internationalen« Orientierung des Buches,[319] so bringt auch Jer Sprüche über[320] fremde Völker (46,1), allerdings an *ungewohnter Stelle*, ganz knapp vor dem Ende. Es entspricht damit dem in Jer 25,15–26 vorgestellten Programm und zeigt ein Bewusstsein, das Israel inmitten der Völkerwelt und in größeren geschichtlichen Zusammenhängen wahrnimmt.

Jer 46 – Ägypten, die sehr schöne junge Kuh
In zwei Anläufen spricht Gott über das Geschick Ägyptens. Der Erste setzt in 46,2 ein und bringt an der spätesten Stelle die Klärung für jenen Zeitpunkt, der bisher strukturierend im Buch war: Das »vierte Jahr Jojakims« entspricht dem Datum der *Schlacht von Karkemisch* 605 v. Chr., und damit dem Sieg des Kronprinzen Nebukadnezar gegen das Heer des Pharao Necho.

46,3–11 *dramatisiert und aktualisiert* jenes Ereignis. Eine Mischung von Aufforderungen zum Kampf (v3–4, auch v9) mit Rückzugsbemerkungen (v5–6) deutet schon eingangs die Niederlage an. V7–8 verwenden das Bild des anschwellenden Nils, um Ägyptens Großmachtgelüste zu porträtieren und zu ironisieren. Die theologische Deutung liefert v10, mit dem »Tag des gerechten Ausgleichs« (nicht »Rache«, s. dazu S. 76, Anm. 75) für Jhwh. Er führt zu vergeblichen Heilungsversuchen und zur Schande für Ägypten (v11–12).

---

319 S. besonders die zwei einmaligen Bezeichnungen »Prophet für die Nationen« (1,5) und »König der Nationen« (10,7).
320 Das Hebräische *al* bedeutet sowohl »über« als auch »gegen«. Der Doppelsinn ist für die Worte in Jer 46–51 zutreffend.

Der zweite Teil ab 46,13 *vertieft in der Gegenrichtung*. Jetzt wird Ägypten im Kernland (s. die Nennung seiner Städte in v14) angegriffen und geschädigt. Damit erleidet, wer selber andere überfluten wollte (vgl. 8), nun zu Hause dasselbe Schicksal. Der Spottname für den Pharao in v17 steht im Kontrast zu Gottes Ansage und Vergleich für Nebukadnezar mit zwei Bergen in v18.

Für Ägypten *charakteristische Tiere* geben v20–26 ein eigenes Gepräge. Die besonders schöne Kuh (v20) und die sich verziehende Schlange (v22) sind Symboltiere ägyptischer Gottheiten,[321] die jetzt auch gerichtet werden (v25, s. schon 43,12–13). Anders als in Ex 10,1–20 stehen

Abb. 10: Hathor-Göttin. Die links sitzende Gestalt ist die Kuh- und Mutter-Göttin Hathor, mit Sonnenscheibe zwischen den Kuhhörnern, die das Lebenszeichen dem Menschen [König] reicht, der vom Gott Chnum geformt wird.

---

321 Die Göttin Hathor wurde als Kuh dargestellt, und eine aufgerichtete Kobra zierte als Schutzgottheit Pharaonenkronen.

Abb. 11: Goldmaske Tutanchamuns. Wie auf Abb. 10 bei der Göttin Hathor ziert eine Kobra die Stirn des Pharao, als Zeichen der Macht und des Schutzes des ägyptischen Königs.

die nicht zu zählenden »Heuschrecken« aber für das gewaltige Heer Nebukadnezars, das den »Wald«, die zahlreiche ägyptische Bevölkerung, fällt (v22–23). Doch am Ende (letzter Satz von v26) schenkt Gott Ägypten wieder Hoffnung, wie erneut auch Israel in v27–28, einer aus 30,10–11 genommenen Doppelung.

Jer 47 – Jhwhs Schwert gegen die Philister

Gaza und Aschkelon (47,5) gehörten zu den wichtigsten Siedlungen der Philister. Auch diese traditionellen Feinde und Nachbarn Israels ereilt *Gottes Gericht* (v4 und 7), das im Angriff eines Pharao[322] sowie in einer Invasion von Norden (v2) konkret wird. Die Frage und die Aufforderungen in v6 werden mit der rhetorischen Gegenfrage in v7 beantwortet; Gottes Befehl lässt das Schwert nicht ruhen. Als ein Grund für sein Vorgehen kommt das Sich-Ritzen in v5 in Frage, ein in Israel verbotener Trauerbrauch (Dtn 14,1).

Jer 48 – Mitleid mit dem Untergang Moabs

Von den Nachbarvölkern Israels wird keines so ausführlich behandelt wie Moab, von dem auch viele Ortschaften genannt werden. Jer greift dabei länger auf Jes 15–16 zurück (vgl. oben S. 109), und die Sprüche mit den Wortspielen in v43–44 stammen aus Jes 24,17–18, wo sie auf die Erde bezogen sind. Zudem nimmt v46 Num 21,29 auf. Offenbar will Jer frühere Moab-Traditionen (vor allem aus Num und Jes) weiterführen und sie zu einer *neuen, großen Synthese* bringen.

Bei Jes erhält Moab Kritik wegen seines *Hochmuts* (Jes 16,6, und eigens nochmals in 25,11). Dieses Motiv baut Jer aus in v29–30, und schon davor durch das Zitat in v14. Traditionell ist ebenfalls die Verbindung mit »Wein« (Jes 16,7–10); sie kehrt bei Jer ähnlich wieder in v32–33, wird aber indirekt schon vorausgenommen durch das ruhige Liegen auf den Hefen, das bald gestört wird (v11–12), und das Betrunkensein in v26, bei

---

322 Die Angabe in 47,1 »bevor der Pharao Gaza schlug« gibt Rätsel bezüglich Zeitpunkt und Identität des ägyptischen Königs auf. Die Vorschläge reichen von Psammetich I. (um 616 v. Chr.) bis Ptolemäus I. (312 v. Chr.).

dem es selber Objekt des Verlachens wird, wie es zuvor Israel verspottete (v27).

Gegenüber der Vorlage in Jes 16 ist das über Moab trauernde »Ich« in v31–32.36 eindeutig *auf Gott bezogen*. Die Gottesspruchformeln, die in v30 und 35 vorausgehen, bestätigen ihn durchgehend als Sprecher.[323] Damit sind »jammern, schreien, weinen ...« ihm zuzuschreiben und zeigen, wie sehr er persönlich vom Schicksal Moabs bewegt wird. Er trauert und weint nicht nur um Israel (9,9; 14,17), sondern auch um ein fremdes Volk. Dieses Mitgefühl mündet ein in das Versprechen der Schicksalswende für Moab am Ende in v47.

Jer 49 – Sprüche über viele Völker

Eine Wende des Geschicks verheißt Gott auch dem nördlichen Nachbarvolk Moabs, den *Ammonitern* (v1–6, hier v6). Ihnen werden Grenzverletzungen (v1) und zu große Selbstsicherheit (v4) vorgeworfen.

V7–22 behandeln das südliche Nachbarvolk, *Edom*. Auch dabei greift Jer stark auf ein anderes Buch zurück, diesmal Obadja.[324] Ebenfalls kehrt ein Motiv göttlichen Mitgefühls wieder: Gott sorgt sich um die Waisen und Witwen, die durch Edoms Untergang entstehen (v11). Die Stichwörter »Herz« und »Adler« verbinden das Vergehen und das eintreffende Unheil (v16.22) und zeigen so deren Entsprechung.

---

323 Jes 16,6 dagegen setzt mit einem »wir« ein und wechselt in v9 zum Weinen eines »Ich«. Erst weit später verweist v13 auf Jhwhs Reden. W. Beuken, *Jesaja 13–27* (2007), 137–140, interpretiert Jes 16,6–12 als Sprechen des Propheten, das nachträglich in v13 »auf eine Stufe mit einem Wort Gottes« gestellt wird.

324 Enge Übereinstimmungen bestehen zwischen Jer 49,9–10 und Ob 5–6 sowie Jer 49,14–16 mit Ob 1–4 (s. o. S. 115).

Damaskus war die Hauptstadt des nordöstlich an Israel angrenzenden Aramäerstaates.[325] Erneut findet sich im Spruch über es (v23–27) ein Element göttlicher Teilnahme, nämlich der Ausdruck »Stadt meiner Freude« am Ende von v25.

Ganz eigenartig nehmen v28–33 *Kedar* im Süden, in der arabischen Wüste, und die *Königreiche Hazors*,[326] hoch oben im Norden Israels, zusammen. Damit vereint ein Spruch, fast wie eine Art Rahmen, was das Territorium Israels umschließt, und deutet so Gottes umfassende Macht an. Seltsam ist auch die Mischung von Aufforderungen zur Flucht (v30), die Sorge um das Überleben widerspiegelt, und Befehlen zum Angriff (v31).

Elam (v34–39) ist die am weitesten entfernte Nation im Osten.[327] Damit reicht Gottes Herrschaft bis an die äußersten Grenzen der damals bekannten Welt, wie auch die »vier Winde aus den vier Ecken des Himmels« und Gottes Thron dort in Elam andeuten (v36.38). Ihm verspricht Gott ebenfalls, wie früher schon Ägypten und Moab, damit also insgesamt zum dritten Mal für andere Nationen, eine Wende des Geschicks (v39).

---

325 Die Erwähnung von Hamat und Arpad (49,23; s. auch 2 Kön 18,34) lässt annehmen, dass der Spruch nicht nur der Hauptstadt gilt.

326 Der einzig andere Beleg für den Plural »Königreiche« im Zusammenhang mit Hazor ist Jos 11,10. Er schildert Josuas Einnahme der Stadt und die Tötung ihres Königs Jabin.

327 Sie erfährt sonst keine eigene Behandlung in anderen Prophetenbüchern. Nur Ez 32,24–25 erwähnt es im Zusammenhang mit Ägypten und Pharao in der Unterwelt.

Jer 50–51 – Babel, das »Herz der gegen mich Aufstehenden«

Nach dem »Panorama« verschiedener Nationen in Jer 49 ist die *größte damalige Weltmacht* noch ausständig. Sie erhält die längsten Sprüche und zusätzlich eine symbolische Geste (51,59–64). Mit Gottes Gericht an Babel kommt Gottes universales, gerechtes Walten in Jer zu einem Abschluss.[328]

Der gewählte Titel für die Babelsprüche stammt aus Jer 51,1. Im Hebräischen steht *leb qamai*, als symbolische und tiefer blickende Bezeichnung für die Bewohner Babels.[329] Sie bilden gleichsam das *Zentrum des Widerstands gegen Gott*. Zuvor schon hatte 50,21 mit »Meratajim« und »Peqod« andere Benennungen für sie und ihr Land gebraucht, die ebenfalls eine übertragene Bedeutung aufweisen. Das Erste besagt »doppelte Widerspenstigkeit«, das Zweite »Heimsuchung«. Beide Ausdrücke zusammen ergänzen einander unter dem Blickwinkel von Vergehen und Folge. 50,31–32 nennen Babel *zadon*, »Stolz, Vermessenheit«, und fügen damit einen weiteren Aspekt seines typischen Verhaltens hinzu.[330]

---

328 Jer 52 liegt chronologisch früher. Zudem setzen 50,28 und 51,11 mit »Ausgleich für seinen Tempel« voraus, dass dieser bereits zerstört worden ist. Auch noch jünger zu datierende Ereignisse im Buch, wie z. B. Hofras Auslieferung an seine Feinde (44,30; vermutlich ca. 570 v. Chr.), verbleiben vor der Einnahme Babels 539 v. Chr. durch Kyrus.

329 Zudem besteht eine ähnliche Buchstabenvertauschung mit *kasdim*, dem hebräischen Wort für »Chaldäer«, wie bei »Scheschach« mit »Babel«, s. dazu oben S. 35 mit Anm. 19, sowie dessen erneute Nennung in 51,41.

330 Es gibt auch noch andere Bezeichnungen, die Babel bzw. seine Bevölkerung charakterisieren: »Plünderer meines Erbteils« (50,11); »Schmiedehammer« (50,23); »wohnend an vielen Was-

Abb. 12: Das Ischtar-Tor von Babylon. »Die Mauern des ausgedehnten Babel sollen völlig geschleift werden, und ihre hohen Tore sollen im Feuer verbrennen!« (Jer 51,58)

Die Einnahme der Stadt wird zum Erschrecken und zur Schande für *Babels Götter* Bel und Marduk. Dies bildet in 50,2 den Ausgangspunkt. Deren Statuen kommen wieder in 51,17–18 (//10,14–15) in den Blick, dazu noch Bel abermals in 51,44. Gegen Ende bringen dann 51,47.52 Gottes Gericht an ihnen. Vielleicht ist auch der wiederholte Befehl zum Ausziehen bzw. Fliehen aus Babel (50,8; 51,6.45) in diesem Sinn zu interpretieren, als Aufforderung zum Aufgeben dieser falschen religiösen Orientierung.

Die insgesamt 110 Verse sind bei weitem die längste zusammenhängende Einheit in Jer. Dies unterstreicht die Bedeutung dieses Textes.[331] Zugleich wechseln

---

sern« (51,13); »Hammer« und »Kriegswaffen« (51,20); »Berg des Verderbens« (51,25).

331 K. Smelik, *Function* (2004), hat dies mit Blick auf das ganze Buch aufgezeigt, ebenso M. Kessler, *Battle* (2003), unter theologischer Rücksicht.

darin *verschiedene Themen* einander ab, und kehren später erneut und verändert wieder. Damit kommt eine »Unruhe« in diese beiden Kapitel, die auch dem Inhalt, dem Untergang Babels und seinen Folgen, entspricht.

Das dominante Thema ist der *Niedergang Babels*, der breit und in verschiedenen Phasen geschildert wird. 50,9–16.21–27 und 51,1–4.11–12.27–29 stellen weitgehend Planung, Motivation und Aufforderungen zum Angriff vor. Ab 51,30 tritt zusehends das Chaos angesichts der unmittelbaren Eroberung hervor, deren Ergebnis »Eingenommen ist Babel!« 50,2 schon eingangs vorwegnimmt. Während 51,40–44 von Babels Fall als bereits geschehen spricht, erwecken 51,47–58 den Eindruck, er stehe erst noch bevor. Trotz Bemühungen gibt es keine Rettung (51,8–9).

Babels Untergang bedeutet gleichzeitig eine *Wende und Befreiung für Israel*. Gottes Volk kann zurückkehren in sein Land und zum Zion, wie in 50,4–7.17–20. 33–34; 51,10 deutlich wird, und dort erneut eine enge Beziehung mit Gott leben: ihn »suchen« (50,4), ein »ewiger Bund« (50,5), Vergebung erhalten (50,20), »ihr Erlöser« (50,34), von ihm »erzählen« (51,10), Recht und Ausgleich erfahren (51,36), sich seiner erinnern (51,50).

Die Ambivalenz in der Rolle Babels und seines Königs hatte schon Jer 25 angesprochen, mit einerseits der ehrenhaften Titulierung Nebukadnezars als »mein Diener« (v9), und anderseits der Ansage, an ihnen »ihre Schuld heimzusuchen« (v12). Deren Erfüllung war *bis jetzt ausständig und wird nun eingelöst*. Nebukadnezar ist wie ein Raubtier (50,17) und wie ein Ungeheuer (oder »Schlange«, 51,34) mit Israel verfahren, hat es gefressen, bis auf die Knochen, ohne jegliche Wertschätzung.[332] Und Babel erhält den Vorwurf, gegen Jhwh Krieg begonnen und frevelhaft, vermessen gehandelt zu haben (50,24.29). Es hat seine Rolle als »Werkzeug Gottes«[333] überzogen und schlecht und die ganze Erde verderbend gehandelt (51,24–25).

Dass Gott nun gegen Babel vorgeht, ist als *gerechter Ausgleich* anzusehen. Die hebräische Wurzel *naqam*, bei Gott oft fälschlich als »Rache« übersetzt, begegnet hier gehäuft, in 50,15.28 und 51,6.11.36. Dazu kommen noch andere, mit »vergelten« zu übersetzende Wörter in 50,29; 51,24 sowie 51,56 (dort dreifach). Sie alle sind im Sinn von »Gerechtigkeit wiederherstellen« zu verstehen. Ein Akzent für dieses göttliche Tun an Babel liegt auf dem Schwert, fünfmal wiederholt in 50,35–37. Es gleicht aus, was die babylonischen Truppen auf ihren Kriegszügen mit ihren Schwertern[334] an Leid über andere gebracht haben.

In dieselbe Richtung geht die Aufnahme von 6,22–24 in 50,41–43: War das chaldäische Heer als »grausamer Feind aus dem Norden« über Jerusalem gekommen, so widerfährt Babel jetzt auch dieses Geschick, nun durch die persischen Truppen. Gleich anschließend, in 50,44–46, begegnet die nächste Doppelung, zu 49,19–21, dem Ende der Edom-Sprüche. Eine dritte lange Wiederholung liegt in 51,15–19 // 10,12–16 vor; dieser Kontrast zwischen Jhwh und den Götterstatuen passt trefflich zur in Babel verbreiteten bildhaften Verehrung vieler Gottheiten. Die drei Doppelungen insgesamt belegen, dass in Babel gleich mehrere sonst verstreute

---

332 S. das Bild vom leer weggestellten Gefäß in 51,34.

333 Am massivsten in 51,20–23, mit der neunfachen Wiederholung von »und ich zerschlage«, wobei Gott Subjekt ist und anfangs der »Hammer« als Instrument genannt wird.

334 Vgl. dazu das letzte hebräische Wort von Jer 5,17, »mit dem Schwert«, für die angreifende Nation, sowie das erste Element der Plagentrias (ab 14,12).

Themen zusammenkommen. Es ›vereint‹ *Jerusalems und Edoms Geschick in sich und erfährt so an sich, was es Anderen antat.*

Diesen Charakter als Abschluss unterstreicht die einzigartige symbolische Handlung des *Versenkens einer Schriftrolle* im Euphrat (51,59–64). Sie enthält »alle diese Worte« (v60–61), zu beziehen auf die vorangehenden Sprüche in Jer 50–51, und hat zum Inhalt, dass Babel auf ewig unbewohnt bleiben soll (vgl. 50,3.39). Babels Schrecken ist für immer zu Ende.

*

In den Fremdvölkersprüchen bestätigt sich erneut der besondere Charakter der Sendung Jeremias als »Prophet für die Nationen« (Jer 1,5). Die systematische Anordnung, mit den zwei Großmächten zu Beginn und am Ende, die Kenntnis der für die einzelnen Länder typischen Eigenheiten und das Verstehen der Vorgänge sowie der internationalen Zusammenhänge sprechen für einen Geist, der über nationale Enge hinaus denkt und von Gottes universalem Königtum (vgl. Jer 10,7) her alles wahrnimmt. Die abschließende Bemerkung zu Babel in 51,58, aus Hab 2,13 leicht variierend übernommen, kann als sein tiefgründiger Kommentar zur Weltgeschichte angesehen werden.

1.8 Rückblick

Der Durchgang dem Buch entlang zeigt eine große Vielfalt an Themen. Sie sind nicht in der Weise systematisch geordnet, dass alle Anklagen oder Gerichtsansagen beieinanderstehen würden. Vielmehr ergeben sich durch die Blöcke mit ihrer je eigenen Dynamik *mehrere Durchgänge*, die gleichsam immer mehr vertiefend bis zum Ende von Jer zulaufen, der längsten und präzisesten Schilderung des Untergangs Jerusalems 587 v. Chr. in Jer 52. Mit diesem kritischsten Ereignis der Geschichte Israels, das auch die größten Veränderungen auslöste, beschäftigt sich Jer am intensivsten, und mehr als jedes andere Buch der Bibel. Dem entspricht die tiefe Betroffenheit, die in den Klagen von Gott, Volk und Jeremia oft hervortritt.

Für diesen Niedergang gibt es *Verantwortliche*. Zwar liegt Schuld auch beim Volk (z. B. Jer 5,1–5, keiner übt Recht, oder Jer 7,26–28, sie hören nicht), aber am meisten sind die politischen und religiösen Führer für die Katastrophe verantwortlich. Jer nennt sie wiederholt, auch mit Namen (s. Jer 20,1–6 der Priester Paschhur; Jer 21–24, mit mehreren Königen; Jer 28 der Prophet Hananja).

Ein Schlüssel für die unterschiedliche Bewertung der Lage und der gebotenen Verhaltensweisen zwischen ihnen und Jeremia liegt in der Stellung zu *fremder Oberherrschaft*. Der König und die führenden Gruppen streben Eigenständigkeit an, entgegen der Realität von Babels Dominanz und dem eigenen Status als sein Vasall. Jeremia dagegen plädiert im Namen Gottes für die Annahme dieses »Jochs« (Jer 27) und gleichfalls nach 587 und 582 v. Chr. für ein Verbleiben im Land (Jer 42), auch, weil solche Herrschaft begrenzt ist (»70 Jahre« 25,11–12) und ebenfalls ein gerechtes Ende findet (Jer 50–51).

Eine solche Position macht begreiflich, dass im Ertragen des Exils sich ein Weg zu neuem Leben öffnet und die Menschen nun wieder eine echte Beziehung zu Gott erhalten (Jer 24; 29). Jer zeigt, wie es *trotz des Untergangs*, und gerade im Durchgang durch ihn, *Hoffnung* gibt. Jer 30–33 führen dies in reichhaltiger Weise aus.

Unter dieser Gesamtperspektive hat Jer *eine* Botschaft. Die vielen Texte und Themen gehen alle in diese eine Richtung, dass Jhwh der souveräne Herr des Weltgeschehens ist. Somit sind auch Phasen der eigenen Schwäche und des Leids zu ertragen im Blick auf ihn, der alles in den Händen hält und jegliches Geschick zu wandeln vermag (29,14; 30,3 …).

2. Bedeutsame Themen

Der obige Durchgang dem Jeremiabuch entlang zeigt keine kontinuierliche Darbietung, sondern in vielem ein eher sprunghaftes Vorgehen. Aus diesem Grund ist es sinnvoll, einige wichtige Themen eigens gebündelt zu besprechen und so sichtbar zu machen, was *tragende und verbindende Grundzüge* sind, die über Jer hinweg »verstreut« begegnen. Dasselbe gilt auch für bedeutende Aspekte der Theologie (s. u. ab S. 249).

2.1 Die Identität Israels

2.1.1 Verschiedene Bezeichnungen

Jer redet von der Gemeinschaft auf *sehr unterschiedliche Weisen*. Bereits Jer 2 enthält ein breites Spektrum dafür.

Gott spricht zu Beginn in Jer 2,2 von »deiner Jugendzeit, … deiner Brautzeit«, sich an ein *weibliches Du* wendend und damit die erste Liebe und die Hochzeit in Erinnerung rufend. Andere Texte setzen diese Linie fort, indem sie etwa »Tochter« oder gar »Jungfrau« für die Gemeinschaft gebrauchen.[335] Letzteres ist umso

---

335 Die ersten Belege für »Tochter« sind »Tochter – mein Volk« in Jer 4,11 (sowie vierfach in 8,19–23) und »Tochter Zion« in 4,31;

erstaunlicher, als Gott ihr z. B. in 3,1–2 »Hurerei« mit anderen Männern vorgeworfen hat. Das Reden von »Tochter« beinhaltet die Beziehung zum Vater und dessen Verantwortung, sie zu schützen und für sie zu sorgen.[336]

Die erste Dreifachfrage in Jer 2,14 lautet: »Ist Israel ein Knecht? Ist es ein Hausgeborener? Warum wurde es zur Beute?« und thematisiert Unfreiheit. Im Unterschied zum Diener, der nach sieben Jahren freizulassen ist, sind die »Hausgeborenen« Eigentum ihres Herrn und verbleiben ihm für immer als *Sklaven*. Solche Abhängigkeit steht im Kontrast zur Befreiung, die Israel im Exodus geschenkt erhielt.

Jer 2,21 führt einen Vergleich mit einer *Edelrebe* ein. »Soreq«[337] bezeichnet offenbar eine besonders geschätzte Traubensorte; doch noch derselbe Vers berichtet das enttäuschende Ergebnis, dass als Ertrag nur saure Früchte wachsen.

Wenig später wenden Jer 2,23–24 Tierbilder auf Israel an. Es wird verglichen mit einer unberechenbaren *Kamelstute* und einem *Wildesel*[338] in ihrem Begehren. Auch Jer 8,6–7 vergleichen das Benehmen der Gemeinschaft mit Tieren; dort geht der Vergleich gänzlich zuungunsten des Volkes aus.

Die Aspekte, die Jer 2 in die Wahrnehmung der Identität der Gemeinschaft einbringt, werden ergänzt durch solche aus anderen Texten, z. B. dem Trostbüchlein mit seiner »Symbol-Großfamilie« (Jakob, Rahel, und

---

»Jungfrau« findet sich erstmalig in Jer 2,32 und gehäuft in Jer 31 (v4.13.21).

336 M. Häusl, *Bilder* (2003), 83.

337 Sonst nur belegt im Weinberglied Jes 5,2.

338 Für die Probleme bezüglich der Geschlechter der Tiere und ihres Verhaltens s. G. Fischer, *Jeremia 1–25* (2005), 168–169.

Efraim). So entsteht ein *breites Panorama* von Nuancen und Zügen in der Darstellung des Volkes.

2.1.2 Falschheit in vielen Formen

Ein massiver Zug in Jer ist die *Verkehrtheit* der Gemeinschaft. Charakteristisch dafür ist das Wort *schäqär*, »Trug«, mit 37 Belegen bei Jer weitaus am häufigsten innerhalb der Bibel.[339] Beim ersten Vorkommen in Jer 3,10 gilt solches Täuschen sogar für die Umkehr; 8,5 besagt Ähnliches mit einem anderen Wort und spricht von der Weigerung umzukehren.

Das nächste Kapitel, Jer 9, steigert diese Züge noch. Beziehungsbruch (Stichwort »Ehebrecher« v1) und abgrundtiefe Unehrlichkeit (»betrügen«, hebr. *bagad*, auch v1, wie schon in 5,11) prägen die Gemeinschaft. Lügen und Hintergehen wird sogar unterrichtet (v4), Betrügen von Freunden und Verwandten erfolgen auch mittels der als Waffe eingesetzten *Zunge*. Hinterlist und Doppelspiele erzeugen eine Atmosphäre, die Gott die Wüste vorziehen lässt (9,1).

Falschheit begegnet *sogar in Gebeten*. Die eklatantesten Beispiele sind die Anreden an Holz und Stein in Jer 2,27, ihnen Gottes elterliche Rollen zusprechend. Zudem haben die Analysen von Jer 10,23–25 und 14,7–9.19–22 (s. o. bei S. 189 und 194–195) ergeben, dass die Gemeinschaft darin die eigene Schuld herunterspielt, dafür aber Gott mit Vorwürfen konfrontiert sowie mit Ansinnen, die kaum zu rechtfertigen sind.

Als »Brennpunkt« für diese verkehrte Ausrichtung des Volkes erscheint das *Sünden-beschriebene Herz* in Jer 17,1. Innerlich, im Kern, ist alles verdorben, und von daher aus menschlicher Sicht keine Rettung möglich.

---

339   S. dazu den Exkurs bei G. Fischer, *Jeremia 1–25* (2005), 190–191.

Umso mehr ist Heilung als Geschenk Gottes notwendig (s. u. 2.2.3, und Stellen wie Jer 24,7 und 31,33).

2.1.3 Dumm und eingebildet

Entgegen dem bewundernden Urteil der Völker in Dtn 4,6 zu Israels Weisheit und Einsicht, jedoch parallel zu Moses Bewertung seines Volkes in Dtn 32,6.28 nennt auch Gott Israel »töricht«, »dumm« und »unverständig« (Jer 4,22) sowie »widerspenstig« und »auflehnend« (5,23). Die *Uneinsichtigkeit* zeigt sich beide Male im Kontext in der Unfähigkeit, die Lage richtig wahrzunehmen, auf Gott zu beziehen und gut zu handeln.

Die negative Einschätzung steht im Gegensatz zur eigenen Überzeugung des Volkes von sich selbst, wie sie in Jer 8,8 zum Ausdruck kommt: »Wir sind weise.«[340] Die Diskrepanz zwischen Eigenwahrnehmung und Beurteilung durch Gott lässt auf *Einbildung* beim Volk schließen. Eine solche unangemessene und realitätsferne Sicht verhindert jegliche Besserung. Die fehlende Einsicht zeigt sich auch am inneren Widerspruch in Jer 7: Die Gemeinschaft übertritt Kernbestimmungen des Dekalogs und damit der Grundlage des Bundes mit Gott (v9), sucht aber zugleich Zuflucht in seinem Tempel und glaubt sich dort geschützt (v10).

Gehäuft begegnet in Jer »nicht kennen/wissen«, in vielen Variationen (Jer 2,8; 4,22; 5,4; 6,15 u. ö.). Am gravierendsten ist die verbreitete *Unkenntnis Gottes*; sie ist bei denen anzutreffen, die – wohl professionell[341] – mit seiner Tora, also heiliger Schrift zu tun haben (2,8), gilt

---

340 Im Kontrast dazu steht die Frage in Jer 9,11, die Weisheit mit der Offenbarung des göttlichen Wortes verbindet.

341 Die mit dem hebräischen Partizip »erfassend, ergreifend, handhabend« bezeichneten Menschen stehen in Jer 2,8 inmitten anderer Berufsgruppen wie »Priester, Hirten, Propheten«.

aber in gleicher Weise für das ganze Volk (9,2) und findet sogar noch eine Steigerung in der Verweigerung, Gott zu kennen (9,5). Diese Vertrautheit mit Gott wäre aber der einzige Grund für wirklichen Ruhm (9,23). Später wird Gott sie wieder schenken (24,7; 31,34).

2.1.4 Die Rolle der Verantwortlichen

Ab Jer 1,18 ergeht eine *Unzahl von Anklagen*, die der politischen und religiösen Führung des Volkes die Hauptschuld am Untergang geben. Genannt werden »*Könige* und Fürsten«, unter Ersteren ragen negativ besonders Jojakim (z. B. 22,13–19 und 36,20–31) sowie Zidkija (s. 32,1–5; 34,1–5 sowie sein vielfaches Zaudern in Jer 37–38) heraus. Andere Könige wiederum erhalten Lob, so Joschija (22,15–16), oder Mitleid, wie bei Schallum (22,10–12).[342] Der Ausdruck »Hirten« (2,8; 12,10; 23,1–2; 25,34 u. ö.) kann sich ebenso auf sie beziehen und ist meistens mit Kritik verbunden, sodass in Jer 23,3–4 Gott entscheidet, zunächst selber diese Aufgabe zu übernehmen und dann wieder solche einzusetzen, die ihrer Verantwortung wirklich nachkommen.

Bezüglich der religiösen Führung kommt den *Priestern* der erste Rang zu. Sie werden schon in 1,18 mit genannt und stehen in 2,8 an vorderster Stelle, wie auch sonst öfter, wenn mehrere Gruppen erwähnt sind (wie z. B. in 18,18). Sie gehören überwiegend zu den Gegnern Jeremias; am deutlichsten wird dies an der Gestalt Paschhurs in 20,1–6, aber auch an Anklagen wie in

---

342 Fürsten und andere Ranghohe am Hof nehmen unterschiedliche Rollen ein; positiv treten sie hervor in der Gerichtsverhandlung über Jeremia in 26,10–16, manche dagegen negativ in der Behandlung des Propheten in 37,15. Unter den »Guten« sind mit Namen Ahikam (26,24), Elnatan, Delaja und Gemarja (36,25) erwähnt.

26,7–11. Ihre Schuld liegt in einer einseitigen Betonung des Kultes und des Tempels, die nicht mehr nach Gott selber fragt und Kritik an diesem »Betrieb« als Störung empfindet.[343]

Neben ihnen treten noch besonders[344] *andere Propheten* hervor, die – im Unterschied zu Jeremia – die Lage nicht so dramatisch einschätzen und das Volk mit ihren Heilsansagen (z. B. 14,13) in Illusionen wiegen. Ihr typischer Vertreter ist Hananja (Jer 28), und die längste kritische Passage gegen sie findet sich in 23,9–40. Während in der Vergangenheit die früher auftretenden Propheten noch Gottes »Diener« waren (z. B. 7,25), sind die in der erzählten Zeit von Jeremias Gegenwart erwähnten Berufskollegen allesamt negativ bewertet, als Verführer des Volkes (23,32).

2.1.5 Israels Beziehungen

Welche Kontakte eine Person oder eine Gruppe hat, gibt auch Aufschluss über sie selbst. Statt wie in dem am Sinai geschlossenen Bund gefordert, ausschließlich Jhwh treu zu sein, richtet sich Israel wiederholt auch auf *andere Gottheiten* aus.[345] In der Frage in Jer 2,11 wirft Gott sei-

---

343 Jer stellt sich nicht grundsätzlich gegen Priester: Stellen wie 31,14; 33,18.21 zeugen davon. Außerdem kooperiert der Priester Zefanja in 29,25–29 offensichtlich mit Jeremia.

344 Eine weitere Gruppe zeichnet sich gegenüber früheren Büchern vermehrt ab. »Schreiber/Schriftgelehrte« kommen in 8,8 sowie öfter in Jer 36 vor; auch Baruch, Jeremias Vertrauter, übt eine solche Tätigkeit aus. Möglicherweise spielt auch der einmalige Ausdruck in 2,8 (s. S. 239 mit Anm. 341) auf sie an.

345 H.-J. Stipp, *Konkordanz* (1998), 16–17, listet die Vorkommen verschiedener Wendungen dafür auf. Am häufigsten sind »gehen hinter anderen Göttern« (ab 7,6.9) und »anderen Göttern räuchern« (erstmalig 1,16) mit je sieben Belegen. Weitere Fügungen bestehen mit »sich niederwerfen, nicht kennen, Trankopfer ausgießen, dienen«.

nem Volk vor, »Götter getauscht zu haben«. 2,8 spricht von Baal als Autorität für Propheten, 2,23 von Baalen in der Mehrzahl und 2,27 erwähnt materielle Kultobjekte als Gegenstände der Verehrung. Mit »huren« bezeichnet Gott in 3,1–2 dieses Verhalten Israels, und 11,10 qualifiziert es als Bundesbruch. Konkret nennen 7,18 und 44,17–19 die »Königin des Himmels« als eine Anbetung findende Gottheit in Konkurrenz zu Jhwh.

Jer 10,1–16 zeigt wie kein anderer Text der Bibel systematisch und von der Kommunikation her den *tiefgreifenden Unterschied* zwischen dem biblischen Gott und den anderen Göttern. Zu Beginn ergeht die Warnung, nicht dem »Weg der Nationen« zu folgen (v2); am Ende in v16 steht das Bekenntnis der einmaligen, unauflöslichen Beziehung Jhwhs zu seinem Volk. Schon 3,19 hatte Gottes Sehnsucht nach einer innigen Bindung mit ihm Ausdruck gegeben. Im »Neuen Bund« von Jer 31,31–34 wird die falsche Ausrichtung auf andere Gottheiten grundlegende Heilung finden, als unverdientes Geschenk Gottes.

*

Israels Identität ist *mehrfach gravierend in Frage gestellt.* Die massivsten Urteile ergehen in 6,30 mit »verworfenes Silber« und in 7,28 mit der Quasi-Definition als »nichthörendes Volk«. Falschheit, Lüge und Betrug sind weithin verbreitet, dazu gesellen sich Einbildung, Versagen der Verantwortlichen und untreues Spielen mit Beziehungen zu fremden Göttern. Wird Israel je wieder zu seiner Bestimmung zurückfinden, Jungfrau, Braut, Edelrebe, oder zu Gottes Lob und Schmuck (13,11) zu sein? Das Jeremiabuch stellt massiv diese Fragen; es gibt aber auch Antworten darauf, wie der nächste Teil zeigen wird.

2.2 Kann es Heil geben?

Ein großes Problem für viele Ausleger des Jeremiabuches ist der – scheinbare – *Widerspruch* zwischen Jeremias Kritik an den Heilspropheten und seinen eigenen
heilvollen Ansagen, vor allem in Jer 29–33. Ist er selber
plötzlich auf die Gegenseite gewechselt? Meistens umgehen sie das Problem literarkritisch; eine Lösung bietet
aber auch der Kontext der jeweiligen Stellen.

2.2.1 Die reale Lage

Jer lässt nie einen Zweifel daran, dass die Gemeinschaft
zutiefst »zerbrochen« ist.[346] Dies gilt selbst für jene Texte,
die Heil ankündigen.[347] Der desolate Zustand des Volkes löst seinerseits »Zerbrechen« und Erschütterung in
Menschen aus (z. B. 8,21; 23,9), führt zum Weinen (8,23)
und zum Wunsch nach Entfernung, sogar bei Gott
(9,1.9).

Wie sehr die Bevölkerung innerlich aufgelöst ist,
muss Jeremia mit einem einmaligen Zeichen deutlich
machen. Seine *Ehe- und Kinderlosigkeit* in Jer 16 bildet
den Verfall selbst der engsten menschlichen Bindungen
ab, und die Verbote in v7–8 dort untersagen ihm noch
weiter jegliche Bekundung von Solidarität sogar in Todesfällen und bei Feiern.

---

346 Wichtige Stellen sind u. a. Jer 4,20; 6,1.14 // 8,11; 14,17 …; das
Zerbrechen des Krugs in 19,10–11 setzt dieses Motiv zeichenhaft in Szene, steigert es aber durch die aktive Beteiligung Gottes und des Propheten dabei – allerdings geschieht dies dazu,
langfristig Heilung zu bewirken.

347 Jer 24 und 29 sind an Exilierte gerichtet, Jer 30–31 nehmen in allen kleinen Einheiten den Ausgangspunkt bei verschiedenen
Nöten, Jer 32 ist knapp vor dem Untergang Jerusalems angesetzt, und Jer 33 setzt in v4–5 klar mit Hinweisen auf großes
Leid ein.

2.2.2 Die Täuschung durch andere Propheten

Im Gegensatz zu dieser heil- und trostlosen Wirklichkeit stehen die Ansagen der übrigen »Sprecher Gottes«, die immer noch von *schalom* »Friede, Heil, Glück!« reden (6,14 // 8,11; 14,13; 23,17 u. ö.) und so das Volk bezüglich der wahren Situation in die Irre führen. Das *Wegsehen von ernsthaften Problemen und ihre Vertuschung* hat eine lange Tradition.

Bei solchen Prozessen spielen zwei Gruppen zusammen. Einerseits gibt es in der breiten *Bevölkerung* eine Geneigtheit, an einen guten Ausgang zu glauben und lieber leeren Versprechen zu vertrauen, als kritische Punkte anzugehen und – meist mühsam – zu verändern. Diese Komplizenschaft, auch mit Unrecht, bringt Jer 5,31 prägnant mit »… und mein Volk liebt es so« zur Sprache.

Anderseits gibt es Meinungs- und Stimmungsmacher, die gezielt in eine solche Richtung hinarbeiten und womöglich auch davon profitieren. In Jer sind es besonders die *anderen Propheten*, deren Skala an Täuschungen, Blendung und Verführungskünsten 23,9–40 in sonst in der Bibel nicht erreichter Breite und Schärfe benennen.

Im Hintergrund der Auseinandersetzung Jeremias mit ihnen steht der *Streit um »Offenbarung«*: Wer hat letztlich »das Wort« (Gottes)?[348] Und wie kann jemand sein Sprechen als von Gott stammend ausweisen? Jer 23,18 verweist dazu auf die Ratsversammlung Jhwhs; andere, leichter innerweltlich sichtbare Kriterien lassen sich aus Jer 23 und 28 ableiten.[349]

---

348 Vgl. die im Hebräischen einzigartige Formulierung in 5,13: »… und das [göttliche] Reden ist nicht in ihnen«.

349 S. dazu G. Fischer, *Jeremia 1–25* (2005), 711–712, sowie ders., *Jeremia 26–52* (2005), 80–82.

2.2.3 Wege zum Heil

Jer bleibt nicht beim vielfachen Aufzeigen von Unrecht und Unheil stehen. Ihm, und dahinter steht Gott, ist ein Anliegen, dass die Menschen erneut zu einem gelingenden Leben kommen, und es zeigt auch Wege auf, wie sie dies erreichen können. Bei weitem am häufigsten fällt dabei das Stichwort »hören« (als Imperativ u. a. in Jer 2,4; 7,2.23; 11,4.6–7; als Bedingung in 17,24); doch leider hat sich Israel gegenüber den wiederholten Aufforderungen dazu verschlossen und damit als grundsätzlich ungehorsam erwiesen (s. besonders 7,24–28).

Ein anderer Schlüssel zu neuerlichem Heil liegt in Gottes *Angebot zur Umkehr*. Obwohl eigentlich »rechtlich« unmöglich, gewährt er der Gemeinschaft diese Chance schon früh im Buch. Jer 3,12.14.22 fordern gleich dreifach dazu auf, und 4,1 unterstreicht es nochmals. Auch andere Stellen in Jer, wie 18,8.11; 24,7; 31,18–19.21, weisen eindeutig in diese Richtung, dass die Hinwendung zu Gott möglich ist und Segen bringt.

Einen dritten Weg deutet Jer 4,4 mit der *Beschneidung und Entfernung der »Vorhäute des Herzens«* an. Damit greift Jer wohl ein Motiv aus Deuteronomium auf (Dtn 10,16 mit 30,6) und entfaltet es weiter, was angesichts der massiven Aussagen von der Verkehrtheit des menschlichen Herzens im Buch (z. B. Jer 17,1.5.9) dringend notwendig ist und der Herzensbeschneidung eine neue, vertiefte Bedeutung verleiht.

2.2.4 Eine »verstreute« Hoffnung

Die umfangmäßige Dominanz von Schuldaufweisen, Anklagen, Gerichtsansagen und Unheil in Jer vermag leicht den Blick zu verzerren und so übersehen lassen, dass das eigentliche Ziel des Buches in einem *neuen, besseren, von Gott geschenkten Leben* liegt. Dieses gleicht einem »zarten Pflänzchen«, das ab 1,10 wiederholt auftaucht, doch zuerst noch ganz schwach. Die beiden dort am Ende stehenden Verben »bauen und pflanzen« geben die Richtung an, in die Gottes Pläne gehen. Sie werden bestätigt in 29,11 mit den »Gedanken des Heils«.

Weitere Momente der Hoffnung liegen im Angebot der Umkehr in Jer 3, in Gottes Bereitschaft, der Gemeinschaft sogar bei nur einer recht tuenden Person zu vergeben (5,1), in Hinweisen und Aufforderungen zur Rettung, wie z. B. 6,16–17; 7,4–7 u. ö. Nahezu unablässig versucht Gott, »das Steuer noch herumzureißen« und den drohenden Untergang zu vermeiden, doch vergeblich.

Ein entscheidender Wendepunkt für die Veränderung zur Ankündigung von Heil liegt im *Erleiden des Exils*, wie die zeitliche Ansetzung von Jer 24 und 29 deutlich macht. Mitten in diese große Not hinein sagt Gott den so getroffenen Menschen seine neuerliche Zuwendung zu, und dies bildet den Auftakt zu den überaus tröstlichen Kapiteln Jer 30–33 im Herzen des Buches, die auch sein theologisches und geistliches Zentrum bilden.

Heil gibt es jedoch nicht nur für Israel, sondern *auch für andere Völker*. Die Nachbarnationen erhalten in 12,16 eine Zusage für den Fall, dass sie sich Jhwh zuwenden; 48,47; 49,6.39 sagen Schicksalswenden für Moab, Ammon und Elam an; 46,26 und 49,11 enthalten Versprechen für Ägypten und Edom. Damit sind die wichtigsten Israel umgebenden Völker ebenfalls mit positiven Aussichten bedacht.

Mögen all die genannten Texte über das Buch hinweg verstreut, manchmal auch nur sehr kurz sein – das ist die *Zukunft*! Gegen das augenscheinliche Übergewicht von Unheil machen sie deutlich, dass Gott langfristig und umfassend Heilung, Frieden und Glück im Sinn hat.

2.2.5 Ein Wandel in der Frömmigkeit

Jer steht klar auf dem *Boden der Glaubenstraditionen Israels*. Wie es Gott anredet und von ihm spricht, dass es exklusive Verehrung Jhwhs und die Einhaltung des Sabbats[350] verlangt – und vieles andere mehr, – hat seine Grundlagen und Parallelen in den früheren biblischen Büchern, insbesondere der Tora.

Doch werden *Umakzentuierungen* erkennbar, die Moshe Weinfeld treffend mit dem Ausdruck »spiritual metamorphosis« erfasst hat und die schon mehrfach zur Sprache kamen. Solche Verschiebungen betreffen die Ersetzung der Bundeslade durch eine neue Rolle Jerusalems (3,16–17), die Betonung des Hörens gegenüber Opfern (7,22–23), das veränderte Schwören bei Gott, der aus dem Exil zurückgeführt hat (16,14–15 // 23,7–8), die Begrenzung der Schuldhaftung (31,29–30)

Abb. 13: *Die Bundeslade.* »… werden sie nicht mehr sagen: ›Jhwhs Bundeslade‹, und sie steigt nicht mehr auf zu Herzen, und sie werden ihrer nicht mehr gedenken und [sie] nicht suchen, und sie wird nicht wieder gemacht werden.« (Jer 3,16)

---

350 Jer 17,19–27 geht in den konkreten Forderungen sogar noch über die entsprechenden Texte in der Tora hinaus.

sowie den Neuen Bund (31,31–34). Die darin sichtbar werdenden Tendenzen reduzieren die Bedeutung des Kultes und mancher Glaubensüberlieferungen und heben stattdessen im Gegenzug die persönliche Beziehung zum je neu in der Gegenwart sich gebenden Gott hervor.

Einen solchen Wandel in der Frömmigkeit bezeugt ferner die *Zunahme des Betens*, sowohl im Ausmaß als auch in der Intensität.[351] Wie Jeremia, vor allem in den Konfessionen, ganz offen mit Gott spricht, dabei auch seine negativen Empfindungen benennt, bis dahin, dass er Gott angreift (vgl. 15,18 und 20,7), ist neu und hat vielfach inspirierend gewirkt, auch für die Verfasser von Psalmen.

*

Entgegen dem äußeren Anschein und einem verbreiteten Bild von Jer enthält dieses Buch doch *weit mehr Heil* als gemeinhin angenommen. Es teilt damit eine Charakteristik, die allen Büchern der Schriftpropheten eigen ist.[352] Doch während dies bei den anderen Schriften meist gegen Ende hin erfolgt, hebt sich Jer davon ab, indem es verstreut und verstärkt in der Mitte davon redet, wobei der Umschlag vom Unheil zum Heil meist mit dem Durchleiden von Not verbunden ist.

---

351 S. dazu G. Fischer, *Beten* (2009), 39–43, sowie ders., »Gebete«, in: *Prophet* (2011), 374–389.

352 Sowohl Jesaja und Ezechiel als auch die zwölf »Kleinen Propheten« weisen jeweils eine Dynamik auf einen positiven Ausgang hin auf.

3. ASPEKTE DER THEOLOGIE
DES JEREMIABUCHES

Jer steht innerhalb des Kanons der Hebräischen Bibel, und dies nicht ohne Grund. In vielem *deckt sich seine Theologie* mit den Hauptakzenten der anderen Bücher darin. Wie sie spricht Jer von Jhwh, kennt ihn als Schöpfer und Vater, weiß um sein Erbarmen und seine Beziehung zu Israel, usw. Doch setzt es mehrfach besondere und teils eigene Schwerpunkte, die hier kurz zur Sprache kommen sollen.[353]

3.1 Der redende Gott

Wer in Jer sucht, wann der Prophet erstmalig die Gemeinschaft anredet, muss lange warten: Sein erstes berichtetes direktes Auftreten erfolgt nämlich erst in 19,14–15.[354] Bis dahin, und oft noch danach, sind große Teile *Rede Gottes.* Es ist, als ob er nahezu alle Fäden in der Hand hält; nur gelegentlich kommen andere Stimmen zu Wort, dabei oft noch als Zitate im Mund Gottes.[355]

Diese Präsentation legt alles Gewicht auf den *göttlichen Ursprung* der in Jer überlieferten Botschaft. Darauf verweisen auch die häufigen Vorkommen von Formeln, bei denen alleine schon drei über 350 Bezeugungen für die Herkunft von Gott her ausmachen.[356] Kein Buch der Bibel betont so oft die Abstammung der Botschaft von Gott und damit ihren Charakter als »Eingebung« und »Offenbarung«.

---

353 Mehr dazu findet sich in G. Fischer, *Theologien* (2012), 87–95.
354 B. Green, *Jeremiah* (2013), 62, hat dies gut herausgehoben.
355 Zum Beispiel in Jer 2,20.23.25 und öfter.
356 Es handelt sich um Jhwh-Spruch-, Boten- und Wortereignisformel, s. dazu oben S. 84 und G. Fischer, *Stand* (2007), 75.

In diesem häufigen Reden Gottes steckt noch mehr. Es zeigt ihn als *an Kommunikation interessiert*. Ihm liegt am Gespräch, und er spricht auch Probleme an, wie seine rechtliche Auseinandersetzung mit Israel in Jer 2 zeigt. Ebenso lässt er Rahel in 31,15–17 nicht in ihrer Trauer alleine versinken, sondern versucht sie mit Blick auf eine bessere Zukunft aus ihrem Klagen herauszuholen. In solchem Reden und in dessen Inhalten gibt Gott sich selbst; er zeigt, wie er ist und was ihm Anliegen sind.

Gottes Wort lässt sich mit dem von Menschen nicht vergleichen. Dreifach wird es in Jer mit Feuer verbunden oder verglichen (5,14; 20,9; 23,29); im zuletzt genannten Vers wird es auch als »Schmiedehammer« bezeichnet, der in der Lage ist, sogar Felsen zu zerschmettern. Und knapp davor, in 23,28, steht es als nährendes »Korn« hoch über dem »Stroh«, das als Bild für die Träume der anderen Propheten dient. Diese Vergleiche verdeutlichen die *lebensspendende und außergewöhnliche Kraft*, die Gottes Wort zukommt.

3.2 Zwischen Liebe und Hass

Gottes Empfindungen für das Volk schwanken zwischen Extremen. Schon der Auftakt in Jer 2 macht die *große Bandbreite* deutlich, einsetzend mit der freudigen Erinnerung an die Liebe der Brautzeit (2,2), und gleichzeitig die Gemeinschaft anklagend, ihn verlassen und vergessen zu haben (2,13.32). Die Probleme in der Beziehung steigern sich zusehends; der Wunsch, Abstand von diesem Volk zu nehmen (9,1), markiert eine weitere Zuspitzung. Schließlich führt das feindselige, aggressive Verhalten seines »Erbes« dazu, dass Gott es *hasst* (12,8) und gegen es vorgeht.

Auf der anderen Seite stehen seine *tiefen Gefühle und*

seine »*ewige Liebe*« (31,3). Das Ringen im Rechtsstreit
(Jer 2), die eigentlich verbotene Einladung zur Umkehr
(Jer 3), das Warnen vor dem nahenden Unheil (Jer 4),
das völlig unverhältnismäßige Vergebungsangebot
(5,1), die Aufforderung zur Nachlese (6,9) und vieles
andere mehr zeigen die anhaltende, überaus große Bereitschaft Gottes, Israel trotz allem zu verschonen und
zu retten. Sein Weinen (9,9; 14,17) enthüllt zudem, wie
viel es ihn innerlich kostet, sein Volk mit Gericht zu
konfrontieren. Zudem legt er im Selbstgespräch in
31,20 offen, dass er innerlich, emotional so an Efraim
gebunden ist, dass er gleichsam nicht anders kann als
sich seiner zu erbarmen.

Was zählt nun mehr bei Gott, Liebe oder Hass? Von
den Kontexten und der Entwicklung in Jer her gibt es
eine eindeutige Antwort: Während Distanz und negative Gefühle jeweils als Reaktionen auf bestehendes
Fehlverhalten der Gemeinschaft erscheinen, gehen die
in die Zukunft reichenden Ansagen und die theologische Dynamik von Jer klar in Richtung einer *anhaltenden, unauflöslichen Verbundenheit und Zuneigung*.[357]

3.3 Wüste oder Quelle?

Wie die oben besprochenen Pole für die Beziehungen
Gottes zum Volk, so verwendet Jer auch *kontrastieren-
de Bilder* dafür, was und wie er ist. Gleich schon Jer 2
setzt einander entgegen einerseits Gottes Selbstvorstel-
lung als »Quelle lebendigen Wassers« (v13, aufgenommen in 17,13) und anderseits seine anklagende rhetorische Frage in v31: »Bin ich eine Wüste für Israel

---

357 Das wird auch deutlich daran, dass Jer zwar von »ewiger
Liebe« redet, es aber dazu kein entsprechendes Pendant (etwa
»ewiger Hass« oder Ähnliches) im Buch gibt.

geworden?« Beide Seiten werden im Buch reichlich entfaltet.

Dass Gott *den Erwartungen nicht entspricht*, wird vor allem vom Volk angesprochen. In 14,8–9 bezeichnen sie ihn als Fremden, als vorüberziehenden Wanderer, als hilflos und als zum Retten unfähigen »Helden«. Noch in der allerletzten Konfrontation wird ihm vorgeworfen, seine exklusive Verehrung sei für den Mangel an Nahrung verantwortlich (44,17–18). Sogar der Prophet selbst benennt seine Enttäuschung über Gott mit harten Worten wie »Trugbach« (15,18) und »verführen, verlocken« (20,7).

Doch in derselben Konfession, wenig später, bekennt Jeremia Gott als »gewaltigen Held« (20,11), der ihm beisteht in der Auseinandersetzung mit den Feinden. Die in 14,8 und 17,13 gebrauchte Anrede »Hoffnung Israels« ist im Original doppeldeutig[358] und könnte so den *lebenspendenden Aspekt Gottes* in Verbindung mit Wasser noch unterstreichen. Andere Titel, wie »Gott der Treue/Wahrheit« und »lebendiger Gott« (beide in 10,10) betonen dies in mehrere Richtungen weiter. Gerade Jer 10,1–16 entfaltet mit der systematischen Gegenüberstellung zwischen anderen Gottheiten und Jhwh exemplarisch, dass nur vom biblischen Gott Heil zu erwarten ist.[359] Mag er von manchen im Gericht an menschlichen Vergehen gleichsam als »Wüste« erfahren werden, so ist er doch im Tiefsten eine Quelle, die unablässig Leben schenkt.

---

358 Das hebräische Wort für »Hoffnung« kann auch als »Wasserbecken« übersetzt werden.

359 S. in diesem Zusammenhang besonders 10,13 mit der vielfachen Spende von Regen, ein Aspekt, den auch 14,22 aufgreift.

3.4 Der gerechte Lenker und Richter der ganzen Welt

Die universale Sendung Jeremias in Jer 1,5 spiegelt den Auftraggeber: Jhwh ist »König der Nationen« (10,7), und diese *Herrschaft über die gesamte Erde* kommt mehrfach im Buch zum Ausdruck. Bedeutsame Texte sind diesbezüglich vor allem das Zentralkapitel 25, mit dem universalen Gericht über alle Völker sowie die Fremdvölkersprüche in Jer 46–51. In eine andere Richtung vertieft 23,23–24 diesen Aspekt. Gott umgreift Nähe und Ferne, und als »alles erfüllend« ist er überall gegenwärtig. Die Spiritualität von »Gott in allen Dingen finden« hat hier eine ihrer biblischen Wurzeln.

Angesichts des verbreiteten Unrechts und von Gewalt auf der Welt ist *Gottes Einschreiten gefordert.* Er selbst stellt dies in den rhetorischen Fragen des Refrains in 5,9.29 und 9,8 zur Diskussion; das Stichwort *naqam* »gerecht ausgleichen, Gerechtigkeit wiederherstellen« zeigt dort die Richtung, in die sein Eingreifen geht. Jeremia bestätigt diesen Aspekt, indem er ihn als »gerechten Richter« bekennt (11,20; vgl. auch 20,12).[360]

3.5 »Gedanken des Heils«

Diese einmalige Formulierung, aus 29,11 stammend, gibt die *Grundrichtung von Gottes Handeln* an.[361] Noch im selben Vers deuten »Zukunft und Hoffnung« (nur noch, in umgekehrter Reihenfolge, in 31,17) dies aus. Wenig später, in v14, begegnet erstmals in Jer die Fügung »das Geschick wenden«, die – noch weitere zehn Mal im

---

360 Auch andere Texte, wie z. B. 51,35 rechnen mit dem gerechten Richten Gottes, sogar an Großmächten.

361 B. Green hat dies für den Titel ihrer Monographie aufgegriffen: *Jeremiah and God's Plans of Well-Being* (2013).

Buch – Gottes verwandelndes Handeln zum Guten zusammenfasst. Sein Einsatz ist unermüdlich, wie die typische Wendung mit »eifrig (etwas tun)« (10-mal ab 7,13) zeigt.

Aspekte dieser Veränderung sind u. a., dass manches neu wird, so das Verhältnis der Geschlechter im Land und der Bund mit Gott (31,22.31); dass »heilen« bei Jer am häufigsten innerhalb der Hebräischen Bibel verwendet wird (13-mal; wichtige Stellen sind 3,22; 17,14; 30,17 und 33,6); dass das menschliche Herz wieder fähig wird, Gott zu erkennen (24,7; 31,34; vgl. 9,23). So besteht Aussicht, dass die gebrochene Beziehung mit Gott neu werden und auf Dauer bestehen kann.

Am Ende dieses Durchgangs durch Botschaft und Theologie des Jeremiabuches bleibt nur noch, in seine Aufforderung: »Gebt Jhwh, eurem Gott, Ehre / Herrlichkeit!« (Jer 13,16) einzustimmen.

E WIRKUNG DES JEREMIABUCHES

> »Siehe, Tage kommen, ...
> da schließe ich mit dem Haus Israel
> und dem Haus Juda einen neuen Bund«
> (Jer 31,31)

Jer ist über weite Strecken ein herausforderndes und anstrengendes Buch. Umso erstaunlicher ist die *Ausstrahlung*, die dennoch von ihm ausgeht. Angesichts der späten Entstehung vermutlich in der zweiten Hälfte des 4. Jahrhunderts v. Chr. kann sich der Einfluss von Jer innerhalb der Bibel (1.) nur noch auf die zeitlich danach liegenden Schriften auswirken. Doch darüber hinaus lässt sich in vielen Bereichen Interesse an seiner Person und der in dem nach ihm benannten Buch dargelegten Botschaft feststellen, bereits in der Antike (2.) und bis in die neueste Zeit hinein (3.), nicht nur in der Literatur, sondern auch in der Kunst (4.).

1. INNERBIBLISCHE WIRKUNG

1.1 In der Hebräischen Bibel

Jer zitiert offensichtlich Texte aus der Tora, den früheren Propheten (Josua bis Könige), Jesaja und einer ganzen Reihe der »Kleinen Propheten«. Außerdem greift es Motive aus Ezechiel auf. Es steht damit gegen Ende des Abschlusses des hebräischen Kanonteils der »Propheten« insgesamt. Somit ist in den vorausliegenden Büchern *keine* »Wirkung« anzunehmen.

Mit diesem Befund geht zusammen, dass unter den Propheten nur mit *Sacharja* einige engere Verbindun-

gen bestehen, die als dessen Abhängigkeit von Jer gedeutet werden können.[362] Dazu gehören als *exklusive*
Verbindungen das »Nordland« (Jer 6,22 u. ö.; Sach 2,10;
6,6.8) und das »Dickicht des Jordan« (Jer 12,5 u. a.; Sach
11,3), weiterhin viele Bezüge zu Sach 8 und 14.

Stärker werden die Beziehungen zum dritten Ka-
nonteil der Hebräischen Bibel, den »Schriften«. Ohne
dass Jeremia je mit Namen genannt wird, dürften einige *Psalmen* auf sein Buch zugreifen.[363] So scheint der
Vergleich mit dem »Baum am Wasser« in Ps 1,3 Jer 17,8
zur Grundlage zu haben, Ps 31,14 aus der letzten Konfession Jer 20,10 teilweise zu zitieren, Ps 79,6–7 die Bitte
von Jer 10,25 und Ps 135,7 das Lob Gottes aus Jer 10,13
zu übernehmen. Auch Ps 6 und 40 dürften mehrfach
Jer-Stellen als Quellen verwenden. Jeremia als Beter«
und vor allem die Gebetssprache des nach ihm benannten Buches haben auf diese Weise prägend auf die
Formulierungen mancher Psalmen gewirkt.

Jeremia hat in Jer 20,14–18 den Tag seiner Geburt
verflucht. Dieses Motiv kehrt in *Ijob* 3 noch weiter entfaltet wieder; der leidende Ijob erscheint damit in der
Nähe des ungerecht verfolgten Propheten.[364]

Das Buch *Nehemia* zeigt in Neh 5,1–13 enge Berührungen mit Jer 34, der Freilassung der Sklaven,[365] und

---

362 So K. Schaefer, *Zechariah* (1995); R. Nurmela, *Prophets* (1996);
     G. Fischer, *Trostbüchlein* (1993), 217.

363 Die Richtung der Abhängigkeit wird diskutiert, s. G. Fischer, *Je-
     remia und die Psalmen* (2010), 469–471. – Die griechische Über-
     setzung der Psalmen setzt in der Überschrift von Psalm 64
     (hebr. Ps 65) »von Jeremia und Ezechiel« dazu.

364 K. Engljähringer, *Theologie* (2003), 28–30.

365 Sie wird dort allerdings, vertragswidrig, wieder zurückgenom-
     men, während der Statthalter Nehemia offenbar die Befreiung
     und den Erlass der Schulden nachhaltig durchsetzen kann. –
     T. Reinmuth, *Bericht* (2002), 290–296, sieht Jer von Neh abhän-

enthält einige Ortsnamen, die sonst teils nur in Jer begegnen, wie z. B. der »Wachhof« (Jer 32,2; Neh 3,25) oder das »Pferdetor« (Jer 31,40; Neh 3,28; auch noch 2 Chr 23,15).

Mit dem eben erwähnten Buch 2 *Chronik* tritt eine entscheidende Veränderung ein. Der Prophet wird, gleich viermal (2 Chr 35,25; 36,12.21–22), mit Namen zitiert. Am Ende dieser die Königsbücher weithin übernehmenden, doch neu akzentuierenden Darstellung der Geschichte Israels bis zum Untergang Jerusalems kommt als Schlüsselfigur der Prophet Jeremia in den Blick. Er trauert über den Tod von König Joschija, findet aber keinen Respekt bei dessen Sohn, König Zidkija. Doch erfüllen sich zweifach die durch ihn ergangenen Gottesworte, einmal in der Ruhe des Landes für »siebzig Jahre«, und dann im geistgewirkten Handeln des Perserkönigs Kyrus.[366]

Der Abschluss von 2 Chr kehrt weitgehend gleich als Beginn des Buches *Esra* wieder (Esra 1,1–2). Während 2 Chr am Ende, gänzlich neu gegenüber 2 Kön, intensiv Jeremia als den Propheten präsentiert, der entscheidend das Geschick Jerusalems in den Jahren vor dem Untergang begleitete, wird er in Esra zu der Figur, mit der die heilvolle Zeit der Rückwanderung und des Wiederaufbaus beginnt.

---

gig, doch dürfte angesichts der Erwähnung von Jeremia in Esra 1,1 und der Zusammengehörigkeit von Esra und Neh eher Neh auf Jer zugreifen.

366 Der doppelte Verweis auf Jeremia ist umso erstaunlicher, als die ihm in 2 Chr 36,21–22 zugeschriebenen Ansagen nur teilweise in Jer zu finden sind, die »siebzig Jahre« z. B. in Jer 25,11, und das Erwecken des Geistes in Jer 51,11. Doch die »Ruhe des Landes« und das »Ersetzen der Sabbate« hat Lev 26,43 als Hintergrund, und von Kyrus ist explizit in Jes 44,28 und 45,1 die Rede.

Ein letztes Mal begegnet der Name Jeremia in der Hebräischen Bibel im Buch *Daniel*, mit überraschenden Akzenten. Dan 9,2 berichtet ein Nachsinnen über das an den Propheten Jeremia ergangene Gotteswort, dass sich »für die Trümmer Jerusalems 70 Jahre erfüllen« (vgl. Jer 25,11) sollen. Die Schriftlesung wird dann zum Ausgangspunkt für das Beten Daniels (Dan 9,3), in dem dieser mehrfach Formulierungen von Jer aufnimmt.[367] Erneut zeigt sich, wie schon bei den Psalmen, dass Jer inspirierend und orientierend Beten und Denken prägt.

1.2 Im übrigen Alten Testament

Einen Grenzfall stellt das Buch *Ben Sira* dar. Es steht nicht im Hebräischen Kanon, doch haben sich im Manuskript B der Geniza von Kairo jene Zeilen erhalten, die von Jeremia handeln (Sir 49,6–7):
»Und sie zündeten die heilige Stadt an, und sie
verwüsteten ihre Straßen
– durch die Hand Jeremias,
(v7) denn sie hatten ihn unterdrückt, obwohl er vom
Mutterleib als Prophet gebildet war,
auszureißen und einzureißen und zu
vernichten, zu zerstören,
und ebenso zu bauen, zu pflanzen
und ihr […]«

Klar erkennbar sind die Bezüge auf Jer 1,5.10, Jeremias Leiden und Gerichtsansagen. Die beiden Verse stehen

---

367 So verbinden exklusiv »das Erbarmen« (Jer 16,5 und Dan 9,9) und »die Stadt, über der mein Name ausgerufen ist« (Jer 25,29 mit Dan 9,18–19), neben anderen nahen Berührungen.

zwischen jenen über König Joschija (Sir 49,1–3)[368] und denen über Ezechiel und die Zwölf Propheten (Sir 49,8–10). Die nur sehr kurze Erwähnung der Schriftpropheten ist für Ben Sira typisch; die mehr Zeichen für Israel wirkenden Propheten wie Samuel und Elija dagegen erhalten weit größere Aufmerksamkeit (Sir 46,13–20; 48,1–11).

Deutlich wichtiger ist Jeremia für 2 Makkabäer. Innerhalb eines – fiktiven – Briefes an Juden in Ägypten (2 Makk 1,10–2,18) werden dem Propheten in 2,1–8 unter Verweis auf frühere Schriften[369] außerordentliche Handlungen zugeschrieben. Er soll den ins Exil Weggeführten befohlen haben, etwas vom »heiligen Feuer« des Tempels mitzunehmen (v1), die Gebote Gottes zu befolgen und sich nicht durch Kultbilder beirren zu lassen (v2). 2 Makk 2,4–5 schildern, Jeremia habe Zelt, Bundeslade und Rauchopferaltar in einer Höhle jenes Berges versteckt, von dem aus Mose vor seinem Tod das Verheißene Land schauen durfte, und danach (v7–8) angekündigt, Gott werde später alles sichtbar machen und in seiner Herrlichkeit erscheinen. Angesichts von Jeremias Polemik gegen die Bundeslade (Jer 3,16–17) kann man diese Beschreibung wohl nur als legendär auffassen; aus dem gegenüber dem Kult kritischen Propheten wird eine Figur gemacht, die den Gottesdienst des Tempels in wichtigen Elementen über schwierige Zeiten hinweg »rettet«.

---

368 Sir 49,4–5 tadeln im Anschluss – mit Ausnahme Davids, Hiskijas und Joschijas – alle übrigen Könige Judas.

369 2 Makk 2,1 erwähnt »Urkunden«, v4 eine »Schrift«; dies lässt sich bis heute in keiner Weise verifizieren, und die getroffenen Aussagen sind durch den enormen zeitlichen Abstand von mehreren Jahrhunderten (2 Makk wurde vermutlich gegen Ende des 2. Jahrhunderts v. Chr. geschrieben) eher unwahrscheinlich.

Eine weitere *seltsame Verkehrung* liefert 2 Makk 15,14–16. Judas der Makkabäer erzählt seinen Mitstreitern einen Traum, in dem ihm der frühere Hohepriester Onias und eine weitere hoheitsvolle Gestalt erschienen sind (v11–13). Letztere sei ihm von Onias gedeutet worden als: »Dieser Bruderliebende ist der viel für das Volk und die heilige Stadt Betende, Jeremia, der Prophet Gottes.« (v14). Daraufhin habe Judas gesehen, wie Jeremia seine rechte Hand ausstreckte und ihm ein goldenes, »heiliges« Schwert übergab mit der Zusage, damit die Feinde zu schlagen (v15–16). Erneut, wie zuvor in 2 Makk 2, werden charakteristische Züge Jeremias umgedreht: Ausgerechnet er, dem Gott – als Einzigem überhaupt – dreimal verboten hat, für sein Volk betend einzutreten, wird nun zum Fürbitter für es. Und aus Jeremias Zurückhaltung gegenüber gewaltsamem Widerstand wird das Gegenteil; er rüstet den Heerführer persönlich mit einer besonderen Waffe aus und verspricht ihm damit Sieg.

In die andere, eher Jer konforme Richtung geht die Eröffnung der *Klagelieder*, die in der Septuaginta hinzugefügt wurde. Sie lautet: »..., saß Jeremia weinend und sang diesen Klagegesang über Jerusalem und sagte: ...« (vor Klgl 1,1). Mit »weinen« und »klagen« nimmt sie spezifische Elemente von Jer auf und gibt damit das folgende Buch als von Jeremia stammend aus.[370]

Etwas anders verhält es sich mit dem Buch *Baruch*. Es erwähnt den Propheten nie, behauptet dafür aber, von seinem Vertrauten (s. Jer 32,12 und Bar 1,1) geschrieben zu sein, und greift vielfach auf Formulierungen und Gedankengut von Jer zu.[371] Die Verbindungen

---

370 Diese Zuschreibung lässt sich historisch kaum halten. Interessanterweise gibt es zwar viele Motiv-Verbindungen zwischen Jer und Klgl, doch wenig exakt entsprechende Formulierungen.

bestehen vor allem mit Bar 1–2 und sind sehr intensiv in Bar 2,21–26. Bar liebt es überdies, Ausdrücke aus Jer mit solchen aus anderen biblischen Büchern, vor allem Dtn und Jes, zu kombinieren. Die deutlichsten Unterschiede zwischen Jer und Bar liegen in der Rolle Jerusalems und in der Dynamik der beiden Bücher: Jer geht auf den Untergang der Stadt zu (Jer 52), Bar dagegen spricht am Ende Jerusalem Mut zu und beschreibt neues Heil für es (Bar 4,30–5,9).

Als sechstes Kapitel an Bar angehängt findet sich der – pseudepigraphe – *Brief des Jeremia*. Er ist vermutlich, ähnlich wie Bar, noch im 2. Jahrhundert v. Chr. entstanden und enthält eine Polemik gegen Götzendienst, die stark von Jer 10,1–16 beeinflusst ist. Der Beginn (Bar 6,1) inspiriert sich an Jeremias Brief an die mit König Jojachin Exilierten in Jer 29,1–3, doch handelt es sich in beiden Fällen nicht um wirkliche Briefe.

In den Spätschriften des Alten Testaments erscheint Jeremia als eine *bedeutende Gestalt*. Sie sind allesamt von Jer abhängig und können von daher nicht zur »Rekonstruktion« des »historischen« Propheten herangezogen werden. Sie zeigen aber, dass ihm eine Schlüsselrolle zukam (2 Chr; Esra; Dan; 2 Makk). Insgesamt beziehen sich viele Werke auf ihn, und häufig mehr als auf andere Propheten.

Eine Blüte für die Beschäftigung mit Jer erfolgt offenbar im 2. *Jahrhundert v. Chr.* (Sir; Dan; 2 Makk; Bar; Brief des Jeremia). Er galt anscheinend als Autorität, bei Bar sogar indirekt über seinen »Sekretär«. Dabei zeigt sich eine Tendenz, Hoffnungen mit ihm zu verknüpfen (2 Chr 36,22; Esra 1,1; Dan 9,2; 2 Makk 2 und 15), die nur teilweise von Jer her gerechtfertigt

---

371   G. Fischer, *Baruch* (2014).

werden können. Damit verschiebt sich das Profil seiner Person zum Positiven hin, wie es dann auch für die spätere Aufnahme in der rabbinischen Literatur typisch wird.

1.3 Im Neuen Testament

Verglichen mit den 22 Nennungen für Jesaja im NT kann Jeremia mit nur drei Erwähnungen in keiner Weise mithalten. Sie alle befinden sich im *Matthäus-Evangelium*.[372] Mt 2,17 führt ein Zitat aus Jer 31,15 ein, als Kommentar zum Kindermord in Betlehem. In Mt 16,14 erhält Jesus auf die Frage, für wen ihn die Leute halten, u. a. zur Antwort: »Einige für Johannes den Täufer, andere aber für Elija, und weitere für Jeremia oder einen der Propheten.« Daran wird sichtbar, wie sehr Jesus in der Nähe dieses leidenden und mutig auftretenden Propheten begriffen wurde. Schließlich verweist Mt 27,9 zum Tod Judas erneut auf Jeremia; das Zitat steht aber in viel größerer Nähe zu Sach 11,12–13. Über diese drei Namensnennungen hinaus bietet Mt eine Reihe weiterer Berührungen mit Jer.[373] Zu ihnen zählt auch, als »exklusive Beziehung«, die Zusage Jesu mit »Ruhe finden für eure Seelen« (Mt 11,29, wie Gottes Versprechen in Jer 6,16).

Eine andere exklusive Berührung liegt in der *Räuberhöhle* als Ausdruck für Gottes Haus in Jerusalem vor. Sie greift auf die im AT einmalige Bezeichnung in Jer 7,11 zurück und findet sich bei allen Synoptikern in Jesu Kritik am Betrieb im Tempel (Mk 11,17; Mt 21,13; Lk 19,46). Die treffliche Benennung der Diskrepanz

---

372 S. dazu M. Knowles, *Jeremiah* (1993). Selbst in Mt wird Jesaja doppelt so häufig (6-mal) angeführt als Jeremia.

373 F. v. Segbroeck, Jeremia (2002), 163–165.

zwischen Bestimmung und Verwendung in Jer ist an Präzision und Kürze nicht zu überbieten.

Die wohl wichtigste Verbindung zwischen Jer und dem NT besteht im *Neuen Bund*. Was in Jer 31,31–34, darin einzigartig für das AT, Gott versprochen hatte als niemals zu erwartendes, überaus großzügiges Geschenk, darauf greift Jesus beim letzten Mahl mit seinen Jüngern zurück und versteht so seine Lebenshingabe als Stiftung dieser angekündigten neuen, ewig bleibenden Beziehung (Lk 22,20, mit Bestätigung durch 1 Kor 11,25). Die enorme Bedeutung dieser Passage in Jer zeigt sich auch daran, dass der Hebräerbrief sie ganz zitiert (Hebr 8,8–12) und später nochmals aufgreift (Hebr 10,16–17).[374]

Paulus ist ebenfalls von Jer beeinflusst. Seine Ausführungen über die Weisheit und das »rechte Rühmen« in 1 Kor 1,18–31, vor allem der Schlussvers, stehen in größter Nähe zu Jer 9,22–23. Seine Sendung zu den »Völkern« und sein Leiden in der Verkündigung kommen ebenfalls Jeremia sehr nahe in dem, was ihm aufgetragen wurde und was er erlebt hat.

2. Andere alte Schriften

Jer hat nicht nur auf jene Literatur eingewirkt, die später kanonisch geworden ist, sondern auch darüber hinaus andere Schriftsteller und deren Werke beeinflusst, schon in der Antike. Aus diesem weiten Gebiet sollen beispielhaft *einige Autoren und Schriften* genannt werden. Sie stammen vor allem aus dem Judentum und dem frühen Christentum.

---

374 Allerdings ist Hebr darin eine Tendenz eigen, das AT abzuwerten; s. dazu G. Fischer, *Jeremia 26–52* (2005), 677, mit Fußnote 8.

2.1 Antikes Judentum

Die ältesten Texte von Jer fanden sich in *Qumran*. Aus Höhle 2 stammt ein Manuskript (2Q13), aus Höhle 4 fünf Manuskripte (4Q70–72, 72a und 72b). 4Q70 gibt Teile von Jer 7,1–2 bis Jer 22,16, eventuell auch noch weiter, wieder, kann auf etwa 200 v. Chr. datiert werden und bezeugt einen Text, der der später von den Masoreten überlieferten Fassung sehr nahe kommt.

In Qumran wurden auch Fragmente von Werken gefunden, die von Jeremia handeln oder aber Motive aus Jer enthalten. Zu ihnen gehören, u. a., der *Brief des Jeremia* (7Q2, s. o. 1.2) sowie eine Reihe von kleineren Handschriften, die – allerdings kaum zutreffend – als *Apokrypha Jeremias* benannt wurden (4QapocrJerA–C),[375] wobei 4QapocrJerC aus einer Sammlung von sechs Manuskripten besteht. Deren Deutung[376] ist umstritten; sie zeigen Jeremia als eine Gestalt in der Nachfolge des Mose, die wie dieser die Tora lehrte, und dass seine Ansagen der 70 Jahre und des Neuen Bundes besondere Aufmerksamkeit erhielten.

Philo von Alexandrien (gest. 40 n. Chr.) orientiert sich zwar weitgehend an der Tora, zitiert aber gelegentlich auch prophetische Texte oder spielt auf sie an, dabei 24 Mal auf Jesaja, und 18 Mal auf Jeremia. Eine Schlüsselstelle für seine Wertschätzung Jeremias ist *de Cherubim* 49. Dort spricht er vom »Gottgeliebten Mose«, der ihn in die »größeren Geheimnisse« eingeführt habe. Im Anschluss daran schreibt er, bevor er Jer 3,4 anführt: »Doch

---

375 Mit der anderen Bezeichnung die Manuskripte 4Q383–390, mit Ausnahme von 4Q386.

376 Die Edition und Kommentierung von D. Dimant in DJD XXX wird heute ziemlich diskutiert, und es sind neuere Richtungen der Interpretation zu erwarten.

als ich den Propheten Jeremia sah und kennenlernte, [als jemand,] der nicht nur eingeweiht, sondern auch ein würdiger Priester[377] ist, zögerte ich nicht, sein Schüler zu werden.«

Ebenfalls in Ägypten entstand die Schrift *Vita Jeremiae*, vermutlich auch im ersten Jahrhundert n. Chr. Sie knüpft an das »Verschwinden« des Propheten dort an (Jer 43–44) und berichtet seinen Tod, gesteinigt vom eigenen Volk. Doch hätten die Ägypter sein Grab geehrt, und Alexander der Große habe seine Gebeine nach Alexandria übertragen lassen (*Vita* 2 und 5). Wie schon in 2 Makk 2 bringt Jeremia nach *Vita* 9–14 die Bundeslade in Sicherheit, diesmal aber am »Felsen in der Wüste«, wohl eine Anspielung auf den Berg der Offenbarung (Ex 19). Die zeitliche und inhaltliche Distanz zum Leben Jeremias lassen diese Angaben als legendär erscheinen. Sie zeigen aber einerseits die hohe Wertschätzung seiner Person und anderseits die Veränderung bezüglich seines kultkritischen Auftretens.

Josephus Flavius schrieb um 93–94 n. Chr. die *Antiquitates* und kommt darin länger auf Jeremia zu sprechen (zwischen 10,78 und 10,180). Er bringt eine Nacherzählung der Geschichte Israels; bei den Geschehnissen am Ende der Monarchie in Juda um 600 v. Chr. mischt er Informationen aus verschiedenen Büchern, vor allem 2 Könige und Jer, aber auch Ezechiel, ergänzt sie frei und fügt zusätzlich eigene Reflexionen ein (z. B. Ant 10,142). Die erste Information über Jeremia in Ant 10,78 ist sein Klagelied zum Tod Joschijas aus 2 Chr 35,25. Vor allem für die letzte Zeit Jerusalems vor 587 v. Chr. und die Jahre danach wird Jer dann zur Hauptquelle für Josephus.

---

377 Griechisch ἱεροφάντης »Ober-, Weihepriester, Diener heiliger Geheimnisse«.

Die *syrische Baruch-Apokalypse* (2 Baruch) verarbeitet offenbar die Zerstörung des Tempels durch die Römer 70 n. Chr. und dürfte in den Jahrzehnten danach entstanden sein. In ihr wird Baruch zum Propheten, dem Gott in Visionen den Untergang Jerusalems durch König Nebukadnezar und im Anschluss daran weitere Ereignisse mitteilt. Jeremia dagegen spielt nur eine untergeordnete Rolle; im Unterschied zu Jer geht er mit den Exilierten nach Babel. Darüber hinaus gibt es Motivverbindungen zwischen beiden Büchern, z. B. im Wunsch zu Weinen (Jer 8,23; 2 Baruch 35,2).

Wenig später, vermutlich im Zusammenhang mit dem Zweiten Jüdischen Aufstand 132–135 n. Chr., sind die *Paralipomena Jeremiou* zu datieren.[378] Sie erhielten später eine christliche Bearbeitung, die beim Schluss (ParJer 9,13–37) besonders greifbar wird, wo Jeremia das Kommen Jesu ansagt. Die Schrift betont stark die Auferstehung von den Toten und gibt Jeremia über seine Rollen als Prophet und Priester hinaus weitere ehrende Titel, so »mein Erwählter, Knecht Gottes, unser Vater«. Er begleitet das Volk nach Babel, wie in 2 Baruch, lehrt es dort das Gesetz (ParJer 3,11; 7,16–32) und führt es auch wieder zurück (ParJer 8,1–8). Schließlich bringt er am Versöhnungstag das Opfer dar, betet und stirbt dann am Altar (ParJer 9,1–9).

Die erwähnten jüdischen Schriften aus den Jahrhunderten um die Zeitenwende zeigen eine intensive *Beschäftigung mit der Gestalt Jeremias*. Er und das ihm zugeschriebene Buch haben gerade in jenen Krisenzeiten anregend gewirkt und Anstöße zur Entstehung neuer Literatur gegeben. Überraschend und interessant

---

378 Die kritische deutsche Ausgabe dieser »Hinterlassenschaften Jeremias« stammt von B. Schaller, *Paralipomena* (1998). ParJer wird auch als 4 Baruch bezeichnet.

ist dabei die Verschiebung im Profil seiner Person und seines Auftretens: Kritische Züge treten eher zurück, und dafür nehmen trost- und hoffnungsvolle Momente zu.

2.2 Kirchenväter

Im frühen Christentum gibt es einige Schriftsteller, die Jer aufgreifen und es auslegen. Als erster ist *Origenes* (gest. 254) zu nennen. Die 20 von ihm erhaltenen *Jeremia-Homilien*, gehalten vermutlich um 243–244 n. Chr., gehen auf Teile von Jer 1–20 ein.[379] Origenes deutet regelmäßig in zwei Richtungen: Einerseits versteht er den Text – »historisch« – als vom Propheten Jeremia sprechend, andererseits bezieht er dessen Aussagen, oft und noch stärker, auf Jesus als den Heiland. Diese Kombination von »wörtlicher« und »allegorischer« Interpretation ergänzt er noch mit geistlichen Aktualisierungen, wobei er häufig auch andere Schriftstellen heranzieht.

Leider hat sich nur wenig vom Jeremia-Kommentar des *Ephräm* (von Edessa, gest. 373) erhalten. Anders steht es mit dem *Jeremia-Kommentar* von *Hieronymus* (gest. 420), dessen Auslegung sechs Bücher umfasst. Er bespricht Jer 1–32 und schrieb sie ca. 415–416, vollendete aber die Kommentierung in den noch verbleibenden Lebensjahren nicht. Neu gegenüber Origenes ist der Zugang zum hebräischen Originaltext; dies führt auch zu einer stärker philologisch ausgerichteten Deutung, in die sich gelegentlich kritische und bittere Züge mischen.[380] Sonst steht Hieronymus' Kommentar in

---

379 Es fehlt z. B. die Auslegung von Jer 5,20–10,11.
380 Bei der Deutung der Anfeindungen gegen Jeremia in Jer 1,18 aktualisiert er dessen Gegner auf »Bischöfe, Priester, Diakone

der Tradition seines Vorgängers, was die christologische Interpretation, die Verwendung anderer Schriftstellen und die geistliche Ausdeutung und Fruchtbarmachung betrifft.

Die ausführlichste Kommentierung von Jer in der christlichen Antike hat *Theodoret* (gest. 460) vorgelegt. Sein *Jeremia-Kommentar* besteht aus zehn Büchern. Theodoret hebt sich darin ein wenig von Origenes und Hieronymus ab, indem er mehr Augenmerk auf Gott und dessen Rolle legt. Wie seine Vorgänger zieht er andere biblische Passagen zur Auslegung heran und deutet häufig kontextuell.[381] – Insgesamt zeigen die genannten Werke der Kirchenväter, dass im frühen Christentum das Jeremiabuch als wichtig wahrgenommen, von bedeutenden Persönlichkeiten als aktuell eingeschätzt, auf Jesus bezogen und für ein christliches Leben als relevant angesehen wurde.

3. Moderne Literatur

Von der Antike und ihrer religiös geprägten Literatur springen wir über in die »säkulare« Dichtung des 20. Jahrhunderts. Ich wähle wenige Beispiele, die den Einfluss Jeremias *auch auf die neuere Zeit* verdeutlichen sollen.[382]

Ein 1907 entstandenes Gedicht von *Rainer Maria Rilke* trägt den Titel »Jeremia«. Gott wird darin als »Ra-

---

und das gemeine Volk«, die sich gegen einen »heiligen Mann« erheben.

381 Eine genauere Untersuchung zu Theodorets Jeremia-Kommentar ist ausständig.

382 Mehr dazu findet sich bei G. Langenhorst, »*Narr*« (2001), sowie bei G. Fischer, *Jeremia 26–52* (2005), 681–683.

sender« und »Unersättlicher« bezeichnet, der Prophet als »Knabe« (Anspielung auf Jer 1,6) und »fernverlaufen«, dessen »hingehaltenes Herz« die Schwere der Sendung ertragen muss und der darin zu einem »Löwen« wird.

Ein anderes Gedicht mit der Überschrift »Der Prophet 2« stammt von *Jochen Klepper* und vom 3.7.1933. Es lautet:

»Kein Prophet sprach: ›Gott, ich brenne!‹
    Jeder war von Gott verbrannt.
Kein Prophet sprach: ›Ich erkenne!‹
    Jeder war von Gott erkannt.«

Vor allem die letzte Zeile ist charakteristisch für Jeremia (s. Jer 1,5). Und die Thematik des Feuers hat er wie kein anderer Prophet verspürt (s. o. S. 80 und 250), sodass Kleppers allgemeine Aussagen in Überschrift und Gedicht (»kein, … jeder«) am stärksten auf Jeremia zutreffen.

In eine andere Richtung geht das 1917 entstandene Werk »Jeremias. Eine dramatische Dichtung in neun Bildern« von *Stefan Zweig*. Der Hintergrund des Ersten Weltkriegs inspirierte den Dichter, den Propheten als Kämpfer für den Frieden zu porträtieren. Dies hat zwar Anhaltspunkte in manchen Aufforderungen Jeremias, etwa in der Vergeblichkeit des Widerstands gegen die babylonischen Truppen (z. B. Jer 21,3–10), bedeutet aber insgesamt eine Reduktion des Propheten auf einen, noch dazu in Jer selbst nicht so entscheidenden Aspekt und damit eine einseitige Darstellung.

Deutlich anders ist der Roman »Höret die Stimme« von *Franz Werfel*. 1936 geschrieben und in eine Rahmenhandlung eingebettet, in der »Inspiration« ein Hauptthema ist, präsentiert der Autor eine Sicht von Jeremia und dem nach ihm benannten Buch, die selbst für Exegeten anregend und interessant ist. Es gelingt

Werfel, das »Durcheinander« der Chronologie von Jer in eine stimmige, überzeugende Abfolge zu bringen und wichtige Auftritte und Botschaften des Propheten darin einzuordnen. Auch die Wahl des Titels, der mit »hören« und »Stimme« für Jer typische, bestimmende Wörter aufgreift, bezeugt die Sensibilität Werfels für die spezifische Eigenart dieses Buches. Zudem wird er der internationalen Sendung Jeremias dadurch gerecht, dass er z. B. das ägyptische Totenbuch verstärkt einbaut und so den Ägypten-Akzent von Jer unterstreicht. Dieser Werfel-Roman ist eine Bereicherung für jeden, der Jer besser verstehen will, und ein kaum zu übertreffendes Modell für die Umsetzung eines biblischen Stoffes in die Moderne.[383]

Nur kurz, doch umso intensiver kommt Jeremia im ersten Gedicht von *Nelly Sachs*, das 1943/44 entstanden ist, am Ende in den Blick:

»O die Schornsteine!
        Freiheitswege für Jeremias und Hiobs Staub –«

Der scharfe Kontrast zwischen einerseits den Schornsteinen und den beiden nebeneinandergestellten Leidensfiguren und anderseits den »Freiheitswegen« bildet die Gegensätze in ihren Büchern ab, die jeweils auch einen Weg aus Not zu neuem Leben schildern. Diese Pole spiegeln sich gleichfalls im Gedicht »Nachtblitz Heimweh« von *Dutmar Cremer* aus dem Jahre 1984, während *Eva Zeller* in einem ihrer Stücke in der Gedichtsammlung »Jeremiade« (1992 herausgegeben) mehr die Kritik des Propheten an den Missständen aufgreift und aktualisiert.[384]

---

383   Mehr dazu bei G. Fischer, *Werfel* (2002).
384   Zu beiden Werken s. G. Langenhorst, »*Narr*« (2001).

4. KUNST

Bildliche Darstellungen von Jeremia sind schon früh belegt.[385] Zu den ältesten bekannten zählt die aus *San Vitale in Ravenna* (zwischen 527 und 548). In einer Lünette des Arkadenmosaiks an der Nordwand des Presbyteriums stehen einander rechts Mose und links Jeremia gegenüber – ein Beweis dafür, wie ihre biblische Bezogenheit (s. o. S. 18–20 und 171–172) gespürt und auch bildlich umgesetzt wurde.

Eine andere Verbindung ist die Kombination von Jeremia mit Paulus. Sie findet sich am Mittelpfeiler des Südportals der *Klosterkirche von Moissac* und wurde zwischen 1130 und 1140 geschaffen. Ihnen entsprechen außen Jesaja und Petrus, wie es ähnlich im *Baptisterium von Parma* im 13. Jahrhundert wieder begegnet. Dort sind die Apostel Prophetengestalten zugeordnet, die ihre Bildnisse in Medaillons tragen.

Wenig später als Moissac sind die Glasfenster der Kathedrale *Saint Denis in Paris* anzusetzen (ca. 1145). Darin erscheint Jeremia zweimal mit Spruchbändern. Das eine greift mit »wie ein Lamm … zum Opfer« Jer 11,19 auf, das andere mit Jer 31,22 den Abschluss der Gedichte des Trostbüchleins. Beides weist auf Jesus hin, das Letztere auf seine Geburt aus der Jungfrau Maria, das Erstere auf sein Leiden bis zum Tod.

Kurz darauf (ca. 1150) setzt die *Initiale der Winchester-Bibel* zu Jer einen seltenen Akzent. Sie zeigt, wie Gott mit seiner Rechten den Mund Jeremias berührt (Jer 1,9) und in seiner Linken ein Spruchband mit dem Text dieses Verses zum Propheten hin hält; dieser wiederum

---

385   Viele Abbildungen bietet J. v. Lier, *Gezichten* (2002), einige auch S. Delamarter, *Thus far* (1999). Ein knapper Überblick findet sich bei G. Fischer, *Jeremia 26–52* (2005), 684–688.

Abb. 14: Parma-Relief (Ausschnitt). Jesaja links und Jeremia rechts,
leicht sitzend, halten in ihren Händen Bilder von Petrus
(mit Schlüssel) und Paulus.

hält ebenfalls ein Band mit dem Text von Jer 1,6, dass er
nicht zu sprechen weiß.

Ähnlich wie in Moissac und Parma finden sich Jesaja
und Jeremia im Apsismosaik von *San Clemente in Rom*
auf dem Triumphbogen (um 1200) sowie am Nordpor-
tal der *Kathedrale von Chartres* (1224) vereint. In Rom
steht Jesaja links, Jeremia rechts mit einem Spruchband
und der Aufschrift (in Latein): »Dieser ist unser Gott,
und nicht wird für würdig erachtet ein Anderer außer
ihm.«. Sie stammt nicht aus Jer, sondern aus Bar 3,36;
wie über Jahrhunderte üblich, wurden auch Zitate aus
den Büchern Baruch und Klagelieder dem Propheten
Jeremia zugeschrieben. In Chartres trägt Jeremia ein von

einem Kreis eingefasstes Kreuz in seiner linken Hand und verweist damit auf Jesu Sterben.

Ganz anders werden die Bilder mit der Renaissance. Waren die Darstellungen Jeremias bis dahin oft von Würde, Erhabenheit und teils auch Leichtigkeit geprägt, so beginnt nun das Schwere, Bedrückende zu überwiegen. Ein erstes Beispiel dafür ist *Michelangelos* Porträt des Propheten in der Sixtinischen Kapelle (1505–1512). Jeremia blickt zu Boden, sein Haupt ruht schwer auf seiner Rechten. Damit kommt der für weite Strecken in Jer dominierende Grundton deutlich zum Ausdruck.

Abb. 15: Michelangelo: Porträt des Jeremia, Sixtinische Kapelle, Rom.
Ernst und Nachdenklichkeit prägen neu und stark die
Darstellung Jeremias durch Michelangelo.

Dies gilt auch für *Rembrandts* Gemälde »Jeremia, über die Verwüstung Jerusalems trauernd« (um 1630). Eine alte Person, barfuß, doch in edlen Gewändern, sinnt müde zurückgelehnt nach über das Geschehen, den Kopf mit der Linken abstützend.

Noch stärker wird dieser düstere Zug bei *José de Ribera*, der 1636 seinen Jeremia mit extremen Farb- und Helligkeitskontrasten malt. Der schwarze Bildhintergrund lässt den überwiegend bloßen, eher bleichen Oberkörper des Propheten stark hervortreten. Dessen Blick ist fragend nach oben gewendet. Mit beiden Händen umfasst er einen Totenschädel und drückt ihn an seine Brust. Der intensiv rote Überwurf, auf der linken Schulter liegend, mag Blut assoziieren lassen. Dunkelheit, Rätsel, Leid und Tod vereinen sich so in diesem Porträt.

Am häufigsten hat wohl *Marc Chagall* Jeremia dargestellt. Eine Radierung zeigt ein Gesicht voller Schmerzen, dem die rechte Hand offenbar Tränen aus dem Auge wischen möchte, vermutlich in Anspielung auf Jer 8,23. Ein Bild aus dem Jahre 1956 verwendet als Hintergrund violett und braun, um davor eine gebogene Gestalt mit gelb-weißem Gesicht, grünem Mantel und roter linker Hand neben einem Eselskopf abzuheben. Haltung und Farben sind bedrückt und lassen Gefahr erahnen. Ein anderes Bild von 1968 befindet sich im Chagall-Nationalmuseum der Biblischen Botschaft in Nizza. Dort steht ein Engel rechts über Jeremia, der mit der Rechten ein Buch auf seinen Füßen hält und mit der Linken an seinen Bauch greift (möglicherweise Jer 4,19 andeutend).

Berühmt sind die *Glasfenster* Chagalls. Gleich dreimal griff er in ihnen die Gestalt Jeremias auf, das erste Mal bei der *Kathedrale Saint Etienne in Metz* (1959–1960). Die Darstellung dort bringt mit einer auf dem Kopf stehenden Häuserreihe und einem von dort ausziehenden Menschenstrom eine treffliche Umsetzung für die von Jeremia angesagte Zerstörung Jerusalems und die Exilierung. Der Prophet erscheint dabei neben Mose und David. Was erstere aufgebaut haben, geht in der Zeit Jeremias vielfach verloren.

Bei den Glasfenstern der *Union Church in Tarrytown* (Pocantico Hills bei New York, 1965/66 entstanden) setzt Chagall Jeremia zwischen die beiden anderen großen Schriftpropheten, Jesaja und Ezechiel. Die Gestalt ist heller als jene in Metz, und der nach unten geneigte Kopf lässt an Beten oder Nachsinnen denken.

Chagalls vielleicht berührendste Darstellung von Jeremia findet sich im nördlichen Chorfenster des *Fraumünsters in Zürich* (1969–1970). Der Prophet nimmt die Mitte ein, unter ihm ist Elija, über ihm Daniel. Jeremias Körperhaltung ist ähnlich wie auf den beiden Bildern, und die zum Kopf greifende (diesmal) linke Hand erinnert an die Radierung, doch die Farbgebung ist völlig anders: In einem Umfeld verschiedener Rot- und Violetttöne hebt sich die Figur des Propheten in einem kräftigen Blau ab, mit weißem Gesicht; die Umrisse zeichnen sich betont ab durch Streifen aus Gold und Weiß, wie auch die rechte Hand. Bei allem immer noch deutlichen Leid vermittelt dieser Jeremia Trost und Hoffnung, entsprechend den ebenfalls in Jer zu findenden Heilstexten.

5. JEREMIA HEUTE

Der Durchgang durch die Wirkung, die Jeremia und das nach ihm benannte Buch in über 2000 Jahren der Geschichte und in vielen Formen hinterlassen haben, ist beeindruckend.[386] Menschen haben für verschiedene Bereiche der Kunst und für Bedürfnisse ihres Lebens in Jer Anregungen, Impulse und Orientierung gefunden. Das Buch und der in ihm beschriebene Prophet haben eine außerordentliche *Faszination* ausgeübt und sind für viele Maßstab und Programm geworden. Dies hängt wesentlich mit der Eigenart seiner Botschaft und dem Leben Jeremias zusammen.

Jer verkündet einen *Gott*, der voller Mitgefühl selbst mit den sich von ihm entfernenden Menschen ist und über sie weint. Sein Autor nimmt die *Wunden* und Missstände in der Gesellschaft klar wahr und benennt sie offen und mutig, ohne Scheu vor den dafür Verantwortlichen oder vor negativen Folgen. Jeremia ist bereit, für Gott und dessen Botschaft selbst zu *leiden* und Ablehnung zu ertragen. Er findet in diesen Schwierigkeiten dahin, ganz ehrlich, tief und innig zu *beten*. Er hat auch den Mut, sich von anderen »Frommen«, sogar Priestern und Prophetenkollegen, *abzusetzen* und die ihm zuteil gewordene göttliche Offenbarung als eigene

---

386 Die Darstellung der Wirkung von Jer und Jeremia ist ganz bruchstückhaft. So fehlt z. B. die Musik; ein Lied wie »Uns verpflichtet das Wort: ›Gehet in Frieden …‹« verwendet im Refrain den Ausdruck »Gedanken des Friedens« (exklusiv Jer 29,11). Auch kam der ganze Bereich der wissenschaftlichen Auslegung von Jer nicht zur Sprache; dabei hat mit dem Jahre 1986, in dem gleich vier große Kommentare dazu zu erscheinen begonnen haben (R. P. Carroll; W. L. Holladay; W. McKane; S. Herrmann), eine wahre Renaissance der Jer-Forschung eingesetzt.

Sicht zu vertreten. Für ihn sind Gott, seine Botschaft und der Glaube an ihn nicht eingeschränkt auf das eigene Volk, sondern *international*.

Diese Haltungen und Züge Jeremias und des nach ihm benannten Buches sind auch heute *nicht überholt*. Wir leben von Menschen, die diesem Beispiel folgen, und unser christlicher Glaube ruht auch darauf auf. Wer selber diesen Weg geht, kann kaum ein besseres Schicksal als das Jeremias, oder auch Jesu, erwarten, dafür aber, dass sein Einsatz und seine Hingabe fruchtbar und unvergänglich werden für andere – durch einen Gott, der »Gedanken des Heils« (Jer 29,11) denkt und uns in seiner »ewigen Liebe« (Jer 31,3) in den »Neuen Bund« (Jer 31,31) hineingenommen hat, der weltweit zum Segen geworden ist.

F VERZEICHNISSE

1. Literaturverzeichnis

Rainer Albertz, *Die Exilszeit. 6. Jahrhundert v. Chr.* (BE 7), Stuttgart 2001.

Luis Alonso Schökel, Jeremías como anti-Moisés, in: M. Carrez u. a. (Hg.), *De la Torah au Messie* (FS H. Cazelles), Paris 1981, 245–254.

Gianni Barbiero, *»Tu mi hai sedotto, Signore«. Le confessioni di Geremia alle aluce della sua vocazione profetica* (AnBib Studia 2), Rom 2013.

Gerlinde Baumann, *Liebe und Gewalt. Die Ehe als Metapher für das Verhältnis JHWH – Israel in den Prophetenbüchern* (SBS 185), Stuttgart 2000.

Ulrich Berges, *Das Buch Jesaja. Komposition und Endgestalt* (HBS 16), Freiburg 1989.

Willem A. M. Beuken, *Jesaja 13–27* (HThKAT), Freiburg 2007.

Walter Beyerlin, *Reflexe der Amosvisionen im Jeremiabuch* (OBO 93), Fribourg 1989.

Barbara Bozak, *Life »Anew«. A Literary-Theological Study of Jer. 30–31* (AnBib 122), Rom 1991.

Renate Brandscheidt, »Bestellt über Völker und Königreiche« (Jer 1,10). Form und Tradition in Jeremia 1, in: *TThZ* 104 (1995), 12–37.

Steve Delamarter, »Thus far the words of Jeremiah«. But who gets the last word?, in: *BiRe* 15,5 (1999), 34–45 und 54–55.

A. R. Pete Diamond / Kathleen O'Connor, Unfaithful Passions. Coding Women Coding Men in Jeremiah 2–3 (4:2), in: *BibInt* 4 (1996), 288–310.

Jan-Dirk Döhling, *Der bewegliche Gott. Eine Untersuchung des Motivs der Reue Gottes in der Hebräischen Bibel* (HBS 61), Freiburg 2009.

Ernst Ehrenreich, *Wähle das Leben! Deuteronomium 30 als hermeneutischer Schlüssel zur Tora* (BZAR 14), Wiesbaden 2010.

Klaudia Engljähringer, *Theologie im Streitgespräch. Studien zur Dynamik der Dialoge des Buches Ijob* (SBS 198), Stuttgart 2003.

Daniel Epp-Tiessen, *Concerning the Prophets. True and False Prophecy in Jeremiah 23:9–29:32*, Eugene 2012.

Georg Fischer, *Das Trostbüchlein. Text, Komposition und Theologie von Jer 30–31* (SBB 26), Stuttgart 1993.

ders., Das Mosebild der Hebräischen Bibel, in: E. Otto, *Mose. Ägypten und das Alte Testament* (SBS 189), Stuttgart 2000, 84–120.

ders., Werfel als Interpret. Zur Jeremia-Deutung in seinem Roman »Höret die Stimme«, in: P. Tschuggnall (Hg.), *Religion – Literatur – Künste II. Ein Dialog*, Anif 2002, 217–243, neu in: G. Fischer, *Der Prophet wie Mose. Studien zum Jeremiabuch* (BZAR 15), Wiesbaden 2011, 299–323.

ders., Das brennende Wort – An den Grenzen des Jeremiabuches, in: A. Vonach / G. Fischer (Hg.), *Horizonte biblischer Texte* (OBO 196; FS J. M. Oesch), Fribourg 2003, 47–58; neu in: G. Fischer, *Der Prophet wie Mose. Studien zum Jeremiabuch* (BZAR 15), Wiesbaden 2011, 324–333.

ders., »Mein Diener Nebukadnezzar«. Zur Rolle von Fremden im Alten Testament, in: *Wort auf dem Weg* 293 (2004), 6–9, neu in: G. Fischer, *Der Prophet wie Mose. Studien zum Jeremiabuch* (BZAR 15), Wiesbaden 2011, 334–336.

ders., The Relationship between 2 Kings 17 and the Book of Jeremiah, in: M. Augustin / H. M. Niemann (Hg.), *Basel und Bibel* (BEAT 51), Frankfurt 2004, 313–321, neu in: G. Fischer, *Der Prophet wie Mose. Studien zum Jeremiabuch* (BZAR 15), Wiesbaden 2011, 180–187.

ders., *Jeremia 1–25* (HThKAT), Freiburg 2005.

ders., *Jeremia 26–52* (HThKAT), Freiburg 2005.

ders., Zur Relativierung des Tempels im Jeremiabuch, in: D. Böhler u. a. (Hg.), *L'Écrit et l'Esprit* (OBO 214; FS A. Schenker), Fribourg 2005, 87–99; neu in: G. Fischer, *Der Prophet wie Mose. Studien zum Jeremiabuch* (BZAR 15), Wiesbaden 2011, 337–347.

ders., Jeremia. *Der Stand der theologischen Diskussion*, Darmstadt 2007.

ders., Partner oder Gegner? Zum Verhältnis von Jesaja und Jeremia, in: F. Hartenstein / M. Pietsch (Hg.), »*Sieben Augen auf einem Stein*« *(Sach 3,9)*, (FS I. Willi-Plein), Neukirchen 2007, 69–79, neu in: G. Fischer, *Der Prophet wie Mose. Studien zum Jeremiabuch* (BZAR 15), Wiesbaden 2011, 188–199.

ders., Knut Backhaus, *Beten* (Die Neue Echter Bibel, Themen 14), Würzburg 2009.

ders., Dominik Markl, *Das Buch Exodus* (NSK–AT 2), Stuttgart 2009.

ders., Das Ende von Deuteronomium (Dtn 26–34) im Spiegel des Jeremiabuches, in: R. Achenbach / M. Arneth, »*Gerechtigkeit und Recht zu üben*« (BZAR 13; FS E. Otto), Wiesbaden 2010,

281–292, neu in: G. Fischer, *Der Prophet wie Mose. Studien zum Jeremiabuch* (BZAR 15), Wiesbaden 2011, 228–240.

ders., Gebete als hermeneutischer Schlüssel zu biblischen Büchern – am Beispiel von Jeremia, in: A. Lemaire (Hg.), *Congress Volume Ljubljana 2007* (VTS 133), Leiden 2010, 219–237; neu in: G. Fischer, *Der Prophet wie Mose. Studien zum Jeremiabuch* (BZAR 15), Wiesbaden 2011, 374–389.

ders., Das Jeremiabuch als Spiegel der Schrift und Lesekultur in Israel, in: *ZKTh* 132 (2010), 25–46; neu in: G. Fischer, *Der Prophet wie Mose. Studien zum Jeremiabuch* (BZAR 15), Wiesbaden 2011, 209–227.

ders., Der Einfluss des Deuteronomiums auf das Jeremiabuch, in: ders. / D. Markl / S. Paganini, *Deuteronomium – Tora für eine neue Generation* (BZAR 17), Wiesbaden 2011, 247–269.

ders., Fulfilment and reversal: the curses of Deuteronomy 28 as a foil for the Book of Jeremiah, in: *Semitica et Classica* V (2012), 43–49.

ders., Gefährten im Leiden – der Gottesknecht bei Jesaja und der Prophet Jeremia, in: *BZ* 56 (2012), 1–19.

ders., *Theologien des Alten Testaments* (NSK–AT 31), Stuttgart 2012.

ders., Gottes universale Horizonte. Die Völker der Welt und ihre Geschichte in der Sicht des Jeremiabuches, in: M. Milani / M. Zappella (Hg.), *«Ricercare la Sapienza di tutti gli Antichi» (Sir 39,1)*, (SRivBib 56; FS G. L. Prato), Bologna 2013, 313–328.

ders., Jeremiah, God's Suffering Servant, in: E. M. Obara / G.P.D. Succu (Hg.), *Uomini e Profeti* (AnBib 202; FS H. Simian-Yofre), Rom 2013, 75–101.

ders., Baruch, Jeremiah's »Secretary«? The Relationships between the Book of Jeremiah and the Book of Baruch, in: E. Tigchelaar (Hg.), *Old Testament Pseudepigrapha and the Scriptures* (BETL 270), Leuven 2014, 137–155.

ders., Zurück nach Ägypten? Exodusmotivik im Jeremiabuch, in: H. Ausloos / B. Lemmelijn (Hg.), *A Pillar of Cloud to Guide* (BETL 269; FS M. Vervenne), Leuven 2014, 73–92.

ders., Der weite Blick des Völkerpropheten. Personen, Namen und Orte im Jeremiabuch, in: J. Robker / F. Ueberschaer / T. Wagner (Hg.), *Text – Textgeschichte – Textwirkung* (FS S. Kreuzer; AOAT 419), Münster 2015, 93–110.

ders., Jeremiah's Relations with the »Minor Prophets« – A Window into the Formation of the Book of the Twelve, in: R. J. Bautch (Hg.) *Discerning Criteria for Dating Biblical Texts to the Persian Period* (FAT), Tübingen (Publikation vorgesehen für 2016).

Gottfried Glaßner, *Vision eines auf Verheißung gegründeten Jerusalem. Textanalytische Studien zu Jesaja 54* (ÖBS 11), Klosterneuburg 1991.

Barbara Green, *Jeremiah and God's Plans of Well-Being*, Columbia 2013.

Tobias Häner, *Bleibendes Nachwirken des Exils. Eine Untersuchung zur kanonischen Endgestalt des Ezechielbuches* (HBS 78), Freiburg 2014.

Christoph Hardmeier, *Prophetie im Streit vor dem Untergang Judas* (BZAW 187), Berlin 1990.

Birgit Hartberger, *»An den Wassern von Babylon ...«. Psalm 137 auf dem Hintergrund von Jeremia 51, der biblischen Edom-Traditionen und babylonischer Originalquellen* (BBB 63), Frankfurt 1986.

Maria Häusl, *Bilder der Not. Weiblichkeits- und Geschlechtermetaphorik im Buch Jeremia* (HBS 37), Freiburg 2003.

William L. Holladay, Prototype and Copies. A new Approach to the Poetry-Prose Problem in the Book of Jeremiah, in: *JBL* 79 (1960), 351–367.

ders., *Jeremiah 1 (Chapters 1–25)* (Hermeneia), Philadelphia 1986.

ders., *Jeremiah 2 (Chapters 26–52)* (Hermeneia), Philadelphia 1989.

Frank-Lothar Hossfeld / Ivo Meyer, *Prophet gegen Prophet. Eine Analyse der alttestamentlichen Texte zum Thema: Wahre und Falsche Propheten* (BB 9), Fribourg 1973.

Franz D. Hubmann, Jeremia 13,1–11. Zweimal Euphrat retour, oder wie »man« einen Propheten fertigmacht, [ursprünglich 1991] neu in: ders., *Prophetie an der Grenze. Studien zum Jeremiabuch und zum Corpus Propheticum* (SBAB 57), Stuttgart 2013, 68–88.

Othmar Keel, *Die Welt der altorientalischen Bildsymbolik und das Alte Testament. Am Beispiel der Psalmen*, Darmstadt ³1984.

Martin Kessler, *Battle of the Gods: The God of Israel Versus Marduk of Babylon. A Literary / Theological Interpretation of Jeremiah 50–51* (SSN), Assen 2003.

Harald Knobloch, *Die nachexilische Prophetentheorie des Jeremiabuches*, Wiesbaden 2009.

Michael Knowles, *Jeremiah in Matthew's Gospel: The Rejected-Prophet Motif in Matthean Redaction* (JSNTS 68), Sheffield 1993.

Michael Konkel, *Architektonik des Heiligen. Studien zur zweiten Tempelvision Ezechiels (Ez 40–48)*, (BBB 129), Berlin 2001.

Georg Langenhorst, Der »Narr mit dem Holzjoch« – Deutungen Jeremias in der Gegenwartsliteratur, in: *EuA* 77 (2001), 20–41.

Hendrik Leene, Blowing the Same Shofar, in: J. C. de Moor (Hg.), *The Elusive Prophet* (OTS 45), Leiden 2001, 175–198.

ders., *Newness in Old Testament Prophecy: An Intertextual Study* (OTS 64), Leiden 2014.

Rüdiger Liwak, *Der Prophet und die Geschichte* (BWANT 121), Stuttgart 1987.

Jack R. Lundbom, *Jeremiah 1–20* (AncB 21A), New York 1999.

ders., *Jeremiah 21–36* (AncB 21B), New York 2004.

ders., *Jeremiah 37–52* (AncB 21C), New York 2004.

ders., *Biblical Rhetoric and Rhetorical Criticism* (HBM 45), Sheffield 2013.

ders., *Writing Up Jeremiah. The Prophet and the Book*, Eugene 2013.

Jean-Daniel Macchi, Les doublets dans le livre de Jérémie, in: A. H. W. Curtis / T. Römer (Hg.), *The Book of Jeremiah and its Reception* (BETL 128), Leuven 1997, 119–150.

Michael P. Maier, *Ägypten – Israels Herkunft und Geschick. Studie über einen theo-politischen Zentralbegriff im hebräischen Jeremia-buch* (ÖBS 21), Frankfurt 2002.

Dominik Markl, *Der Dekalog als Verfassung des Gottesvolkes. Die Brennpunkte einer Rechtshermeneutik des Pentateuch in Ex 19–24 und Dtn 5* (HBS 49), Freiburg 2007.

J. Gordon McConville, *Judgment and Promise: An Interpretation of the Book of Jeremiah*, Winona Lake 1993.

Ivo Meyer, *Jeremia und die falschen Propheten* (OBO 13), Fribourg 1977.

Sigmund Mowinckel, *Zur Komposition des Buches Jeremia*, Kristiania 1914.

Risto Nurmela, *Prophets in Dialogue*, Åbo 1996.

Anthony C. Osuji, *Where is the Truth? Narrative Exegesis and the Question of True and False Prophecy in Jer 26–29* (MT) (BETL 214), Leuven 2010.

Thomas W. Overholt, *The Threat of Falsehood. A Study in the Theology of the Book of Jeremiah* (SBT 16), London 1970.

Simone Paganini, *Der Weg zur Frau Zion, Ziel unserer Hoffnung. Aufbau, Kontext, Sprache, Kommunikationsstruktur und theologische Motive in Jes 55,1–13* (SBB 49), Stuttgart 2002.

Geoffrey H. Parke-Taylor, *The Formation of the Book of Jeremiah. Doublets and Recurring Phrases* (SBL. MS 51), Atlanta 2000.

Judith Pschibille, *Hat der Löwe erneut gebrüllt? Sprachliche, formale und inhaltliche Gemeinsamkeiten in der Verkündigung Jeremias und Amos* (BThSt 41), Neukirchen 2001.

Titus Reinmuth, *Der Bericht Nehemias* (OBO 183), Fribourg 2002.

Rolf Rendtorff, Zum Gebrauch der Formel *ne um jahwe* im Jeremiabuch, in: *ZAW* 66 (1954), 27–37.

Wolfgang Richter, *Die sogenannten vorprophetischen Berufungsberichte* (FRLANT 101), Göttingen 1970.

Thomas Römer, La conversion du prophète Jérémie à la théologie deutéronomiste, in: A. H. W. Curtis / T. Römer (Hg.), *The Book of Jeremiah and its Reception* (BETL 128), Leuven 1997, 27–50.

Benedetta Rossi, *L'intercessione nel tempo della fine. Studio dell'intercessione profetica nel libro di Geremia* (AnBib 204), Rom 2013.

Konrad R. Schaefer, *Zechariah 14. A Study in Allusions*, in: *CBQ* 57 (1995), 66–91.

Berndt Schaller, *Paralipomena Jeremiou* (JSHRZ I/8), Gütersloh 1998.

Franz Sedlmeier, *Das Buch Ezechiel. Kapitel 1–24* (NSK–AT 21/1), Stuttgart 2002.

Christopher R. Seitz, Mose als Prophet. Redaktionsthemen und Gesamtstruktur des Jeremiabuches, in: *BZ* 34 (1990), 234–245.

Klaas A. D. Smelik, The Function of Jeremiah 50 and 51 in the Book of Jeremiah, in: M. Kessler (Hg.), *Reading the Book of Jeremiah. A Search for Coherence*, Winona Lake 2004, 87–98.

Arnold Stiglmair, »Prophet« und Gottesherrschaft, in: R. Brandscheidt / T. Mende (Hg.), *Schöpfungsplan und Heilsgeschichte* (FS E. Haag), Trier 2002, 319–328.

Hermann-Josef Stipp, *Deuterojeremianische Konkordanz* (ATSAT 63), St. Ottilien 1998.

Louis Stulman, *Order amid Chaos. Jeremiah as Symbolic Tapestry*, Sheffield 1998.

Winfried Thiel, *Die deuteronomistische Redaktion von Jeremia 1–25* (WMANT 41), Neukirchen 1973.

ders., *Die deuteronomistische Redaktion von Jeremia 26–45* (WMANT 52), Neukirchen 1981.

Jan van Lier, De vele gezichten van een profeet. Iconografie van Jeremia, in: H. Ausloos (Hg.), *Jeremia. Profeet tussen hoop en wanhoop*, Leuven 2002, 173–209.

Frans van Segbroeck, Jeremia in het Nieuwe Testament, in: H. Ausloos (Hg.), *Jeremia. Profeet tussen hoop en wanhoop*, Leuven 2002, 155–171.

Dieter Vieweger, *Die literarischen Beziehungen zwischen den Büchern Jeremia und Ezechiel* (BEAT 26), Frankfurt 1993.

Andreas Wagner, *Prophetie als Theologie. Die so spricht Jahwe-Formeln und das Grundverständnis alttestamentlicher Prophetie* (FRLANT 207), Göttingen 2004.

Andreas Weider, *Ehemetaphorik in prophetischer Verkündigung* (FzB 71), Würzburg 1993.

Moshe Weinfeld, Jeremiah and the Spiritual Metamorphosis of Israel, in: *ZAW* 88 (1976), 17–56.

Helga Weippert, *Die Prosareden des Jeremiabuches* (BZAW 132), Berlin 1973.

dies., Das Wort vom Neuen Bund in Jer XXXI 31–34, in: *VT* 29 (1979), 336–351.

dies., *Schöpfer des Himmels und der Erde. Ein Beitrag zur Theologie des Jeremiabuches* (SBS 102), Stuttgart 1981.

Regina Willi, *Les Pensées de Bonheur de Dieu pour son Peuple selon Jr 29. Un témoignage de l'espérance au temps de l'exil*, Lugano 2005.

Erich Zenger u. a., *Einleitung in das Alte Testament*, achte, vollständig überarbeitete Auflage, hg. von Christian Frevel, Stuttgart 2012.

Benjamin Ziemer, Das 23. Jahr Nebukadnezars (Jer 52,30) und die »70 Jahre für Babel«, in: J. Kotjatko-Reeb u. a. (Hg.), *Nichts Neues unter der Sonne? Zeitvorstellungen im Alten Testament* (BZAW 450; FS E.-J. Waschke), Berlin 2014, 187–212.

2. ABBILDUNGSVERZEICHNIS

und das Alte Testament. Am Beispiel der Psalmen, 5. Auflage, Göttingen 1996, S. 334

Abb. 11: André Wiese / Andreas Brodbeck (Hgg.), *Tutanchamun. Das goldene Jenseits. Grabschätze aus dem Tal der Könige* (Kunstund Ausstellungshalle der Bundesrepublik Deutschland, Bonn, 4. November 2004 bis 1. Mai 2005), Bonn 2004, S. 87, Abb. 10

Abb. 12: *Welt und Umwelt der Bibel*, Katholisches Bibelwerk e.V., edition »Welt und Umwelt der Bibel«, Heft 3/2005, S. 13

Abb. 13: Wolfgang Zwickel, *Der salomonische Tempel*, (Kulturgeschichte der antiken Welt 83,) Mainz 1999, Abb. 53

Abb. 14: Unbekannter Künstler, Relief, Baptisterium von Parma, 13. Jh.

Abb. 15: Michelangelo, Porträt des Jeremia, Fresko, Sixtinische Kapelle, Vatikan, 16. Jh.

3. BIBELSTELLENVERZEICHNIS

290

301